김은형의 혁신수업

자유롭고 행복한 사람을 만드는 수업 이야기

김은형의

혁신수업

머리말

━━━━━

수업은 어렵고 외롭다

'어떻게 수업을 해야 할까?' 나에게 늘 가장 중요한 화두였다. 아마 다른 교사들도 마찬가지일 것이다. 나는 늘 '수업의 전문가'가 되기를 바랐다. 그래서 1987년 '수업연구모임'을 시작으로 수많은 수업 관련 조직 활동과 연구 활동을 해왔다. 그리고 연수는 물론 지역모임이나 학교로 셀 수 없이 많은 강연을 다녔다. 그 덕분에 나도 연구·실천의 기회를 가질 수 있었고, 또 전국에 계신 많은 훌륭한 선생님들에게 배울 수 있었다.

이 책은 국어 수업을 중심으로 하고 있지만, 다른 교과에도 얼마든지 응용할 수 있다. 특히 수업의 원리와 철학을 분명히 세우고, 학생 중심 수업을 하려는 선생님들에게 도움이 되리라 믿는다. 여기에 실린 수업 내용과 방법은 얼마든지 응용하고 바꿔서 새로운 수업을 할 수 있다. 수업의 형태와 방식은 교사의 수만큼 많으니까. 또 같은 계획에 의해 수업을 해도 교사의 개성이나 의지, 학생들의 상황에 따라 전혀 다른 수업이 되니까.

이 책은 나의 오랜 고민과 실천을 담은 종합보고서다. 강연을 위해 썼던 원고들 가운데 선별하고 다시 정리하여 묶었다. 부족하지만 책을 내야겠다고 결심한 것은 강연에서 만난 두 선생님 때문이다. 한 분은 나이가 꽤 지긋하셨는데, 이런 말씀을 하셨다.

"수업이 잘 되지 않아 괴로워 명예퇴직을 고민하다가 지푸라기라도 잡는 심정으로 연수에 왔습니다. 강사들의 강연을 듣고는 '참 좋은 수업이구나.' 생각하지만, 그렇게 할 자신이 없어 더 절망할 때가 많습니다. 젊어서 안일하고 나태하게 살아온 것이 후회스럽기도 합니다."

너무 늦은 성찰이라고 후회하셨지만, 수업은 경력이 많다고 잘 되는 것이 아님을 강조하신 말씀이라는 생각이 들었다.

또 한 분의 선생님은 이런 말씀을 하셨다.

"경력이 쌓일수록 수업 전문가가 되어 후배들을 이끌어주어야 하는데, 그러기는커녕 매일의 수업이 고통입니다. 여기에는 근원적인 우리 교육 제도의 문제가 깔려 있는 것 같습니다. 하지만 제도의 문제를 탓한다고 해서 수업에 대한 교사의 책임이 가벼워지는 것은 결코 아니더군요. 아이들은 제도를 감안하며 수업을 듣지 않으니까요."

두 분의 고백이 절실해 보였다. 그리고 내 강의를 듣고 용기를 갖게 되었다며, 다른 수업 사례도 볼 수 있게 꼭 책을 내달라고 하셨다.

좋은 수업을 한다는 것은 어렵고 외로운 일이다. 교사의 바람은 그저 매일의 수업을 즐겁게 하면서도 교육 목표를 달성하는 것이다. 즐거움과 보람이 있는 수업을 하는 것이 모든 교사의 꿈이지만, 수업이 고민

될 때 누구에게 하소연하고 누구와 상의해야 할까? 그것을 돕는 다양한 제도와 사람이 필요하다. 자신과 다른 교사들의 수업 경험과 생각을 나눌 수 있는 기회가 많아져야 한다. 이 책이 단 한 명의 교사에게 도움을 줄 수 있다면, 그 교사가 가르칠 많은 학생이 좀 더 행복해질 수 있지 않을까.

이 책은 나의 개인적이고 주관적인 경험을 바탕으로 하기 때문에 학문적 연구와는 다르다. 하지만 의사가 임상시험을 통해 치료법을 찾아내듯이, 나의 수업 역시 무수한 수업을 통해 얻은 깨달음과 원리를 바탕으로 한 것이다. 나의 수업 이야기가 배움과 가르침을 고민하는 모든 선생님에게 조금이나마 도움이 되었으면 좋겠다.

김은형

차 례

01

수업의 철학과 원리

나는 내 아이에게 과외를 시키거나 학원을 보낸 적이 없다. 당연히 성적이 별로였다. 중학교 1학년인가 2학년 때 아이에게 "공부가 부족하면 학원 보내줄까?" 하고 물었더니 이렇게 대답했다.

"엄마, 나는 학교에서 6시간 책상 앞에 앉아 있는 것도 힘들어요. 그런데 또 학원에 가라고 하는 건 너무 가혹해요."

나는 아이의 말을 바로 이해했다. 우리 아이들이 먹고 자는 시간을 제외하고 거의 모든 시간을 학교와 학원에 묶어두는 것은 죄악이라고 생각했으니까. 그 예민한 나이에 자유롭게 무언가를 시도하고 실패해 보는 시간도 갖지 못한 채 성장한다는 건 정말 문제라고 생각한다. 아이들은 친구들과 활동하며 다투기도 하고, 형제와 부모 그리고 할아버지 할머니와 대화하는 기회를 충분히 가져야 한다. 독서도, 음악도, 운동도, 여행도 해볼 시간을 가져야 한다. 단지 공부와 시험에 그 모든 시간을 투자하는 것은 지나치게 단순한 사람을 만드는 것이다. 가끔 주변에서 유수한 대학을 나왔음에도 사고가 단순하고 관념적이며 순응적이고 사회성도 부족한 사람들을 종종 본다. 시험공부에만 매달리며 성장한 탓이 아닌가 하는 의구심을 갖게 된다.

입시 교육은 아이들의 미래를 빼앗는 것이다. 자유롭고 다양한 생활을 해보고, 갈등과 실패를 겪으며 성장할 수 있는 기회를 갖지 못하게 만들기 때문이다.

내가 꿈꾸는 배움의 목적은 '자유롭고 행복한 사람'을 만드는 일이다. 그렇지 않다면 교육이나 수업을 논할 필요가 없다. 자유와 행복은 학교 졸업 후 언젠가 얻는 결과가 아니라, 배우는 과정에도 있어야 한다. 어른들과 교사들은 일상 속에서 종종 그것을 잊는다. 아이들의 자유와 행복을 위한 고민보다 진도를 나가고 점수를 매기는 일에 빠져버린다. 우리가 길을 잃었다고 생각하는 순간, 어김없이 아이들은 수업에서 멀어져 있고, 교사는 지쳐서 허덕이고 있기 마련이다.

나는 할 수 있는 온갖 수업을 시도해 봤다. 그러면서 '무엇을 위해 이 수업을 하고 있는가?' 하는 질문을 던지곤 했다. 그리고 어떤 수업을 했을 때 놀라운 변화가 일어나는지 관찰했다. 그런데 확실한 철학과 원리가 작동하고 있을 때 좋은 수업이 이루어짐을 발견할 수 있었다. 그래서 배움과 성장이 이루어졌던 수업들을 통해 다음 네 가지 원리를 찾아냈다.

- 자발성을 살리는 수업
- 협동성을 살리는 수업
- 창조성을 살리는 수업
- 유희성을 살리는 수업

1. 자발성을 살리는 수업

❶ 타자의 욕망으로 살아가는 아이들

진정한 배움은 배우고자 하는 열망이 있을 때만 이루어진다. 그러나 우리는 아이들에게 배우고자 하는 열망이 싹틀 시간을 주지 않는다. 자신이 원하는 것이 무엇인지 알기 전에 이미 모든 것이 결정되어 있는 세상, 태어남과 동시에 모든 것이 프로그램화되어 있는 세상에서 강제된 배움의 노역을 짊어지고 살아가는 것은 참으로 비극적이다.

라캉은 "아이는 부모의 욕망을 욕망한다."라고 말했다. 어린아이가 처음에는 모래 장난을 즐기지만, 엄마가 그것을 원하지 않으면 자신도 결국 원하지 않게 된다. 인간은 태어날 때부터 존재 자체가 타인의 욕망의 대상으로서 시작되는 것이다. 그러므로 라캉은 "자신이 소망하는 것이 진정 자신이 원하는 것인지 아닌지를 알기 위해서, 주체로 다시 태어나야 한다."라고 말했다.

타자의 욕망만으로 살아가는 아이들은 스스로 삶의 주인이 될 수 없다. 삶의 주인으로 살아가지 못하는 아이들은 행복하지 않다. 그들의 삶은 힘겹고 고단하기만 하다. 하지만 아이들은 그것이 잘못된 삶이라고 회의하지도 못한다. 삶은 원래 권태롭고 무의미하다고 생각할 뿐이다.

진정한 자유나 선택의 기회를 가져보지 못하고 자란 아이들은 어떻게 될까? 그 극단에 공부에 대한 질책이 두려워 엄마를 살해한 고등학생이 있고, 영재들이 모인 카이스트에서 벌어진 연이은 자살극이 있다. 우리나라 10대에서 30대까지의 사망 원인 가운데 '자살'이 매년 높은 순위를 차지하고 있다. 실제 죽음에 이르지 않았어도, 통계에 잡히지 않는 얼마나 많은 이가 정신적 죽음 상태로 존재할까? 이러한 비극은 타자의 욕망을 자신의 욕망으로 수용하지 못하는 데서 시작되는 것이다.

물질 욕망이 모든 욕망을 우선하게 된 요즘, 공부를 '사람의 도리를 배우는 일'이라고 생각하는 사람은 아주 적다. 내가 중·고등학교를 다니던 한 세대 전에도 교육이라는 이름으로 억압이 존재했지만, 그래도 이런 정도는 아니었다. 중학교 입시도 있었고, 일류·이류 고등학교도 있었지만, 학교에 다니는 것만으로도 감사했다. 형편이 어렵거나 공부에 적성이 맞지 않으면 자연스럽게 다른 길로 가는 것을 패배자로 보지는 않았다. 나의 어머니는 늘 이렇게 말씀하셨다.

"공부가 싫으면 언제든 학교를 그만둬도 좋다."

"학교는 공부하고 싶은 사람만 다녀야 한다."

이 말에는 여러 가지 의미가 담겨 있었다. '공부와 학교에 대한 선택권이 나에게 달려 있다'는 것이다. '공부하는 것은 자발적인 의지가 필요하다'는 뜻이다. 부모님은 "학교에 가서 공부하는 것은 특별한 혜택이다."라고 자주 말씀하셨다. 내가 어린 시절에도 학원이나 과외가 극성이었다. 중학교 입학 전에 영어 과외를 하는 친구들이 부러워 어머니께 부탁했지만, 어머니는 단호하게 거절하셨다.

"네 힘으로 공부하지 못하면 못 하는 거다."

물론 가정 형편 탓이기도 했겠지만, '스스로의 힘으로 해내라'는 원칙이 분명했다. 대학 진학이나 학과 선택도 선적으로 내가 결성하게 했다. 3대 독자 오빠에게도 원칙은 같았다. 부모님은 누구에게도 성적을 강요하지 않았다. 성적표를 보자고 한 일도 없었고, 잘했다고 칭찬하거나 못했다고 나무란 일도 없다. 오히려 "경쟁심을 버리고 먼저 사람이 되어야 한다"며 나무라셨다. 공부를 핑계로 집안일을 거들지 않거나 형제간에 다툼이 있을 때 꾸지람이 더 컸다. 예전에는 우리 부모님만이 아니라 대부분의 부모님이 이러한 교육관이나 가치관을 가지고 있었다.

그런데 한 세대 만에 달라져도 너무 달라졌다. 한번은 가르치던 학생 가운데 하나가 이런 말을 했다.

"모든 학생은 학교에 오기 싫어합니다."

나는 부끄러운 마음이 들었다. 과연 내가 아이들의 마음을 제대로 이해하고 있는 건가 하는 생각이 들었다. 교사들은 자신들이 학창 시절에 학교에서 느꼈던 무수한 절망의 기억들을 지우고 있는지도 모른다. 억지로 욱여넣는 불필요한 지식, 형식적인 행사들의 기억 말이다. 인내심을 훈련하기에도 지루하고 아까운 시간들이었다. 왜 꼭 그렇게밖에 할 수 없는지, 다른 길은 없는지에 대해 대답해 주는 사람이 없어서 외로웠던 시간들 말이다. 지금도 마찬가지다. 대부분의 아이들은 그때의 나처럼 꾸역꾸역 참고 있다. 소수의 참을성(?) 없고 무례한(?) 아이들만 저항을 하는 것이다. 한울이는 그런 학생 중 하나였다. 다른 선생님께 무례한 행동을 한 이유를 묻자 한울이는 이렇게 말했다.

"모든 어른은 저의 적입니다."

이 어린 영혼의 적개심은 어디서 온 것일까? 정체성의 혼란과 교육 외적인 요인들도 분명히 있을 것이다. 하지만 타자의 욕망의 노예로 살아가는 분노라는 생각이 들었다. 존재에 대한 불안감을 느끼고 제도의 억압을 받는 어린 영혼이 논리적인 저항을 할 수 있을까? 분노와 적개심으로 으르렁거릴 수밖에 없지 않을까? 한국교육과정평가원의 조사[1]에 의하면, 교육열이 높은 나라일수록 '공부하는 것이 좋다'는 학생 비율이 낮다. 여기서 '교육열'이란 학생의 학습 열망이 아니라 '부모의 욕망 지수'이기 때문이다.

학생들에겐 스스로 배움에 대해 고민할 시간과 공간이 필요하다. 라캉의 말대로 주체가 다시 태어나려면 자신이 딛고 있는 땅에 대한 회의에서 출발해야 하기 때문이다.

---

1 〈국내외 교실 학습연구〉(2008)에 의하면 '한국, 영국, 프랑스, 일본' 등 4개국 초등학교 4, 5학년생 총 2349명을 대상으로 조사한 결과 '나는 공부하는 것이 좋다.'라고 답한 비율이 영국 48%, 프랑스 42%, 일본 19.1%, 한국 18.3%로 나타났다고 한다.

김은형의 혁신수업

- 나는 왜 공부하는가?
- 나는 어디서 무엇을 하고 싶은가?
- 내가 진정 원하는 것은 어떻게 찾을 수 있는가?

　학생들에게는 학교에 다닐 자유와 학교에 다니지 않을 자유가 동시에 주어져야 한다. 함께 공부할 수 있는 길도 있지만, 혼자 또는 다른 곳에서 다른 일을 할 수 있는 길도 선택할 수 있어야 한다. 그것이 진정한 자유다. 기회를 선택할 권리도, 그 기회를 선택하지 않을 권리도 있어야 한다는 말이다. 자유 속에서 주체로 서보지 못한 사람들은 자유를 누릴 힘을 갖지 못한다.

　데이비드 홉킨스는 《의식 혁명》에서 사람의 의식을 빛의 밝기로 표현했는데, 20에서 1000점까지 점수로 환산했다. 파괴적 삶과 발전적 삶의 분기점을 200점으로 놓았다.

의식의 밝기	의식 상태	감정, 에너지 상태
700~1000	깨달음	축복, 자유, 빛, 하나 됨
500	사랑	존경, 행복, 밝음
310	**자발성**	**낙관, 힘찬 긍정**
200	용기	긍정, 원기 왕성함
150	분노	미움, 공격적임
100	두려움	불안, 긴장, 의심
50	무기력	우울함, 절망적임, 지침
20	수치심	수치스러움, 굴욕적임

인간 의식 수준 평균은 204점이며, 600점 이상은 성인(聖人) 수준, 예수와 부처는 최고점에 이른 것으로 본다. 문제는 학생들이 수업 시간에 용기와 자발성과 사랑을 느끼는 시간보다 두려움과 무력감, 수치심을 느끼는 경우가 더 많다는 점이다. 배움은 두려움과 함께할 수 없을 뿐만 아니라 파괴적 삶이 되어서는 안 된다.

❷ 주체는 자신의 욕망으로 다시 태어나야 한다

억압과 강제성을 띤 의무가 지속될 때 학생들은 권태와 분노를 느낀다. 그리고 그것을 회피하기 위해 거짓말을 하고 공격적으로 된다. 거짓과 분노는 '주체가 자신의 욕망을 위해 다시 태어나고자 하는 몸부림'의 과정인 셈이다.

인간은 수만 년 동안 자연 속에서 단순하고 자유로운 삶을 살아왔다. 인간의 유전인자에는 바로 그런 삶에 대한 희구가 남아 있다. 제도화된 사회질서와 강제적인 교육, 복잡한 환경은 겨우 100년 안쪽의 일이다. 현재 아이들의 몸과 마음에 받고 있는 강한 억압과 스트레스는 결코 자연스러운 일이 아니다. 단언컨대 모든 인간에게 더 필요한 것은 자유다. 강요된 의무는 사람을 황폐하게 하고 타락시킨다. 자유는 의무보다 덜 위험하다.

야누슈 코르착(1878~1942)은 소아과 의사였지만, 진정한 교사이자 실천가로서 큰 귀감이 된 분이다. 그는 고아원을 맡아 아이들을 돌보면서 아이들이 어떻게 어른들에 의해 망가지는지를 보고 "아이들을 변호하라."라고 외쳤다. 그는 《어떻게 아이들을 사랑해야 하는가》라는 책에서 아이들에게는 다음과 같은 세 가지 권리가 있다고 주장했다.

- 원래 자기 모습대로 있을 수 있는 권리
- 오늘 하루에 대한 권리
- 자기 죽음에 대한 권리

'자기 죽음에 대한 권리'는 자신의 삶을 자신이 선택할 수 있는 권리다. 그것은 하늘이 준 천부인권이다. 부모는 아이가 부모의 욕망이나 세속적 욕망을 넘어 '자기 자신'의 삶을 살 수 있도록 도와야 한다고 말했다. 교사도 학생의 권리를 인정하고 그 권리를 누릴 수 있도록 도와야 한다.

사물과 세상에 대해 끝없는 질문을 던지던 호기심 많은 어린아이는 학교에는 존재할 수 없다. 질문을 잃는다는 것은 탐구심을 잃는 것이며, 배움에 대한 애정도, 삶에 대한 의욕도 사라졌음을 의미한다. 호기심과 자발성을 잃은 존재는 무의미함과 권태에 사로잡히는데, 이것이 바로 '교육의 소외'다.

섬머힐학교를 세운 니일은 "교육의 자발성은 의무와 자유 사이의 개념"이라고 보았다. 그래서 그는 '스스로 원할 때 공부하기'라는 방식을 선택했다.

열세 살의 비니프리트가 서머힐학교에 왔을 때 그녀는 모든 학과가 다 싫다고 말했다.
"네가 원하는 것은 마음대로 해도 좋다. 상관하지 않겠다."
라고 말하자 그녀는 환호성을 질렀다.
"네가 학교에 오는 것이 싫으면 한 번도 안 나와도 좋다."

그때부터 비니프리트는 삶을 즐기기 시작했다. 그러나 몇 주일이 지나자 노는 데 싫증을 내는 것이 눈에 띄었다. 어느 날 비니프리트는 말했다.

"저, 뭐든지 좀 배우고 싶어요. 지루해서 죽겠어요."

"좋아. 뭘 배우고 싶지?"

"모르겠어요."

"그럼 나도 모르겠는걸."

하고 나는 그 자리를 떠나버렸다.

비니프리트가 다시 날 찾아와서 대학 입시를 치르고 싶다고 말하며 수업에 참여하겠다고 말하기까지는 몇 달이 걸렸다. 그 후 비니프리트는 나와 다른 선생님들한테 배웠는데, 아주 열심이었다. 자기 마음대로 할 수 있도록 허용되어 있었기 때문에 자신을 발견했던 것이다.

(알렉산더 닐, 손정수 옮김, 《서머힐》, 산수야)

대안학교이기 때문에 가능했던 시도임이 분명하다. 하지만 교사의 틀(완고한 공교육 체제의 수호자)을 조금씩 바꿀 수는 없을까? 교사도 학생도 어떤 가능성에 도전해 볼 필요가 있다. 교육과정, 매일의 시간표와 교과서, 교사 중심의 수업, 형식적인 학교 행사 등은 불변의 법칙일까? 그것을 바꿀 수 없다고 놓는 순간, 교사와 학생 모두 사고할 필요를 느끼지 못한다. 수동적인 존재는 변화를 추구하지 못한다. 그러므로 우리 교육의 가장 큰 과제는 배움의 '자발성'을 살리는 것이라고 나는 생각한다.

자연농법을 연구한 후쿠오카 마사노부는 농약과 비료를 사용하지 않고도 충분히 생산성을 유지할 수 있는 자연농법을 발견했다. 그는 수확을 끝내고 볏짚과 보릿짚을 밭에 깔아두는 것만으로 충분한 효과가 있음을 입증했다. 수많은 사람이 확인하고 감탄했지만 농약과 비료를 사용하는 관행은 사라지지 않았다. 후쿠오카 마사노부는 그 이유를 "농약 회사와 비료회사, 관료들의 유착이 농업시스템을 장악하고 있기 때문" 이라고 했다. 또 그는 "현대의 교육은 학교라는 시스템 때문에 오히려 스스로 배울 수 있는 힘을 빼앗고 있다."라고 주장했다.

교육이란 본래 무용한 것인데도 교육하지 않으면 안 되는 조건을 인간과 사회가 만들었기 때문에 교육을 시키지 않으면 안 되게 되었다. 사실은 교육을 하면 가치가 있는 것처럼 보이는 것에 지나지 않는다. 예컨대, 어린이가 졸졸 흐르는 시냇물 소리나 바람이 나뭇잎을 흔드는 소리 등 자연의 소리를 통해서 충분히 음악을 느낄 수 있는데 억지로 어려운 음악을 가르침으로써 오히려 음악을 스스로 즐길 수 있는 힘을 빼앗아버린 것이다.

(후쿠오카 마사노부, 최성현 옮김,《짚 한 오라기의 혁명》, 녹색평론사)

초 · 중 · 고등학교는 생활인으로서 알아야 할 기본 상식과 교양을 배우는 과정이다. 대학을 위한 입시 준비 기관이 아니다. 사회성과 도덕성을 기르며 즐겁게 자신을 찾아가는 과정이어야 한다. 노래와 춤, 운동, 다양한 체험과 독서를 하며 생활에 필요한 기초 지식을 배우는 자유롭고 즐거운 과정이어야 한다. 그런데 우리 초 · 중 · 고 교육은 대학을 가기 위한 경쟁 교육이며, 학문을 압축하여 늘어놓은 재미없는 교과서를 놓고 고통을 준다. 이 터무니없는 악역을 교사들이 맡고 있다. 그래서 교사들의 삶이 힘들다.

선생님들에게 수업에서 가장 힘든 것이 무엇인지 물어보면, "수업 중에 잠만 자는 학생들을 보고 있으면 자괴감이 듭니다."라거나 "문해력 수준이 떨어져 어떤 텍스트든 잘 이해를 못 합니다."라고 대답하곤 한다.

학생들은 왜 수업 중에 잠을 잘까? 그리고 학생들은 왜 고등학교까지 오면서 기초적인 문해력도 갖추지 못했을까? 그게 학생들의 잘못일까? 스스로 알려고 하지 않는, 즉 자발성에 바탕을 두지 않은 배움이 지속된 결과는 아닐까?

❸ 자발성은 어떻게 기를 수 있나?

첫째, 우호적인 상황에서 자발성이 높아진다. 당연히 비우호적 상황에서는 자발성이 위축된다. 자유롭고 긍정적이며 배려하고 존중하는 수업일수록 자발성이 높아지고 자신의 능력 발휘를 잘할 수 있다. 하지만 권위적이고 경쟁적이며 무관심하고 꾸중이나 간섭이 심한 수업에서 학생들은 조심스럽게 관망하며 자신을 숨기려고 한다.

둘째, 결정권과 선택권이 클수록 자발성이 높아진다. 현재의 학교나 수업의 가장 큰 문제점은 모든 것이 결정되어 있다는 것이다. 교육과정과 교과서, 시간표, 수업의 진행 등 학생들은 자신의 견해를 가질 필요가 없기 때문에 수동적일 수밖에 없다. 그러므로 학생들이 참여하고 결정할 수 있는 기회를 주어야 한다. 누구나 자신이 결정하거나 선택한 것에 대해서는 더 많은 책임감을 느낀다.

셋째, 목표가 분명하고 성취 욕구가 클수록 자발성이 높아진다. 목표가 분명하고 성취 욕구가 큰 학생들이 더 적극적이다. 반대로 목표와 성취 욕구가 적은 학생들은 의지가 약하고 의사 결정력 역시 부족하다.

당연히 자신감이 부족하고 회피하는 경향이 강하다. 자발성이 부족한 상태에서 강제적·억압적 방법을 사용하면 냉소와 분노, 저항 같은 부정적 요소들이 커진다. 분노가 축적되면 인격이 파괴되고 공격적 성향이 나타난다. 수업 중 교사에게 무례하게 구는 학생들은 자신의 의지에 반하는 상황에 오래 놓여 있었다는 증거다.

❹ 자발성을 살리는 수업

학생들의 자발성을 살리려면 교사의 자발성이 우선이다. 교사가 현실을 극복하려는 자발적 노력을 먼저 기울여야 한다는 것이다. 교사들은 대개 학생보다 한 세대 전에 교육을 받았다. 국가 중심 교육과정의 완고한 교육시스템에 익숙해져 있다. 또 체제에 순응하고 잘 따른 결과 교사라는 위치에 있게 된 사람들이다. 그러므로 현 체제를 긍정하거나 인정할 가능성이 크다. 교사들이 기존 제도에 문제의식을 갖지 않는 한 자발성을 살리는 수업은 어렵다. 교사가 수업의 전권을 가져야 한다거나 교과서를 모두 가르치려는 것은 현재의 수업과 평가를 비판 없이 그대로 받아들이는 것이다. 이 때문에 7차 교육과정 이후 교사 중심 교육과정이 어느 정도는 열렸음에도 수업에서 큰 변화를 가져오지 못한 것이다.

하지만 '자발성'을 배움의 가장 중요한 교육 원리로 생각한다면 많은 것을 바꿀 수 있다. 수업 계획 단계에서 평가까지 학생들의 의견을 반영하려고 노력하게 될 것이다. 학생들과 수업 계획을 의논하면 학생들은 교과서를 다른 시선으로 바라볼 수 있게 될 것이다. 교사의 입만 바라보지 않고, 생각하고 판단하려고 할 것이다. 자신이 무엇을 배우고 싶은

지 고민하게 될 것이다.

새 학년 첫 수업은 어떻게 시작하는 것이 좋을까? 나는 '수업에 관한 자기 생각'을 말하게 했다. 국어 시간이라면 가장 좋았던 국어 수업이나 자신이 하고 싶은 국어 수업에 대해서 말해도 좋다. 음악이나 과학 시간이어도 마찬가지다. 자신에게 이 수업이 어떤 의미를 갖는지 얘기해 보게 하면 좋다. 수업에 대한 학생들의 생각을 들어보기만 해도 좋다. 모둠을 나누어 이야기를 나눈 뒤 전체가 함께 얘기해도 좋다. 학생들은 성적을 근거로 교과에 대한 호불호가 갈리기도 한다. 하지만 친구들의 고민과 자신의 고민이 비슷하다는 것을 알면 불안감을 줄일 수 있다. 무엇보다 교사가 학생들을 수업으로 끌어들이는 데 도움이 된다.

"저는 국어를 싫어하지만 수학은 좋아합니다."
"소설은 별로 읽지 않아요. 저는 영화가 훨씬 더 좋아요."

학생들의 얘기를 듣다 보면, 왜 그런 생각을 갖게 되었는지 따져봐야 할 필요가 생긴다. 학생들은 예전 교과 교사들에게 좋은 영향을 받았거나 그 반대일 수도 있다. 어쨌든, 음악 수업이라면 아이들의 음악적 취향, 좋아하는 노래나 가수에 대한 얘기를 들어볼 수도 있다. 과학 수업이라면 어려워하는 분야나 관심 있는 분야를 들어볼 수 있을 것이다. 수학, 역사, 지리, 영어 등 어떤 과목 어떤 수업도 아이들이 할 말은 많다. 학생들을 침묵으로 묶어둔 채 교사가 교과서 수업에 돌진하면, 학생들은 말할 기회만 잃는 것이 아니라 생각할 기회도 갖지 못한다. 교사는 열심히 진도를 나가느라 바쁘지만, 학생들은 지루함을 못 이겨 잠에 빠지게 된다.

학기 초는 물론이고 기회가 있을 때마다 아이들에게 말할 시간을 주면 좋다. 2학기 첫 시간에는 여름방학 이야기를 나누며 일상을 성찰해 본다. 또 추석 이후나 수학여행을 다녀온 뒤라면 그 이야기로 시작해도 좋다. 생각지 않은 이야기들이 쏟아져 나오고, 그것들에 대해 다시 생각해 볼 수 있다. 생활과 동떨어진 지식은 죽은 지식이 될 가능성이 크다. 나는 가끔 들떠서 노래를 흥얼거리는 학생에게 노래를 들려달라고 청하는 것으로 수업을 시작하기도 했다. 어떤 학생은 노래를, 또 어떤 학생은 춤을 보여주기도 한다. 이런 시작은 긴장을 풀어주고 수업의 흥취를 높여준다. 물론 교사의 열린 태도와 조정 능력이 필요하다. 자발성이 지나치게 높아지면 수업 분위기가 흐려질 수 있다고 생각할 수 있지만, 그렇지 않다. 기다려주면 학생 스스로 수업의 질서를 찾고 역동성을 살리기 마련이다.

수업의 계획과 실행 모두에서 자발성을 살릴 수 있다면 그 이상 좋은 수업은 없을 것이다. 예컨대, 수업의 모든 것을 통째로 학생들에게 맡기는 일명 '학생이 교사가 되는 수업'이 그렇다. 수업에 대한 결정권을 가진 학생들은 훨씬 더 확실히 수업의 주체로 선다. 수업을 설계하고 실행하고 보충하고 평가하는 교사의 모든 권한을 완전히 넘기면, 그 권한을 받은 학생들의 책임감과 자발성은 더욱 높아진다. 학생들은 이제 자기들끼리 많은 의논을 해야 한다. 이견을 조정하고, 수업을 미리 연구하고, 실제 실행에 대해 깊이 고민해야 한다. '누구와 함께, 어떤 주제, 어떤 단원을, 어떤 방식으로 수업할 것인가?' '역할 분담은 어떻게 하며, 언제 어디서 준비할 것인가?' 등 여러 가지 문제를 의논을 통해 결정한다.

각종 탐구 수업이나 주제 수업, 프로젝트 수업, 토론 수업을 진행할 때도 마찬가지다. 주제를 정하는 일, 조사와 연구를 하는 일, 발표 방식을 정하는 일 등도 스스로 할 수 있다. 독서 토론이라면 책 선정에서부터 토론 방식까지 자유롭게 정한다. 직업에 대한 탐구 수업을 한다면, 직업 선택에서부터 직업에 대한 인터뷰나 설문 조사 등도 스스로 결정해서 진행한다. 발표 방식은 단순 프레젠테이션이 아니라 연극이나 세미나, 토론이나 뉴스, 청문회나 '그것이 알고 싶다' 식으로도 할 수 있다.

자발성이 높은 수업일수록 성취도가 높다. '학생이 교사가 되는 수업'에서는 흥미를 갖기 어려운 문법 수업도 즐겁고 유쾌한 수업이 되곤 한다. 학생 교사들은 수업 참여도를 높이기 위한 묘안을 많이 고민해 온다. 친구들이 가장 쉽게 이해할 수 있는 방법으로 설명하고, 효과적인 동영상을 찾아오고, 즐겁게 참여시키기 위해 퀴즈로 수업을 진행하거나 사탕을 준비하기도 하는데, 교사보다 무척 재미있게 수업을 진행해 나간다.

2. 협동성을 살리는 수업

❶ 협동의 역사

인류는 수만 년 동안 '협동'이라는 가치로 공동의 삶을 유지하고 발전시킬 수 있었다. 협동은 인류의 가장 고귀한 정신 유산이다. 수렵과 채취를 하던 시절, 사람들은 20여 명 내외의 작은 단위로 서로 도우며 역할을 분담했다. 부족으로 규모가 커졌을 때도 협동은 중요했다. 외부로

부터 침략을 막고 부족의 안녕을 유지하기 위한 연대가 절실했기 때문이다. 원시 제의에서 시작하여 제도화한 문화와 놀이, 의례 등은 모두 정서적 연대와 정치적 협동을 위한 장치였다. 협동이 생존을 위한 가장 안전하고 유익한 방법이었던 것이다. 사실 인간은 물질적·정신적으로 누군가의 도움이 없이는 살아갈 수 없는 존재다. 여러 사람이 노력하여 이룬 성과는 개인이 혼자 이룬 것보다 더 크고 넓다. 민주 사회의 평등한 법과 제도, 복지 같은 사회적인 성과는 물론이고, 공동 창작, 연극과 영화 등 모든 문화·예술도 협동의 산물이다. 협동은 너무도 자연스럽고 절대로 필요한 가치다. 인간의 유전자에 새겨진 협동의 가치를 따로 배우는 것이 오히려 이상한 일일 수도 있다.

협동은 동시성과 상호성, 민주성과 평등성이라는 특징이 있다. '동시성'은 내가 도움을 주는 것이 곧 도움을 받는 것이다. '상호성'은 내가 도움을 주면 반드시 도움이 돌아온다는 점이다. '민주성'은 누구나 도움을 주고받을 수 있다는 것이고, '평등성'은 강한 자나 약한 자나 모든 사람에게 고루 해당된다는 점이다. 그러나 협동은 하나를 주고 하나를 받는 계산적이고 상대적인 것은 아니며, 도움을 주는 즉시 받는 것도 아니다. 때로 협동은 약자에 대한 구제적 성격도 지닌다. 정치에서 복지 사회를 지향하는 이유도 약자에 대한 무조건적인 도움을 주고자 함이 분명하다. 우리 사회가 불안한 이유는 까다로운 '자격'과 '조건'이라는 제한적 개념 때문이다. 사회적 혜택의 자격과 조건을 까다롭게 만드는 것은 결국 소수에게만 혜택을 주기 위한 것이다.

현대사회는 중세나 봉건시대보다 사람들을 개별화·고립화하고 있다. 현대의 질병인 신경증적 질환들, 무기력증과 우울증, 분노 조절 장애나 관계 부적응 등이 그 결과다. 모래알처럼 흩어진 개인들이 느끼는 불안이 질병을 일으키는 것이다. 오늘날 경쟁 교육도 그 한 축을 담당하고 있다. 모든 학생을 한 줄로 세우는 경쟁 체제에서 협동은 미덕이 아니다. 교실 속 상황을 보면, 학생들의 대화를 막기 위해 짝꿍조차 없이 시험 대열로 앉아 수업하고 있다. 옆집 사는 사람의 이름조차 모르는 아파트의 수직 배열과 비슷하다. 이제 우리에게 협동은 오히려 낯설고 불필요하며 귀찮은 가치가 되었다.

❷ 협동은 교육의 목표이자 방법

협동은 그 자체가 교육의 목표이며 동시에 학습의 방법이다. 우리는 인류가 쌓아온 모든 문명의 도움을 받고 있으며, 다음 세대에 이어줄 의무를 동시에 갖고 있다. 협동은 가치중립적인 언어다. 즉 협동 자체는 선도 악도 아니다. 제국주의나 전체주의는 물론이고 독재자들도 협동을 최고의 수단으로 활용했으니까. 전쟁을 위한 군대나 고도의 조직화한 기업 협동 체제도 모두 협동을 이용한 것이다. 그러므로 누가 어떤 목적으로 협동을 조직하고, 그 이익을 누가 갖는가에 따라 가치가 달라질 수 있다.

또 협동과 경쟁은 완전히 배치되는 개념은 아니다. 옛날 인디언 부족들의 경쟁은 정말 특이하다. 그들은 적대적인 부족과 경쟁에서 이기기 위한 방안으로 선물을 많이 보냈다. 상대 부족들을 누르기 위해 자신들이 가진 부와 힘을 과시한 것이다. 경쟁은 경쟁인데 착한 경쟁이 아닐까? 현재 독점적 지배계급이나 기업의 이익 몰이는 '경쟁'의 산물이 아니다. 그것은 '약탈과 몰살'이다.

김은형의 혁신수업

협동과 경쟁은 서로 공존하는 것이며, 함께 존재할 때 더 큰 가치와 성과를 낼 수 있다. 협동은 이타심과 동의어가 아니며, 경쟁은 이기심과 동의어가 아니다. 경쟁 역시 협동과 마찬가지로 가치중립적인 개념이다. 어떤 집단이 자신들만의 이익을 위해 나쁜 협동을 조장할 수도 있으며, 어떤 집단이 선의의 목적을 달성하기 위해 서로 착한 경쟁을 할 수도 있기 때문이다. 고도의 분업화한 시스템도 따지고 보면 하나의 목표를 달성하기 위한 고도의 협동 전략 가운데 하나다. 자연에서 약자인 개미들은 생존을 위해 신체를 변형하면서까지 분업화를 이루었다. 생식만을 목적으로 하는 여왕개미와 일만 하는 일개미, 아기만 돌보는 유모개미, 농사와 축산을 담당하는 개미, 전쟁을 위해 톱니 턱을 가진 전쟁개미. 이들은 고도의 협동을 위해 분업화한 신체 구조로 진화한 것이다. 개미 사회를 가상 신화한 사회라고 말하는 이유나.

만약 협동과 경쟁이 서로 배치되는 개념이라면 현재의 비정상적인 경쟁 교육을 협동 교육으로 바꾸기만 하면 된다. 그러나 우리 경쟁 교육의 문제는 그렇게 단순하게 치환되지 않는다. 왜냐하면 자신들의 이익을 위해 경쟁을 조장하고 활용하는 보이지 않는 손이 존재하기 때문이다. 그러므로 '협동 교육인가, 경쟁 교육인가'라는 단순한 흑백의 개념보다 경쟁 교육을 활용하여 누가 이익을 보는가를 따져봐야 한다. 예컨대, 경쟁 교육의 뒤에는 '학력 간 임금 격차'나 '직종 간 임금 격차'라는 사회적 현상이 존재한다. 입시 경쟁은 빈부 격차를 정당화하며 소수의 특권 계층에게만 특혜를 주기 위한 고도의 정치적 전략이라고 볼 수 있다. 오늘의 경쟁 교육을 협동 교육으로 단순 교환할 수 없는 이유가 바로 여기에 있다.

❸ 협동 수업의 원리

협동을 교육철학으로 주장한 학자 가운데 가장 대표적인 사람이 '존 듀이'다. 듀이는 학교에서의 협동 학습이 사회에서 협동하는 삶을 살 수 있도록 한다고 주장했다.

① 협동의 목표가 분명해야 한다

협동은 어떤 목표를 달성하기 위한 구체적인 행동 개념이다. 목표가 무엇인가에 따라, 또 그 목표에 동의하는가에 따라 협동의 수준이 달라진다. 학생들이 협동할 것인지 아닌지 판단할 때는, 협동의 목표와 필요성이 명확할 때다. 예컨대, 운동 시합을 할 때는 특별한 설득 없이도 쉽게 협동의 분위기가 형성된다. 그것은 경기에서 승리하자는 목표가 존재하기 때문이다. 월드컵 때마다 전 국민이 '승리'라는 목표에 일제히 뜨겁게 반응하는 현상도 그러하다. 이처럼 협동은 목표가 분명할수록 힘을 발휘할 수 있다.

연극은 협동을 최대로 조직할 수 있는 수업이다. '공연'이라는 목표를 위해 '연출, 시나리오, 배우, 무대, 조명, 의상과 분장, 소품, 음악' 등 역할을 분담한다. 관현악단의 모든 연주자가 하나의 곡을 연주하듯, 연극 공연을 위해 하나의 역할도 빠져서는 안 된다. 힘을 모아 공동의 목표를 이루어냈을 때 큰 기쁨과 성취를 얻을 수 있다. 뮤지컬 만들기 수업이나 영화 만들기 수업도 마찬가지다. 이런 수업은 협동의 과제가 분명하고 가시적 결과를 갖는다는 점, 나아가 통합교과적이며 융합적인 수업이라는 점에서 매우 좋은 협동 수업이다.

예전에 중학교에서 근무할 때 일이다. 해마다 연극반을 맡아 공연을 올리곤 했는데, 어느 해에는 공연 직전 큰 위기에 부딪혔다. 공연은 사흘간 여섯 차례 하는 것으로 계획했다. 두 학급씩 전 학년이 모두 수업 중 돌아가면서 관람을 했다. 그런데 공연 중간에 왕따 역을 맡은 경호가 더 이상 연기를 못 하겠다고 선언하고 사라져버렸다. 남은 학생들은 몹시 당황했다. 사실 그동안 경호는 정말 왕따였고, 친구들이 그를 무시하고 배척해 왔다. 경호는 연극에서도 왕따였지만 현실에서도 왕따였다. 그런데 경호가 사라지고 나자 남은 학생들은 경호 없이 공연을 올릴 수 없다는 것을 알게 되었다. 왕따 문제를 다루는 연극이었으니까. 그때 아이들은 경호의 존재 가치를 확실히 알았다. 그래서 경호를 찾아 헤맸고, 경호를 설득했다. 그런데 경호에게 왜 연극을 하지 않으려 하냐고 물었더니 경호가 이렇게 말했다.

"이젠 정말 눈물이 나오지 않아요."

경호는 연기와 실제가 다르지 않았던 것이다. 아이들에게 매를 맞는 장면에서 온몸을 감싸 안고 우는 연기를 할 때 경호는 정말 울었던 것이다. 그런데 연극이 반복되면서 더 이상 눈물이 나오지 않자 자신은 연극을 할 수 없다고 생각한 것이다. 아이들은 경호의 말에 숙연해졌다. 우는 척 연기만 하라고 하자 경호는 도리질을 쳤다.

"친구들이 때릴 때마다 나는 울었단 말이에요."

아이들은 경호의 아픔에 부끄러움과 미안함을 느끼고 진심으로 사과했다. 그리고 부탁했다.

"마음으로 울면 안 될까?"

간신히 경호를 설득한 후 공연은 성공적으로 막을 내릴 수 있었다. 이일을 통해 학생들은 '협동이란 약자에 대한 배려와 위로를 바탕으로 이루어진다.'라는 깨달음을 얻었다. 협동의 목표는 높은 효율성이나 좋은 결과에 있는 것이 아니라, 구성원 한 명 한 명의 가치를 인정하고 소중한 존재로 받아들이는 일에서 시작해야 한다.

협동의 목표에 따라 내용이 달라지는 것은 당연하다. 중학교 3학년을 맡았던 어느 해, 학생들은 '공부 잘하는 학급을 만들자.'라는 목표를 세웠다. 그러고 나서 '공부 잘하는 학급'은 어떻게 가능한가에 대해 토론한 결과, '두레 협동 학습'을 집중해서 하기로 했다. 요즘처럼 하브루타 또는 학습 멘토링이 나오기 훨씬 전의 일이다. 교과별로 우수한 학생과 그 학생에게 배우고자 하는 학생들을 하나의 두레로 엮었다. 국어 두레, 수학 두레, 영어 두레, 과학 두레……. 두레는 우리나라 농촌에서 실시하던, 일과 놀이를 함께 즐기는 공동체다. 이 전통을 이어받아 함께 배우고 가르치는 협동 학습을 생각해 낸 것이다.

각 두레는 요일을 정해 방과후에 서로 가르쳐주고 배우는 활동을 했다. 그 교과에 자신이 있는 학생이 두레머리(두레대표)가 되어 두레를 이끌었다. 학생들은 아주 열심이었다. 전혀 공부를 하지 않던 학생이 자발적으로 친구 집까지 찾아가 이해하기 어려운 과학 내용을 배우기도 했다. 나는 오후 다섯 시에서 다섯 시 반쯤 다과를 가지고 교실에 갔다. 두레 활동을 격려한다는 명분이었지만, 사실은 제대로 공부하고 있는지 살짝 점검하려는 의도도 있었다. 선생님이 퇴근하지 않고 자신들이 공부하는 모습을 지켜보고 있다고 느꼈을 것이다. 하지만 그것만으로는 충분하지 않다. 다음 날 조회 시간에는 반드시 어제의 두레 학습 활동에 대한 보고를 하도록 했다. 화요일엔 월요일 오후에 했던 두레 학습이 어땠는지 나와서 얘기하고, 수요일에는 화요일 진행에 대해 얘기하는 것이다. 다양한 이야기가 나왔다. 수학을 가르쳐준 학생이 말했다.

"설명할 때는 다 안다고 대답하더니, 막상 물어보고 문제를 풀라고 하니까 모른다고 하는 거예요. 왜 모르면 모른다고 말하지 않는지 모르겠어요."

배운 학생들도 할 말은 있다.

"가르쳐주면서 화를 내는 거예요. 그러니까 모른다고 말하기가 부담스러워요."

실력 차가 많이 나는 학생들끼리 공부하는 것은 더 어렵다. 그래서 꼭 공부를 잘하는 학생만 가르치는 사람이 될 필요는 없다. 때로는 비슷비슷한 학생들끼리 서로 도우며 좋은 성과를 내는 경우도 있다. 이렇게 불붙은 공부열로 우리 학급의 평균 점수가 다른 학급보다 20점 가까이 더 나와 학교에서 문제가 되었다. 그래서 어쩔 수 없이 시험 전 두레 학습 활동을 그만하라고 한 적도 있었다.

'즐거운 학급을 만들자.'라는 목표를 세운 해에는 수많은 재미있는 파티를 열었다. 한 달에 한 번 그달에 생일이 있는 친구들을 모아 '생일파티'를 열었다. 생일파티 형식은 간단하다. 생일을 맞은 친구가 앞에 나온다. 교탁 앞에 반짝이가 달린 고깔모자를 쓰고 서 있고, 초코파이 한 상자를 쌓고 촛불을 켠 후 생일 축하 음악을 틀고 축하 노래를 불러준다. 그리고 모든 학생들은 작은 메모지에 생일 축하의 말을 쓰고 그것을 앞에 나와 선물한다. 쪽지를 주며 생일을 맞은 친구를 안아주거나 악수를 한다. 그리고 함께 음악을 들으며 노래를 부르거나 춤을 춘다. 축하 공연을 하기도 하고 게임을 하며 놀기도 한다.

개강 파티, 종강 파티, 학급 야영, 자전거 타러 가기, 두레별 농구대회,

심야 영화 관람 등 함께할 수 있는 재미있는 프로그램을 많이 했다. 그 결과 정말 어려운 일도 쉽게 해결해 내는 힘이 생겼다. 학급 내 장기 무단결석을 하는 복학생을 다시 학교로 나오게 하기 위해 격려 문자 보내기, 편지 쓰기 등에 모두 참여했다. 결국 60여 일 만에 그 학생이 학교에 나왔고, 함께 졸업을 하는 놀라운 일이 벌어졌다. 학생들의 협동으로 교사나 부모가 해결하지 못한 일을 해낸 것이다.

봄소풍 때 열었던 '춤 경연대회'도 목표를 분명히 해 성공한 사례다. 우리 반에는 유난히 춤을 잘 추는 친구가 있었다. 평소에는 학습 방해자로 여겼지만, 그 친구를 위해 춤 경연대회를 설계하자 모든 게 달라졌다. 대부분의 아이들은 사실 춤을 잘 추지 못했다. 그래서 학급 소풍의 새로운 미션을 제시했다. 소풍지에서 '두레(모둠)별 춤 경연대회'를 개최하기로 하고, 춤 잘 추는 그 친구에게는 '두레별 춤 지도강사'라는 책임을 맡겼다. 음악은 어떤 걸 써도 상관없지만 춤은 창작 댄스여야 한다는 조건이었다. 그 학생은 수업 시간에는 볼 수 없었던 놀라운 지도력을 발휘했다. 반 아이들의 춤 솜씨가 일취월장한 것은 말할 것도 없다. 한 가지 더 과제를 주었는데, 소풍 장소인 서울대공원에서 관객 200명을 모으는 것이었다. 춤 연습은 물론 심사를 위한 교사 모시기, 관객 모으기 등 목표 달성을 위해 엄청난 활동을 했다. 물론 협동이 가져온 놀라운 기적을 경험할 수 있었다.

② 소그룹에서 시작하는 것이 좋다

진정한 협동은 구성원의 자발성과 적극성을 바탕으로 한다. 그래서 소통이 쉬운 작은 그룹(4~5명)으로 시작하는 것이 좋다. 소그룹을 부르는 말은 '조(組), 모둠, 동아리' 등 일정하지 않은데, 나는 '두레'라는 말을 좋아한다. 두레는 우리 전통문화의 하나로서, 함께 일하고 함께 노는 일종의 경제·사회·문화 공동체 성격을 지니고 있다.

학급 조직을 두레로 하면 좋다. 두레를 만들 때 학생들의 성향이나 취향을 활용하면 더 좋다. 누구나 두레를 창안할 수 있다. 두레를 만들고 싶은 사람은 칠판에 나와서 두레 이름을 적고 자기 이름도 적는다. 이 사람이 그 두레의 리더가 될 가능성이 크다. '학습 두레, 문학 두레, 영화 두레, 축구 두레, 자전거 두레' 등 그해 학급 구성원의 취향에 따라 짠다. 그러면 취미나 정서가 비슷한 아이들이 모이게 된다. 인원이 적은 두레는 해체하고 다른 두레로 편성하는데, 4~6개의 두레가 적당하다.

그다음엔 두레별로 모여 활동 계획을 세운다. 칠판에 표를 만들어 두레별 계획을 거기에 채워 넣으면 된다. 세로로는 3월부터 12월까지를 넣고, 가로는 두레 이름을 넣으면 한눈에 볼 수 있는 연간 계획이 만들어진다. 같은 달에 여러 두레 활동이 몰리면 토론을 통해 조정한다. 왜냐하면 두레가 주최하지만 학급 친구들이 참여하는 방식이기 때문이다. 이렇게 해서 한 시간 만에 연간 활동 계획이 완성된다.

'위원회' 조직으로 편성할 수도 있다. 나는 '고충처리위원회, 학습관리위원회, 문화예술위원회, 환경건강위원회'로 학급 자치를 구성하게 했다. 고충처리위원회는 특별한 상황 때문에 만들어졌다. 학생들 사이의 잠재된 갈등이나 문제를 해결해 주는 역할을 하는 것이다. 학급 내 어려운 문제에 직면했을 때 지혜로운 한 학생이 '고충처리위원회'를 제안했다. 이 위원회는 학급 내 '장기 결석자, 왕따, 학급 내 갈등' 등을 해결하기 위해 만들어진 것이다. 고충처리위원회의 첫 쾌거가 앞서 말한 장기 결석 학생을 다시 학교에 나오게 한 것이다. 고충처리위원회에서 미리 논의하여 학급 전원이 공동 행동을 할 수 있도록 이끌었던 것이다. 위원회는 학급 내 모든 학생이 참여하는 일들을 주도적으로 해낸다. 문화예술위원회는 생일파티나 소풍, 여행 등을 준비하고, 친목 도모를 위해 '요리 경연대회'나 '사진대회'를 열기도 한다. 환경건강관리위원회는 학급의 청소와 환경을 관리하며, 아침밥을 거르는 학생들을 위해 먹거리를 준비하기도 한다. 또 친구들의 건강을 위한 운동과 친선 활동 등도 담당했다. 상설위원회와 별도로 임시위원회도 조직했는데, '학급 야영 준비위원회'나 '수학여행 준비위원회', '연말 종강파티 준비위원회' 같은 것들이다. 이런 모든 활동을 위해 학생들은 협의하고 협동하는 활동을 해야만 한다.

　탐구 수업이나 발표 수업 때도 소그룹별 명칭을 정하면 좋다. 소그룹별 명칭을 정하는 것은 수업 목표를 명확히 하고 활동의 성격을 부여함으로써 구성원들이 더 쉽게 협동하도록 만드는 힘을 발휘한다. '연구소'나 '학회'라는 명칭도 좋다. '○○ 청소년 성문제 연구소', '○○ 양성평등 연구소'라든가, '○○ 미세먼지 연구소', '○○ 플라스틱 문제 연구소'처럼 자신들이 연구소를 설립하고 탐구하는 것이다. 탐구 주제에 따라서는 '○○ 통일문제 연구소'나 '○○ 위안부 역사문제 연구소'를 세울 수도 있다. 독서 토론을 할 때는 영역이나 책명, 작가에 따라 연구소를 세울 수도 있다. 예를 들면, '윤동주 연구소'나 '이태준 연구소'처럼. 또 영화 수업을 할 때는 아예 영화 회사를 차리게 하는 것도 좋다. '○○영화사' 또는 '○○필름'과 같은 이름을 사용하게 한다. 또 토론 수업이나 발표 수업을 할 때는 〈100분 토론〉이나 〈그것이 알고 싶다〉 같은 이름을 빌려오기도 하고, 'OO 학술세미나'와 같은 명칭을 사용하기도 한다. 물론 참가자들의 직함이나 역할을 새롭게 정하기도 한다. 예컨대, 세미나는 'OOO 경제학박사'나 'OOO 역사학자'와 같이 호칭을 붙여 역할을 구체화한다. '원전, 확대할 것인가 축소할 것인가'를 주제로 패널토의를 할 때도 '고리원자력발전소 소장'이나 '환경단체 연구위원' 같은 명칭을 정해서 찬반 토론을 했다.

협동 자체가 훈련일 경우는 조금 달라진다. 취향이나 정서를 고려하지 않고 뽑기와 같은 우연으로 두레를 조직하고 누가 과연 협동을 잘하는지를 연습해 볼 수도 있다. 제비뽑기 방식은 카드나 이름표에 동물이나 꽃, 상징물 등을 그리거나 표시하여 뽑게 한 후 같은 것을 뽑은 사람끼리 모이도록 하는 방법을 사용할 수 있다. 이런 수업은 어떤 그룹이 주어진 책무를 협동을 통해 더 완벽하게 수행하는가가 중요한 목표일 때 좋다. 어떤 문제나 주제에 대한 '지혜 모으기, 브레인 라이팅'은 친소 관계를 뛰어넘어 역동적인 협동심을 발휘하게 할 수 있는 수업이다. 학생들에게는 '낯설거나 비우호적인 관계를 극복하는 훈련'도 필요하다. 무임승차나 소외를 최소화하고 모두가 참여하게 하면 확실히 협동심을 배우기 쉽다.

③ 섬세하고 구체적으로 과정을 조직해야 한다

협동은 체계적이고 지속적인 과정을 거칠 때 성취가 더욱 높아진다. 다른 모든 사회의 협동 체계가 그렇듯이 협동 수업 역시 고도의 정교한 건축물과 같다. 앞서 말한 것처럼 협동 수업은 목표가 명확해야 하고 그에 부합하는 구체적인 설계도가 매우 중요하다.

중학교 1학년 학급 가을소풍을 결정해야 할 때였다. 다른 학급들은 모두 놀이공원으로 결정했는데, 학교의 행사는 수업의 연장이라고 생각했기 때문에 나는 이에 반대했다. '소풍을 왜 가는가?'라는 교육적 질문을 던지고 소풍의 목표를 다섯 가지로 제시했다. 협동, 단결, 우정, 호연지기, 검소. 이 목표에 부합하는 곳을 찾자고 제안했다. 아무 생각 없이 돈을 마구 쓰면서 기계와 노는 방식에 대한 문제 제기에 학생들은 놀라고 당황하고 분노도 했다. 하지만 진지한 토론을 거듭하면서 제안이 쏟아졌다. '고구마 캐기 농활 체험', '장애인 시설 봉사'도 그중 하나다. 하지만 결국 '관악산 등반'으로 결정되었다.

중요한 것은 '어떻게 협동과 단결을 이룰 것인가?'이다. 정상까지 2시간 이상 올라가야 하는데, 낙오자가 나오지 않도록 해야 한다. 허약하거나 과체중인 학생, 의욕이 없거나 외톨이인 학생도 도와야 한다. 나는 학급을 A, B, C 세 그룹으로 나누었다. A그룹은 허약하거나 등산에 자신이 없는 학생들, B그룹은 보통, C그룹은 건강하고 등산에 자신 있는 학생들이 속하도록 했다. 가장 허약한 A그룹이 선발대, B그룹이 가운데, 마지막으로 건강한 학생들로 구성한 C그룹이 맨 마지막으로 밀고 올라가는 계획이었다. 순서는 절대로 바꿀 수 없게 했다. 만약 앞에서 못 가면 뒤 그룹은 기다려주거나 도와야 한다. 각 그룹별 대장과 부대장을 뽑고, 그룹 내에서도 순서를 정해 한 줄로 올라가도록 했다. 그룹별 회의를 통해 그룹의 구호와 노래를 정하고, 종례 시간마다 단결을 위해 구호를 외치고 노래 가사를 바꿔 불렀다. 자신들이 만든 재미있는 구호와 노래는 당연히 기운을 높여주었다. 당일에 관악산 입구에서 출정식을 가졌다. 출정식은 우리가 왜 산을 올라가야 하는지를 확인하는 시간

김은형의 혁신수업

이었다. 약자를 돕고 단결하며, 건강하고 순수하게 자연을 즐기자는 목표를 다시 분명히 했다.

노래와 구호를 힘차게 외친 후 첫째 그룹이 출발했고, 5분 뒤 두 번째 그룹, 다시 5분 뒤 세 번째 그룹이 오르기 시작했다. 서로 추월하거나 섞이지 않도록 각 그룹은 정해진 순서대로 한 줄로 서되, 맨 뒤에 대장이, 맨 앞에 부대장이 서게 했다. 대장이 구호를 외치면 부대장이 받아 외치고, 그다음에는 두레원들이 모두 함께 외치는 방식으로 기운을 돋웠다. 구호를 외치고 다 같이 노래를 부르며 올라가는 것은 학생들을 역동적으로 만들어주었고 재미있게 해주었다. 중간에 허약한 친구와 몸이 비만한 친구가 힘들어했는데, 준비한 대로 앞뒤 친구가 부축하여 용기를 주는 모습은 매우 아름다웠다. 다녀와서 학생들은 우리가 목표했던 협동을 비롯한 모든 목표가 충분히 달성되었다는 감동적인 소감문을 써냈다.

④ 정서적 연대가 중요하다

협동은 정서적 연대를 필요로 한다. 자발성의 원리와 마찬가지로 낯설거나 배타적인 상황에서 협동은 어렵다. 무관심, 불신, 부정, 이기주의가 팽배한 상태라면 더 어렵다. 협동을 위해서는 다른 어떤 것보다 먼저 구성원 간의 정서적 연대가 필요하다.

협동 수업은 구성원이 서로를 충분히 알고 이해할수록 잘 된다. 그래서 학기 초에는 서로를 이해할 수 있는 프로그램을 많이 배치해야 한다. 그런데 대개 서로를 모르는 상태에서 수업을 시작한다. 때때로 학생들은 서로 잘 알고 있지만 교사들이 학생들을 제대로 파악하지 못하는 경우도 있다. 잘 모르는 상태에서 정서적 연대를 이루기는 어렵다.

　나는 학기 초에 1박 2일 합숙이라든가, 친밀감을 증진할 수 있는 프로그램을 여러 번 시도했다. 교사와 교사, 교사와 학생, 학생과 학생의 정서적 연대를 어떻게 만들 것인가가 매우 중요하다. 학기 초 학생들의 가장 큰 고민은 '친구들과 친하게 지낼 수 있을까?' 하는 것이다. 교사도 마찬가지다. 물론 어떤 교사들은 이런 친밀감 형성이 수업 분위기를 저해한다고 우려하기도 한다. 수학여행을 다녀온 후에 수업이 어렵다고 토로하는 경우도 있다. 하지만 이는 학생들을 개별화시키고 경쟁시키는 것을 정상으로 여기고 교육의 목표를 몰각한 데서 비롯된 생각이다.

　사실 협동을 가르치려면 교사들이 먼저 협동의 경험을 충분히 가져야 한다. 학생들의 정서적 연대 이전에 교사 간의 정서적 연대가 바탕이 되어야 한다는 말이다. 그런데 생각만큼 교사들의 협동이나 정서적 연대가 쉽지 않다. 구조적 문제도 있지만 교사들 간에 철학이 다른 경우도 있기 때문이다. 이런 문제는 교사 양성 과정이나 교사 연수에서 다뤄야 할 내용이며, 관리자들의 리더십과 관련이 있다.

　모든 놀이는 공동체의 정서적 연대를 높이는 효과가 있다. 어린이, 청소년, 성인은 물론 노인들에게도 놀이는 중요하다. 놀이는 관계의 긴장을 풀어주고 정서적 연대를 만들어주기 때문이다. 건강한 놀이가 있는 사회는 건강한 사회고, 건강하지 않은 놀이가 성행하는 사회는 병든 사회다. 나는 수업 시작을 '개강파티'로 연다. 주로 놀이를 하는 것이다. 긴장감을 해소하고 앞으로 할 협동 수업을 원활하게 하기 위한 정서적 활동이다. 자기소개나 연극놀이도 좋고, 스킨십을 할 수 있는 의자 뺏기 게임만으로도 분위기가 달라진다. 어떤 놀이든 한 시간만 함께하면 서먹서먹한 분위기가 사라지고 마음이 편안해짐을 느낄 수 있다. 특히 몸을 부딪치며 노는 것이 효과적이다. 함께 나눠 먹을 음식이 있다면 더 대화가 자연스러워진다. 대단원의 수업이 끝날 때마다 놀이를 하는 방법도 있다. 수업이 끝나는 1학기 말이나 학년 말의 종강파티도 물론이다. 즉 함께 놀 수 있는 시간을 충분히 갖는 것이 중요하다.

3. 창의성을 살리는 수업

❶ 창의성이란 무엇인가?

창의성이란 우리의 삶에서 부족한 것이 무엇인지 알아내고 그것을 보완하기 위해 노력을 기울이는 문제 해결의 과정이며, 새로운 사물, 새로운 상황, 새로운 삶을 만드는 힘이다. 나는 늘 새로운 수업을 꿈꾼다. 새로운 수업을 하겠다고 결심하고 준비하는 동안은 새로운 교사가 되고 있다고 느낄 수 있다. 만약 작년과 똑같은 수업을 하고 적당히 편하게 지내겠다고 생각한다면 아마도 교사로서의 삶은 더 이상 발전할 수 없을 것이다. 내가 교직에 회의를 품었을 때는 새로운 수업을 꿈꾸지 못할 때였다.

학교는 지나치게 완고한 형식과 질서를 유지하고 있고 변화에 대해서 보수적이다. 그리고 그것이 정상이라고 생각하는 교사들이 많다. 교사들의 덕목은 새로움의 추구가 아니라 기존 질서 유지라고 여기기도 한다. 그러나 그렇지 않다. 새로운 연구에 도전하지 않는 학자가 과연 좋은 교수가 될 수 있을까? 사업가나 직장인도 마찬가지다. 그런데 학교는 '늘 새로운 아이들을 늘 진부한 방식으로 교육한다.'라는 비판을 받고 있다. 반복되는 일상 속에서 한 걸음이라도 나아가기 위해 '새로운 수업', 즉 '더 창의적인 수업'을 찾아가는 것은 학생에게나 교사에게 정말 중요한 일이다.

창의성은 '새로운 생각이나 개념을 찾아내는 일'이다. '새로운 무엇을 만드는 정신적이고 사회적인 과정'인 것이다. 창의성은 '관습에 얽매이지 않는 자유로운 사고'에서 시작되며, '독창성'을 생명으로 하고, 그 사고의 산물은 반드시 '유의미한 가치'를 지녀야 한다. 창의성은 결과에 대한 평가가 아니라 과정으로서 갖는 역동성이다. 창의성에 대한 정의를 찾아보면 "상상력과 가능성을 가지고 아이디어, 사람, 환경과의 상호작용 속에서 새롭고 의미 있는 관계를 만들어가는 과정", "일상생활에서 수시로 당면하는 여러 가지 문제를 새롭고 독특한 방법으로 해결해 나가는 활동", "기존의 개념이나 현상, 사물을 참신한 방법으로 재결합해 내는 정신적·물질적 과정"이라고 나와 있다.

창조성의 유의미성이란 무엇일까? 다음 두 가지 예를 보면 명확해질 것이다.

한 우체부가 똑같은 마을의 거리를 오가며 지루함을 견디지 못해 사표를 내려다가 꽃씨를 뿌렸다. 온 마을이 점점 꽃으로 뒤덮였다. 15년이 지난 후 그 마을은 세계적으로 유명한 마을이 되었다. 꽃으로 뒤덮인 마을에 여행객이 넘쳐나고, 영화의 촬영지가 되었다.

한 농부가 가난한 마을을 위해 수십 년 동안 마을 곳곳에 매화나무를 심었다. 그는 수십 년에 걸쳐 10만여 그루의 매화를 심었다. 3월 중순이면 온 마을이 매화꽃에 뒤덮이고, 전국에서 매화 축제를 즐기러 사람들이 몰려들기 시작했다. 꽃을 즐기러 오는 관광객이 넘쳐나고, 열매인 매실은 마을 사람들을 부자로 만들어주었다.

이 두 사례는 창의성이 무엇인지 분명하게 설명해 준다. '창의성이 발휘되면 정신적·물질적 삶의 질이 개선되고 구성원들은 더 행복해진다'는 것이다. 즉 창의성은 가치와 긴밀하게 연결되어 있다.

창의성은 '어려운 문제를 어떻게 해결할 것인가?'에서부터 '어떻게 살아야 하는가?'에 대한 답을 찾는 과정까지 모든 것에 해당된다. 그러니까 창의성이란 우리의 삶에서 부족한 것이 무엇인지 알아내고, 그것을 보완하기 위해 노력을 기울이는 문제 해결의 과정이며, 새로운 사물과 새로운 상황을 만들고 새로운 삶을 열어가는 힘이라고 할 수 있다.

❷ 창의성은 어떻게 기르나?

창의성과 고정관념은 서로 반대다. 창의성은 전에는 관행으로 여기던 잘못된 고정관념을 버리고 새로운 대안을 제시하는 일이다. '교과서대로 가르치고 진도를 다 나가야 한다.'라는 것은 고정관념이다. 교사는 가르치고 학생은 배운다는 것도 고정관념이다. 내가 근무하던 학교의 학생들이 자신들이 생각하는 '교육개혁안'을 만들어 국회에 제안한 일이 있었다. 학생회와 수십 명의 학생이 토론을 통해 '교육을 위한 ○○ 고등학교 행동'이라는 제목 아래 다음과 같은 개혁안을 제안했다. '입시 위주 교육 철폐, 학벌 차별 철폐, 선거 연령 인하, 최저 시급 1만원 보장, OECD 평균 수준 일자리 보장, 대학 가지 않아도 인간답게 살 권리……' 교육문화위원회 소속 국회의원들이 반겼고 한겨레가 기사를 썼다. 서툴고 매끄럽지는 못해도 그것은 매우 대견한 일이었다. 미래 시민으로서 고등학생들이 교육개혁을 제안한 사례는 흔치 않다.

역사 국정교과서 정책을 정부가 처음 발표했을 때, 역사동아리 학생들이 앞장서 광화문에서 최초로 고등학생 반대 집회와 기자회견을 열기도 했다. 그런 행동은 교사들의 수업과 관련이 없었다. 독서동아리를 만들어 역사를 공부하다가 스스로 판단한 것이다. 창의성은 단순한 아이디어에 멈추는 것이 아니고 우리가 직면하고 있는 문제점을 개선하기 위한 행동을 포함한다.

❸ 창의성의 조건

① 자유로워야 한다

권위주의, 강도 높은 책무, 공포와 두려움 속에서 창의성은 발휘될 수 없다. 창의성은 자발성과 비슷하다. 아니 자발성이 충분히 보장될 때만 창의성이 살아난다. 독재 체제에서 사회적 창의성이 발현되기 어려운 것처럼, 권위적인 학교나 가정에서는 창의성을 나타내기 어렵다. 평등하고 자유로운 교실에서 창의성이 더 잘 발휘될 수 있다. 교사들 가운데는 자유로움이 방종을 가져오고 그것이 성장을 저해할지도 모른다는 두려움을 가진 분들도 있다. 학생들을 통제하는 것에 익숙해진 경우에 더 그렇다.

어느 해 남자 중학교 2학년 장난꾸러기 학급을 맡았을 때 일이다. 두레별로 직접 교실에 걸 달력을 만들라고 했는데, 한 두레 학생들이 여성의 누드 잡지를 오려서 7월과 8월 달력을 만들었다. 시원한 분위기를 연출하기 위해서 그랬다지만 분명히 문제가 될 수 있었다. 하지만 나는 스스로 판단해서 지혜를 발휘하라며 더는 아무 말도 하지 않았다. 드디어 6월 달력을 떼자 감춰져 있던 7월 달력이 모습을 드러냈다. 그런데 놀랍게도 사진의 중요 부분에 검은 테이프가 붙어 있었다. 현실적인 고민을 한 끝에 타협의 아이디어를 생각해 낸 것이었다. 아이들도 나도 달력을 보고 웃었다. 그것을 만든 학생들이 그동안 고민했을 걸 생각하니 더 재미있었다.

자유로움은 혼란을 가져오거나 질서를 무너뜨릴 것처럼 보이지만, 사실은 그렇지 않다. 오히려 억압이나 통제가 자유보다 더 위험하다. 자유롭게 자란 아이들은 스스로 절제하면서도 창의적인 사고를 할 수 있지만, 통제와 억압 속에 자란 아이들은 분노를 감추고 있으며 충동적으로 행동할 가능성이 더 크다. 실패가 두려운 사람은 자유를 두려워한다. 그러나 오히려 실패는 창의성을 기를 수 있는 기회다. 실패를 통해서 더 많은 것을 배울 수 있기 때문이다. 진정한 배움의 과정은 실패의 연속일 수밖에 없다. 모든 창의적인 발견이나 발명이 그랬듯이, 그것은 무수한 실패를 겪은 뒤에만 만날 수 있는 결과다. 부모나 교사는 학생이 실패할 수 있는 다양한 기회를 빼앗고 오로지 가장 안전한 하나의 길을 가도록 요구한다. 그러나 그것은 어리석은 짓이다. 물론 '인정, 긍정, 칭찬' 같은 긍정적인 분위기 속에서 창의성은 생명력을 갖기도 한다. 그러나 부모나 교사가 원하는 답을 찾으려고 하는 것은 분명 아니다. 격려나 인정은 필요하지만 순응적인 태도로 길러진 사람은 창의적인 리더가 되기 어렵다.

② 직접 경험과 훈련, 활동이 필요하다

수동적으로 수업을 들을 때는 전두엽이 거의 움직이지 않는다고 한다. 구성주의 교육이론가 피아제는 어릴수록 직관성이 뛰어나므로 감각을 이용하라고 했다. 몸을 움직여 활동해 보는 것이 더 교육적 효과가 크고 상상력을 풍부하게 만들 수 있다는 것이다. 어린 시절 보고 듣고 말하고 냄새 맡고 만져보는 감각 활동과 감수성 훈련을 한 사람은 성인이 되어서 창조성이 높다는 것이다. 중학생이나 고등학생도 비율은 조정할 필요가 있겠지만, 직접 체험하고 느껴보는 활동이 필요하다.

창의성이 미래 사회의 가장 중요한 역량이라고 말하면서 다양한 체험을 가로막는 현실을 묵인하는 것은 큰 문제다. 문학, 연극, 음악, 미술 등 그 나이에 반드시 길러야 할 예술적 감수성을 키워주는 것도 마찬가지다. 나는 늘 연극, 영화, 공연, 전시회 등을 관람하는 활동을 했다. 창의성과 예술적 감수성을 길러주기 위해서다. 우리 교육의 가장 큰 문제점은 호기심과 탐구심에 사로잡힌 학생들을 의자에 못박아 두는 데 있다. 학생들의 교외 활동은 물론 교내 활동도 더 다양해져야 한다. 문화 체험[2]은 물론 운동 시합, 캠프와 여행, 노작 활동, 취미 활동, 공연 활동 등 역동적인 학습이 더 많아져야 한다.

---

2 국제 학술지《Personality and Social Psychology Bulletin》에 게재된 연구에 의하면, 다른 문화를 경험한 학생들이 경험하지 않은 학생들에 비해 강한 창조성을 나타냈다고 한다. 과학자들은 창조성을 증가시키는 열쇠로, 넓은 학습 경험이 두뇌에서 구조적 변화를 일으켜 신경학적 변화가 일어난다고 주장한다.

책상에 앉아서는 잠시도 집중하지 못하는 학생들에게 카메라를 주고 사진을 찍게 하거나 30초짜리 애니메이션을 만들게 해보면 상상하지 못한 역동적 에너지로 창의성을 발휘하는 모습을 발견할 수 있다. 하다못해 모래를 퍼 옮기는 작업을 시켜도 학생들은 교실에 앉혀두는 침묵의 수업보다 더 많은 것을 배울 수 있다.

연극, 영화, 뮤지컬 수업 등은 창조성이 생명이다. 게다가 자발성, 협동성, 유희성 등을 두루 배울 수 있는 종합선물세트다. 국어 교과만이 아니라 음악, 미술, 역사, 과학 등과 융합 수업도 가능하다. 음악 시간에 '창작가요 발표회', '폐품 악기로 오케스트라 연주', '환경음악제' 같은 것들을 진행하면 창의성이 활짝 피어날 수 있다. 미술 시간에는 '학교 벽화 그리기', '폐품을 이용한 설치미술 작품 만들기', '정자 만들기', '협동조합 카페 만들기' 프로젝트도 좋다. 역사 시간에는 '역사 다큐멘터리 대회'나 '역사 뮤지컬', 과학 시간이라면 '태양광 에너지로 요리 만들기', 'EM 공장 세우고 지역 주민에게 홍보하기' 등 무궁무진한 역동적 프로그램을 만들 수 있다.

③ 타인을 배려하는 데서 출발해야 한다

앞에서 언급한 중학교 3학년 장기 결석생을 다시 학교로 나올 수 있게 한 일 역시 창의성의 모범적 사례다. 그는 복학생이었는데 개학 첫날 잠깐 나왔다가 그 후로 학교에 나오지 않았다. 정신적인 문제로 휴학했던 것을 감추려고 했는데, 작년 교복에 붙어 있던 이름표 색깔 때문에 자신의 복학 사실이 알려졌다고 생각하자 낯선 후배들과 학교생활을 할 자신감이 없었던 것이다. 결석일이 60일이 가까워지고 곧 수업일수

부족으로 제적 처리될 처지에 놓여 있었다. 몇 차례 가정방문을 해 대화를 시도했지만, 문을 열어주지 않거나 화장실로 피하기까지 했다. 교사의 노력도 부모의 설득도 모두 허사였다.

그래서 학생들과 함께 창의적 아이디어를 찾아보기로 한 것이다. 우선 고충처리위원회 학생들이 나섰다. 이미 학급 내 고민이나 갈등을 조정해 주는 데 큰 역할을 하고 있었던 이 위원회는 머리를 맞대고 거듭 회의를 했다. 그리고 자신들이 낸 창의적인 아이디어를 함께 해보자고 제안했다. 학생들은 매일 안부 문자를 보내고 롤링페이퍼에 관심과 우정을 담아 보내기도 했다. 또 팀을 짜서 전화를 하거나 집 근처로 만나러 가는 등 따뜻하고 역동적인 아이디어들을 실천했다. 결국 그 학생이 학교에 나왔다. 그 일은 거기서 멈추지 않았다. '교과 개인 지도'를 창안하여 돌아가면서 놓친 공부를 돕는 프로그램을 시도했다. 함께 할 수 있는 놀이 프로그램도 시도했다. 이 모든 정성이 통해 결국 그 학생은 다른 친구들과 함께 중학교를 졸업할 수 있었다. 이처럼 창의성은 사회적 가치와 유익함을 창출해 내는 것이다.

④ 작고 사소한 데서 출발한다

창의성은 거창하고 큰 담론이 아니라 작은 일에서 시작할 수 있다. 학급에서 생일파티를 할 때 생일을 맞은 친구에게 조그만 종이를 건네주게 했다. 이 종이에 사랑과 우정을 담은 축하 메시지를 적은 뒤 친구에게 주는 것이다. 이때 친구에게 축하의 말과 함께 악수를 하거나 한번 안아주는 행동을 하면 더욱 좋다. 서로 불편했던 친구들도 이런 사소한 행동을 통해 허물없는 사이가 된다.

김은형의 혁신수업

중학교 남학생들을 가르칠 때는 학급 단합을 위해 토요일에 종종 학급 운동회를 했다. 축구나 농구나 야구를 했는데, 사실 운동을 잘하지 못하고 좋아하지 않는 남학생들도 꽤 있다. 운동을 잘하지 못하는 학생을 위해 게임 규칙을 살짝만 바꾸면 색다르고 재미있는 게임을 할 수 있다. 예컨대, 야구 경기를 한다면 가장 못하는 학생에게 투수를 맡기는 식이다. 학생들은 번번이 날아가다 중간에 떨어지는 공을 던지는 친구에게 열정적인 응원을 해준다. 농구를 할 때는 가장 잘하는 친구가 코치가 되어 일정 기간 친구들에게 강습을 하게 한다.

'학생이 교사가 되는 수업'에서 학생 교사들은 골든벨 식으로 수업을 진행했다. 먼저 각자 분량의 내용을 읽고 공부를 한 후 연습장에 답을 써서 동시에 들어 올리는데, 답을 맞힌 친구들에게 색종이로 만든 작은 별을 나누어주었다. '작은 별'은 포스트잇 같은 평범한 종이 쿠폰과 달리 수업에 새로운 흥분을 일으켰다. 학생들은 색색의 예쁜 별을 받는 것을 무척 좋아했다. 책상 위에 배열하거나 얼굴에 붙이며 그 자체를 즐겼다. 기능 면에서는 포스트잇과 색종이별의 차이가 없지만, 그 사소한 변화가 '수업의 즐거움과 역동성'을 줄 수 있다는 것이 신기했다.

⑤ 창의성은 '질문이 있는 수업'에서 살아난다

질문이 없는 사람은 관심도 호기심이 없으며, 변화와 발전을 원하지 않는 사람이다. 호기심과 도전 정신은 발전의 원동력이기 때문이다. 질문이 사라진 교실은 더 이상 살아 있는 교실이라고 할 수 없다. 그래서 나는 '묻지 않는 것은 가르치지 않는다.'라는 원칙을 제시한다. 학생들의 질문을 유도하여 생각하는 힘을 기르기 위해서다. 만약 질문을 받는다면 물론 성실하고 창의적으로 답해야 한다. 사실 교사의 설명 위주 수업에서는 질문이 잘 나오지 않는다. 그러나 학생들이 수업을 진행하면 질문이 엄청나게 쏟아져 나온다. 부담이 없기 때문이기도 하지만, 정확하게 알고 말하는지 시험을 해보고 싶은 충동도 작용한다. 교사들은 늘 학생들을 벙어리로 만드는 수업을 하고 있는 것은 아닌지 의심해 봐야 한다. 내 교과는 어려워서 어쩔 수 없다고 말하는데, 사실 어려울수록 더 많은 질문이 나와야 하는 것이 아닐까? 이런 수업에서 창의성은 존재하기 어렵다.

❹ 창의성의 핵심은 창작

언어 활동은 그 자체가 창의적이다. 사람은 누구나 말을 하거나 글을 쓸 때 자기만의 문장 구조를 새롭게 생산해 낸다. 같은 단어를 사용하면서도 다른 사람과 동일한 문장을 사용하지 않는다는 점은 우리가 얼마나 창조적인지를 입증하는 것이다. 국어 수업은 물론 다른 교과도 수업에서 다룰 수 있는 주제와 소재, 방법과 기술은 무한하다. 교사의 수만큼, 학생의 수만큼, 언어 사용이 다른 만큼 새로운 수업을 할 수 있다.

그 중에서도 가장 새롭고 지적이며 창조적인 활동이 글쓰기다. 역사에 대한 글쓰기, 과학에 대한 글쓰기, 음악에 대한 글쓰기……. 어떤 교과도 모두 언어로 이루어지며, 창의적인 언어로 그 내용을 쓰고 말하게 해야 한다. 니체는 "타인의 시선에 자신을 내맡기고 조종당하는 것은 일종의 질병"이라고 말하며, "인간은 보는 법을 배우고 생각하는 힘을 갖기 위해 말하고 쓰는 법을 배워야 한다."라고 했다. 국어만이 아니라 모든 교과 수업은 바로 무언가(지식과 가치)에 대해 읽고 듣고 말하고 쓰는 수업이어야만 한다. 창의성은 특정 교과의 전유물이 아니기 때문이다. 언어의 최종 꽃봉오리는 예술이다. 시와 소설, 수필과 희곡을 쓰는 일이다. 그것은 사람이 할 수 있는 가장 높은 수준의 창조 행위다. 역사로 시를 쓰고, 과학으로 소설을 쓰고, 음악에 대해 수필을 쓰고, 사회적 주제로 연극과 영화를 만들 수 있다.

4. 유희성을 살리는 수업

❶ 놀이란 무엇인가?

수업, 즉 배움의 과정에서 놀이는 어떤 의미를 지닐까? 가장 좋은 수업은 놀고 즐기면서 하는 수업이다. 그런데 우리는 놀고 즐기는 일은 공부를 방해하는 요소라고 생각한다. 당연히 수업에 놀이를 도입하고자 하는 연구나 노력도 소홀하다.

플라톤은 "사람은 문자 그대로 사람일 때만 놀고 있으며, 놀고 있을 때만이 참된 사람이다."라고 말했다. 놀이의 중요성을 철학적으로 분명히 정리한 말이다. 역으로 말하면, '놀지 못하고 놀지 않는 사람은 진정한 삶을 사는 사람이 아니다.'라고 할 수 있을 것이다. 철학자 한병철은 《피로사회》에서 "현대사회는 무한경쟁 사회, 성과 사회, 무한긍정 사회"라고 말했다. 성과 사회는 성과를 내야만 존재 가치를 인정받는 사회다. 무한긍정 사회는 '너는 할 수 있다.'라는 명제를 밀어붙여 스스로를 착취자이자 피착취자가 되도록 만드는 사회를 말한다. 무한경쟁과 무한긍정 사회에서 내보일 만한 성과를 내기 어려운 사람들은 자기혐오와 우울증에 빠지고 만다.

놀이가 사람에게 어떤 의미를 갖는가를 본격적으로 다룬 네덜란드의 역사가이자 문화연구가인 요한 하위징아(Johan Huizinga, 1872~1945)는 《호모 루덴스》에서 놀이의 중요성을 이렇게 정리했다. "놀이는 법률, 문학, 예술, 종교, 철학 등을 탄생시킨 기초 토대"이다. 놀이를 문화의 하위개념이나 단순 에너지 방출로 보았던 기존의 시각을 완전히 바꾸어놓은 것이다. 그는 '원시 제의'를 놀이적 관점에서 정립했는데, 원시 제의야말로 인류 최초의 순수하고 무구한 집단적 놀이라고 했다. 문화는 놀이의 산물이며, 오히려 놀이의 하위개념이라는 것이다. 하위징아는 현대인의 비극은 놀이를 빼앗긴 데서 온 것이라고 주장했다. 놀이는 사람의 본능인데 놀이를 빼앗거나 놀이 정신을 억누르면 사회와 문화가 타락한다는 것이다.

어린아이는 소꿉놀이를 통해 자신의 감정을 표현하고 관계를 배운다. 청소년은 또래 집단의 문화를 만드는 강렬한 에너지를 가진 시기다. 중장년층도 그들만의 놀이문화가 있다. 사회적 역할이 끝난 노인들은 다시 어린아이처럼 놀이가 중심이 되는 삶으로 돌아간다. 그러니까 사람은 어릴 때부터 노인에 이르기까지 놀이를 바탕으로 살아가고 있는 것이다. 모든 사람은 사회적 책무나 생존을 위한 노동으로부터 벗어나 자유롭게 놀고 싶은 본능을 갖고 있다는 말이다.

그런데 인류의 역사는 사람들에게 놀이를 빼앗는 쪽으로 발전해 왔다. 봉건주의 사회에서 농민들은 일과 놀이가 결합한 건강한 공동체 놀이문화를 갖고 있었지만, 양반들에게는 건강한 놀이문화가 없었다. 그들은 출세와 부, 권력을 위해 골몰하며 계급적 권위를 위해 놀이를 억압

했다. 그래서 양반 계급의 남성들에게는 타락한 성 문화가 만연했던 것이다. 일제강점기 일본 제국주의자들은 우리 문화와 공동체 놀이를 파괴하는 데 주력했다. 정서적 연대를 막기 위한 노예 전략의 일환이었다. 자본주의 역시 노동자들의 놀이를 억압한다. 더 많은 노동시간을 확보하고 노동자들의 연대를 막기 위해서다.

오늘날의 교육 역시 놀이를 죄악시하는 풍토가 여전하다. 소수 특권계층에게 유리한 혜택을 주기 위한 입시 경쟁 체제에 학생들을 몰아넣고 학습 노동에 묶어놓음으로써 놀이문화를 철저히 부정하는 것이다. 학교에서 나쁜 학생들을 지칭하는 말 역시 '노는 학생'이다. 그들이 범죄를 저지르는 것도 아닌데, 그저 많이 놀고 있다는 이유로 나쁜 학생이 되는 것이다. 억압된 놀이 본능을 이용하여 돈을 벌기 위한 상업적인 놀이는 점점 많아지는 반면, 건강한 공동체 놀이는 점점 사라지고 있다. 퇴폐적인 놀이문화가 상업화·산업화하고, 어린이와 청소년은 물론 성인조차 그것의 포로가 되어가는 것이 오늘의 현실이다.

놀이의 보편적 특징은 네 가지 정도로 정리할 수 있다.

첫째, 놀이는 공평한 질서의 세계를 배우게 한다. 어떤 놀이든 질서와 규칙이 있다. 만약 그 규칙을 지키지 않으면 놀이는 성립되지 않는다. 놀이의 규칙은 특정한 사람에게만 유리하게 작용하거나 특혜를 주지 않는다. 나이나 지위, 성별 등은 놀이에서 의미가 없다. 놀이의 세계로 들어온 사람이라면 모두 평등하다. 놀이를 하다 다툴 때는 누군가가 공정한 게임의 룰을 깼을 때다. 아이들은 놀이를 하며 공정성과 민주성을 배운다. 정치를 비난하는 이유는 자신의 권력과 이익을 위해 공정한 규칙과 질서를 지키지 않기 때문이다. 공정함과 규칙을 잃은 사회는 도덕성을 잃고 약자에게는 지옥이 된다.

둘째, 놀이는 자신의 능력을 성장시켜 준다. 놀이에는 반드시 승리자가 있다. 노래를 잘하거나 춤을 잘 추거나 뛰어난 누군가가 좌중을 압도하며 흥을 돋우고 분위기를 달군다. 놀이에 대한 보상은 명예와 대중의 사랑이다. 사람은 누구나 자신을 드러내고 인정받고 싶어 한다. 어리거나 나이가 많거나 간에 자신이 분위기를 이끌어가고 싶은 것은 본능이다. 또 놀이를 통해 흥분하고 열정과 행복을 느낀다. 그래서 아이들은 놀이에서 이기기 위해 시간을 투자하고 기능을 연마하고 학습한다. 학교에서 학생들이 가장 열정을 발휘하는 행사는 축제나 구기대회 같은 것들이다. 수업 중에는 소외되었던 아이들도 이때만큼은 기량을 맘껏 뽐내며 친구들의 지지와 사랑을 듬뿍 받는다. 현대의 문화·예술 분야도 모두 놀이 원리에 따른다.

셋째, 놀이는 정서적 연대와 평화를 지향한다. 알타미라동굴 벽화는 위험한 사냥을 하러 가기 전 집단의 안녕을 빌기 위한 일종의 주술놀이의 모습을 그리고 있다. 우리 전통 제의들 역시 모두 공동체의 안녕과 정서적 연대를 위한 집단놀이였다. 산신제, 서낭제, 풍어제 등이 모두 그렇다. 우리 농경문화 중 가장 건강한 전통 가운데 하나인 '두레'는 생산성을 높이기 위해 함께 먹고 마시고 놀기 위한 마을 단위 조직이었다. 사람은 정서적으로 연대할 때 가장 큰 집단의 힘을 발휘할 수 있다. 같이 놀지 않는 사람과 함께 일하는 것은 결코 즐겁지 않으며 좋은 성과를 기대하기도 어렵다. 정서가 다른 사람과 연대하기는 어렵지만 같이 놀면 연대를 만들어낼 수 있다. 그러므로 놀이는 집단이나 사회의 발전과 안정을 위해 꼭 필요한 조건인 셈이다.

넷째, 놀이는 고정관념과 질서를 깨뜨리는 파격적 속성이 있다. 새로운 놀이는 언제나 현재 당면한 문제들의 돌파구를 찾기 위해 시작되곤 한다. 주강현의 《우리 문화의 수수께끼 1》에 나오는 '도깨비굿'이 그 좋은 예다. 가뭄이 들어 오랫동안 비가 오지 않아 논바닥이 타들어 가고 흉작이 계속되어 백성들이 고통을 당한다. 그러면 왕은 목욕재계하고 머리를 풀고 신에게 기우제를 지낸다. 그러나 아무리 기우제를 지내도 비가 오지 않으면 마지막에 여성들이 들고일어나 난장을 쳤다고 한다. 생리혈이 묻은 천을 깃대에 꽂아 하늘에 대고 흔들며 온갖 잡다한 물건들을 두드리면서 소란을 피우는 놀이다. 하늘도 깜짝 놀라 비를 내려줄 것이라는 역발상인 것이다.

놀이는 집단의 연대는 물론 사회적 변화를 이끌어내는 힘도 있다. 임진왜란 당시 행주대첩에서 여성들이 행주치마에 돌을 담아 나르는 방법으로 전투에 참가하는데, 이것은 평소의 사회규범으로는 불가능한 일이다. 그러나 위급한 상황이 되자 고정관념을 깨고 '여성의 전쟁 참여'라는 극적 상황을 연출한 것인데, 이를 거대한 소셜 드라마, 즉 '사회적 연극'으로 정의한다. 초·중·고등학생까지 거리로 뛰쳐나온 4·19 혁명이나 5·18 민주화운동, 6월항쟁, 촛불집회 등도 모두 사회변혁을 추동한 집단놀이로 볼 수 있다.

❷ 놀이를 빼앗긴 아이들

배우는 과정 그 자체가 큰 기쁨이어야 하는데 현실은 전혀 그렇지 않다. 제도화된 교육이 권태롭고 무의미하고 힘겨운 과정이 되어버린 이유는 무엇일까? 왜 학생들은 미래를 위해 오늘의 행복을 저당잡히는 삶을 살고 있는 것일까? 해결해야 할 일이 너무도 많다. 어려운 교과 중심 교육과정[3], 과도한 입시 경쟁, 학력 간 임금 격차……. 이런 문제를 다시 열거하는 것은 무의미하다. 하지만 우리 자신도 그러한 문제들의 책임에서 자유롭지 못하다. 교사들은 얼마나 치열하게 '학습 노동'을 줄이기 위해 몸부림치고 있을까? 그래서 우선 놀이에 대한 철학을 재정립할 필요가 있다. 실제로 나도 오랫동안 교과 수업의 지루함을 달래기 위한 것으로, 수업을 위한 보조적인 개념으로 놀이를 바라보았다. 그러나 이제 놀이에 관한 철학적 재무장과 기술적 연구가 필요하다.

우리 교육이 아이들을 병들게 한다는 주장에 대해 교육학자들은 어떻게 답하고 있을까? 아이들은 잠시도 놀지 않고는 못 견디는 존재다. 놀지 않는 아이들은 몸이 아프거나 마음이 병든 아이들이다. 어린아이를 혼자 두면 삼시도 쉬지 않고 '심심하다'고 외친다. 또 잠시만 틈을 주면 아이들은 어떤 방법으로든 놀이를 찾아내서 논다. 그러나 교사들은 아이들의 새로운 놀이를 빼앗기 위한 전쟁을 한다. 딱지놀이를 하면 그것을 빼앗는다. 그러면 아이들은 동전치기로 바꾼다. 또 그것이 막히면 이제는 말타기를 한다. 그것도 막히면 종이비행기를 날린다.

성장기의 신체는 호흡이 빠르고 끝없이 역동적으로 움직이고 싶어 하며 상상력은 높아진다. 자신이 스스로 경험하거나 실행하고 싶은 강한 욕구는 그 누구도 막을 수가 없다. 그런데 공부와 권위로 억압하면 아

---

3 경험 중심 교육과정에서 교과 중심 교육과정으로 바뀌는 과정에서 난해함이 가중되었다. 1957년 소련의 인공위성 스푸트니크호 발사로 충격을 받은 미국은 자신들의 경험 중심 교육이 소련과의 경쟁에서 뒤졌다고 판단하고 학문 중심 교육과정을 도입하게 되는데, 이것이 바로 교과 중심 교육과정이다. 어려운 학문적 내용을 잘게 쪼개어 나선형으로 배치함으로써 지식 중심의 교육이 자리를 굳히게 된 것이다. 우리나라는 미국의 교과 중심 교육과정을 곧바로 도입했다.

이들은 약한 아이들을 때리며 놀리고 괴롭히는 방식으로 복수놀이를 하게 되는 것이다. 이러한 역동적인 시기를 오로지 책상 앞에 돌부처처럼 묶어두는 것이 과연 옳은 것일까? 수학과 영어 공부, 숙제와 시험, 방과후 수업과 학원, 과외……. 신체적 자유를 빼앗음으로써 정신적 발달마저 멈추게 되는 것은 아닐까?

다음은 신문의 1면을 장식했던 한 중학교 2학년 학생의 이야기다.

때리고 돈 뺏고 목줄 감고
죽음 내몬 '장난삼아' … 상처 입은 교실
같은 반 학생 2명 영장 검토
교장 직위 해제, 교육감 사과

"처음에는 장난삼아 시작한 일인데 이렇게 커질 줄은 몰랐어요. 친구에게 정말 미안해요." 아이는 울먹였다. 유서에서 같은 반 친구들에게 괴롭힘을 당했다고 밝히며 목숨을 끊은 김아무개(14, 중2) 군을 향한 뒤늦은 후회였다. 해당 교육감은 사죄하고 학교장은 직위 해제되는 등 사건의 파문은 확산됐다. 하지만 김군은 이제 사진 속에서만 웃고 있을 뿐이다.
'중학생 괴롭힘 자살 사건'을 수사 중인 대구 수성경찰서는 23일 숨진 김군을 괴롭힘 혐의(폭력행위 등 처벌에 관한 법률 위반)로 같은 반 학생 ㅅ(14)군과 ㅇ(14)군의 구속영장을 신청하는 방안을 검토하고 있다고 밝혔다. 경찰은 ㅅ군 등을 이틀째 조사한 뒤 "이들이 김군을 때리고 돈과 게임기, 점퍼를 빼앗고, 목에 줄을 감아 끌고 다니는 등 괴롭혔다는 유서 내용이 사실로 확인됐다"고 밝혔다. 그러나 김군이 유서에서 '물고문'을 당한 것으로 적은 데 대해선, 경찰은 "두 학생을 조사해 보니 'ㅅ군이 세숫대야에 물을 떠 와서 물고문을 하려고 했

> 지만 ㅇ군이 위험하다며 말리는 바람에 포기했다'고 진술했다"고 전했다.
> 경찰은 김군의 휴대전화에서 ㅅ군이 지난 9월부터 넉 달 동안 날마다 5~6차례씩 협박성 문자메시지를 보낸 사실을 확인하고 추가 조사를 벌이고 있다.
> ㅅ군 등은 경찰에서 후회의 눈물을 흘렸다고 한다.

가해 학생은 장난삼아 한 일이라고 말했다. 아이들은 왜 친구를 괴롭히며 놀까? 어디선가 강한 힘에 의해 억압된 아이들이 무의식중 쌓인 분노를 풀기 위해 약한 대상을 찾는 것은 아닐까? 나는 책상을 파고, 벽에 구멍을 뚫고, 개미나 꽃이나 개나 고양이를 학대하고, 힘없는 친구들을 괴롭히고, 가끔은 자신의 몸에 상처를 내며 학대놀이를 하는 아이들을 무수히 보았다. 우리는 학교에서 종종 도저히 상상할 수 없는 폭력적인 놀이가 사고로 이어져 끔찍한 상황으로 드러난 경우를 본다.

❸ 놀이로 배우다

영어로 '연극'은 'play', 즉 '놀다'라는 말이다. 가장 좋은 수업은, 그저 즐겁게 놀았을 뿐인데 자신도 모르게 배움의 목표를 달성하는 것이다. 그래서 서양에서는 일찍이 연극놀이[4]와 과정 중심 연극[5]을 중요한 교육과정으로 발달시켜 왔다. 사례 하나를 살펴보면 다음과 같다.

영국의 한 광산촌에 사는 어린이들은 문자 습득에 어려움을 겪고 있었다. 교사는 교육청에 이 어려움을 호소했다. 어느 날 이 작은 시골 학교에 광대 옷을 입은 사람들이 풍악을 울리며 들어와 아이들을 모아놓고 재미있는 연극을 공연했다. 공연은 아주 중요한 순간 멈추었고, 아이들은 나머지 부분을 공연할 수 있는 대본을 받았다. 아이들은 주어진 기간 동안 연습하여 다시 찾아온 공연단과 함께 연극을 한다는 계획이었다. 공연 준비를 하는 동안 아이들은 자신들이 몰랐던 언어를 습득할 수 있게 된다. 아이들이 아무런 의심 없이 놀며 배우게 하기 위해서 '교사'와 '교사 배우(teacher actor 또는 actor teacher)'들의 치밀한 준비가 있었다. 한 달 후 아이들은 다시 온 배우 교사들과 함께 멋진 연극을 마무리했다. 물론 아이들은 이미 완벽하게 문자를 습득할 수 있었다.

또 다른 사례는 '독립심'을 기르기 위한 연극놀이다. 학급 구성원들은 새로운 상황에 직면한다. '전쟁이 났으며, 어른들은 모두 전쟁터에 나갔고, 삶의 터전은 모두 사라진' 상태다. 앞으로의 삶을 어떻게 꾸릴지 고민을 해야 한다. 전란을 피해 산속으로 피한 아이들은 먼저 스스로의 힘으로 텐트를 쳐야 한다. 생존을 위해 텐트 치는 연습을 하는 것이다. 그리고 남아 있는 아주 적은 양의 빵을 어떻게 공평하게 나눌 것인지 토론한다. 그때 새로운 문제에 직면한다. 갑자기 나이 든 난민 할머니가 나타나 아이들에게 더 많은 빵을 요구하고, 더 넓은 텐트를 달라고 한다. 아이들은 이 상황을 어떻게 해결할지에 대해 머리를 맞대고 의논한다. 새로운 사건과 상황은 계속된다. 다음 날 적군이 나타나 위협하며

---

4 인간의 예술은 놀이에서 발달했으나 점차 전문화하고 복잡하게 발전하면서 특별한 재능이나 기술을 가진 사람들의 행위로 변했다. 18세기 후반 서양에서는 어린이의 창조성이나 가능성을 키우기 위한 연극놀이(Creative Drama)가 발달했다. 연극놀이는 자아 표현과 즐거움이 중시되며, 보여주기 위한 것이 아니라 즉흥적이고 비공개적이며 과정 중심의 놀이로, 창조의 과정 자체를 중시한다.

5 창의적 연극(Creative Drama), D.I.E.(Drama in Education), T.I.E.(Theatre in Education) 등이 있다. 창의적 연극은 참가자들의 자아 표현이 주요 목적이며, D.I.E.는 연극을 교과 학습을 위한 도구로 활용한다. T.I.E.는 연극의 공연 형식을 유지하되 배우 겸 교사가 주도하여 학습자를 참여시켜 교육의 목표를 달성하는 방식이다.

먹을 것을 모두 빼앗아 간다. 그리고 얼마 지나지 않아 그 적군은 부상을 당해 돌아와 도와달라고 부탁한다. 아이들은 그를 어떻게 대해야 할지 판단해야 한다. 이 모든 과정을 겪으면서 아이들은 문제 해결 능력을 기른다. 규칙과 법률 같은 지식은 물론, 도덕과 양심, 배려와 존중에 대해 생각해야 한다. 무엇보다 어려운 상황에서 '독립적인 존재'가 되기 위한 고난을 견뎌야 한다. 이 모든 과정은 잘 짜인 하나의 학습놀이다.

나는 이 수업 과정을 비디오로 보고 감동했다. 그래서 그런 사례를 더 알고 싶어서 탐문했다. 그런데 요즘 영국은 신자유주의 정책으로 인해 교육의 질이 형편없이 떨어졌다고 한다. 교육에 대한 투자가 줄면서 이런 훌륭한 시스템을 폐기하고 학교와 학생들을 경쟁에 몰아넣고 있다는 것이다.

독일의 발도르프 학교를 방문했을 때 슈타이너 교육에 대해 들었다. 독일 사람들은 교사를 '영혼의 예술가'라고 불렀다. 발도르프에서 가장 중요한 것은 자유며, 음악적 리듬과 미술적 상상력, 영적인 것, 공동체적인 것 등을 하나로 통합한다. 배움은 강요된 것이 아니라 자유롭게 놀며 노래하고 만들고 나누는 데서 온다는 철학이 바탕이다. 이런 대안교육에서 공통으로 발견되는 것은 즐거운 놀이를 통해 배움을 이끌어내려는 것이다. 학생과 교사 중심 교육과정이 발달한 나라들도 이러한 변화를 위해 꾸준히 노력하고 있었다.

❹ 놀이로 하는 수업

"아는 자는 좋아하는 자만 못하고, 좋아하는 자는 즐기는 자만 못하다." 《논어》〈옹야〉 편에 나오는 말이다. 배움을 즐기는 사람이 될 수 있다면

김은형의 혁신수업

그 사람은 행복한 사람이다. 학교는 학생들의 즐거운 생활 공간이며 삶을 위한 교육이 이루어지는 곳이어야 한다. 하지만 학교와 교실은 여전히 학생들에게 불편하고 지루하고 고통스러운 곳이다.

"선생님, 집에 가고 싶어요." 요즘 부쩍 힘들어하는 아이들이 자주 하는 말이다. 북유럽의 아이들처럼 방학이 끝나고 학교에 가는 것을 신나게 생각하는 날이 언제쯤 올까?

만약 놀이가 교육의 중요한 철학이자 원리가 되어야 한다면 이제 수업과 학급 활동, 학교 행사 같은 것들을 전향적으로 새로 짜야 한다. 물론 놀이의 개념을 교육적으로 더 정리해야 할 필요는 있다. 이와 관련해서 프랑스 쟈크랑 교육부장관이 교육 패러다임을 바꿔야 한다며 내린 지침을 새겨볼 만하다. "어려운 지식을 배우는 교과일수록 춤과 노래, 연극과 시로 수업을 해야 한다."라는 것 말이다.

학급 활동은 더 많이 놀 궁리를 할 수 있다. 개강파티는 약간의 먹을 것과 놀이 몇 가지만 있어도 좋다. 의자를 둥글게 놓고 둘러앉아서 몸을 부딪치며 노는 것만으로도 긴장감을 해소해 준다. 전에는 대단원 끝날 때마다 게임을 하고 놀았는데, 요즘은 폭력 예방 교육이니 안전 교육이니 수없이 많은 별도 교육을 하라는 지침 때문에 자치나 적응 시간을 거의 빼앗기곤 한다. 그래도 놀려고 마음먹으면 어느 정도는 가능하다. 매달 생일파티, 학급 야영, 요리 경연대회, 수학여행, 두레별 운동경기, 학급 대항 친선 축구대회, 종강파티…….

배움의 공동체를 주장한 사토 마나부가 교실 책상 배치를 ㄷ자 모형으로 바꾼 것은 학생들이 서로 쉽게 마주 보고 얘기할 수 있도록 하기 위해서다. 대개의 교실은 모두가 교사에게만 집중하도록 되어 있다. 이러한 구조는 교사의 권위에 복종하도록 하고 학생들을 개별화한다. 나는 ㄷ자형보다 ㅁ자형이나 ○자형을 선호한다. 원탁 수업을 주로 했는데, 원은 처음도 끝도 없는 수평적 구조라 좋다. 어디에서 시작해도 좋고, 또 누구에게나 전체가 집중할 수 있다. 교사도 그 원의 한 점으로 참여할 수 있다. 놀이든 발표든 토론이든 어떤 수업을 해도 좋다. 3~5명이 모이는 것도 아주 쉽다. 하나의 책상만 살짝 돌려도 바로 두레별 자리가 만들어진다.

예전에는 교실의 의자와 책상을 모두 밖으로 내보내고 돗자리를 깔고 바닥에 앉아 수업을 하거나 놀곤 했는데, 친밀감을 주는 한국적 방식이다. 책상에 둘러앉는 것보다 더 가깝기 때문에 학생들 사이의 밀도가 높아진다. 머리를 맞대고 지혜를 모으거나 계획을 세우거나 토론을 할 때도 좋다. 무엇보다 놀기에 좋다. 마피아게임, 팔씨름이나 돼지씨름을 할 수도 있다. 춤을 추기도 좋고, 드러누워 영화를 보거나 함께 야영하며 밤새 이야기를 나눌 때도 좋다.

시간적 자유도 중요하지만 공간적 자유 또한 놀이를 하는 데 중요한 요소다. 연극이나 발표 수업을 할 때는 공연장 형태로 만들 수 있다. 책상과 의자의 각도를 90도 틀면 복도 쪽을 무대로 만들 수 있다. 복도 쪽 교실 반쯤이 긴 무대가 되고 교실 앞문과 뒷문은 등장과 퇴장을 하는 곳이 된다. 운동장 쪽으로 책걸상을 계단식으로 쌓아 객석을 만들면 '시암송대회, 옛날이야기 대회, 연극 공연' 등에 적합한 공간이 된다. 두 학급을 묶어 한 학급이 발표나 공연을 하는 동안 다른 학급은 관중이 되거나 심사자가 되는 식으로 합반 수업을 할 수도 있다. 이때 옆 교실은 준비실로 활용할 수도 있다.

놀이 수업은 '양질전화(量質轉化)'의 법칙이 적용된다. 아주 많이 하여 능숙해진 일은 모두 놀이가 된다. 교실을 놀이터로 만들고 놀이로 수업을 하는 일을 시도하다 보면, 교실이 놀이 공간이 되고 학교생활 자체가 놀이의 연속이 될 수 있다. 놀이는 얼마든지 만들어낼 수 있다. 단오, 어버이날, 어린이날, 학생의 날, 추석, 크리스마스 등 계기를 이용해서 파티를 열 수도 있다.

가장 기억에 남는 파티는 학년을 마치면서 한 종강파티다. 가족 모두가 참여할 수 있도록 저녁 여덟 시에 시작했다. 부모님들도 각자 간단한 음식을 가져오셨다. 빈대떡, 떡볶이, 어묵도 있었고 치킨이며 피자도 있었다. 학생들이 춤과 노래를 준비했고, 부모님과 형제들이 모두 함께하는 게임도 했다. 학부모와 형제 중에서 축하 연주와 노래를 하기도 했다. 가족이 모두 함께하는 송강파티였다.

프랑스 쟈크랑 교육부장관은 '문화·예술 교육'으로 교육의 패러다임을 바꿔야 한다며 "수학, 과학 등과 같이 어려운 지식 교과일수록 노래와 춤과 시와 연극을 활용한 예술적인 놀이로 수업을 해야 한다."라고 공식 지침을 내린 일도 있다. 그것은 우리 아이들이 배움의 즐거움 속에서 성장하도록 도우라는 것이다. 김구 선생님은 독립한 우리나라가 갈 길은 힘 있는 나라가 아니라 문화가 살아 있는 나라가 되어야 한다고 하셨다. 곰곰 새겨보고 실천을 고민해야 할 철학이다. 놀이의 중요성에 대한 가치와 철학을 분명히 세우면 방법론은 너무도 많다.

02

학생 중심 수업

1. 학생 중심 수업이란?

지금 우리 교육은 교육과정, 교과서, 수업 시간표, 평가 방식 등이 모두 정해져 있다. 학자들이나 관료들이 결정하고 교사는 전달자일 뿐이다. 그러니까 교사 중심이 아니라 사실은 국가 중심 수업을 하고 있는 것이다.

'학생 중심 수업'은 교육학 용어는 아니다. '학생 중심 교육과정' 정도로 이해할 수 있다. 하지만 '학생 중심 교육과정'이라는 말도 교육학 용어는 아니다. 학문적으로는 보면 '경험 중심 교육과정'이라 할 수 있다. '학문 중심 교육과정'에 대비되는 개념이다.

현재 OECD 국가의 대부분은 교사 중심 교육과정이다. 발달 단계에 따른 포괄적 수업 목표만 국가가 정해주고 수업의 내용, 방법, 평가는 교사가 결정하도록 한다. 우리나라는 목표, 내용, 방법, 평가에 대해 세부적인 내용까지 국가 중심 교육과정에서 정한다. 교사에게 수업의 재량권이 없다 보니 수업이 경직되고 학생 소외가 일어나기 쉽다. '국가 교육과정의 대강화'라는 말이 자주 거론되는 이유다.

교사 중심 교육과정을 운영하는 나라에서는 교과서를 들고 하는 수업은 거의 없다. 교과서도 자유발행제지만, 대부분의 교사는 자기만의 교육과정을 만들어 수업하고 평가도 역시 전적으로 교사의 주관에 따른다. 오지선다형의 일제고사는 물론 없다. 절대평가라서 등급을 매기는 일도 없다.

다양하고 입체적이며 학생이 참여하는 수업이 되려면 교사의 수업권과 평가권이 보장되어야 한다. 수업과 평가가 분리되지 않아야 하고, 그래야 학생의 신뢰를 얻을 수 있다. 토론 수업이나 활동 수업을 하고도 지필평가에 더 의존하면 그런 수업에 부담감과 거부감을 줄 수 있다.

그래서 좋은 수업을 하려면 결국 제도를 고쳐야 한다. 나도 교과서를 만들어봤는데, 교육과정에서 제시한 성취기준 때문에 창의적 교과서를 만드는 것이 불가능하다는 것을 알았다. 검정 통과를 위해서는 성취기준을 따라야 하는데 성취기준 수가 많기 때문에 여러 개의 성취기준을 만족시키는 텍스트를 찾아야 한다. 결국 좋은 글은 다 놓치고 재미없고 교훈적인 글만 교과서에 들어갈 수밖에 없다. 국가 중심 교육과정을 목표 중심으로 바꾸고, 교과서 자유발행제를 실시하고, 수업권과 평가권을 교사에게 주어야 진정한 학생 중심 수업이 가능해진다. 하지만 매일의 수업은 어떻게든 이끌고 가야 한다. 수업이 끝나고 패잔병 같은 기분을 느껴본 일이 있을 것이다. 참여도 없고 호응도 없는 수업, 지루해하는 아이들의 모습을 보는 것은 슬픈 일이다. 배움의 기쁨과 즐거움을 누리지 못하는 아이들이 많을 때 교사는 절망할 수밖에 없다. 한번은 고등학교로 강연을 갔다가 깜짝 놀랐다. 교과 교사모임 활동도 꽤 오래 했던 선생님이 그 학교에 근무하고 계셨다. 요즘 수업이 재미있게 잘 되느냐고 물었더니 한숨을 쉬셨다. 2학년 영어 수업을 여섯 명 교사가 함께하는데, 모두 문제집 풀이만 한다는 것이다. 교사, 학부모, 학생들도 입시를 위해 학원식 문제 풀이 수업을 원한다고 했다. 선생님은 더 이상 수업 연구가 필요치 않게 되었다며 씁쓸해하셨다.

유럽식 교사 중심 교육과정도 만능은 아니다. 오래전 부산에 '시 수업' 강연을 하러 갔을 때 일이다. 그때 주최한 모임에서 부산일보에 광고를 했는데, 그걸 보고 몇 명의 고등학생도 왔다. 수업 얘기를 들은 선생님들의 반응은 매우 좋았다. 하지만 고등학생들에게 물었더니 이렇게 되물었다.

"좋은 수업이라고 생각합니다. 하지만 학생들이 그것을 진짜 원할까요?"

그렇다. 교사 중심 교육과정이 학생들에겐 이상이 아닐 수도 있다. 학생들은 자신들이 더 주인이 되기를 원한다. 자신들이 수업의 목표와 내용과 방법을 결정하고 싶어 한다는 뜻이다.

2. 학생 중심, 프레네 교육

내가 겪은 바로는 프레네 수업이 학생 중심 교육과정에 가장 가깝다. 책으로 읽을 때는 충분히 이해되지 않았는데, 프랑스의 프레네 학교들을 둘러보고 깊은 감동을 받았다.

프레네는 이미 100년 전에 학생들이 배움의 주체가 되어야 한다며 새로운 수업을 실천했다. 제1차 세계대전은 체제순응적 인간을 양성한 잘못된 교육 때문이라고 생각했기 때문이다. 프레네 수업의 원칙은 배움의 목표와 내용, 방법, 평가를 모두 학생 스스로 정하는 데 있다. 100년 전에 벌써 학생들 스스로 교과서를 만들었다는 것은 놀라운 일이다. 내용만이 아니라 활자를 뽑아 활판을 만들고 인쇄하는 과정까지 모두 스스로 하게 했다. 이 프레네 교육이 다시 주목받게 된 것은 1980년대다. '수업 거부와 학교 폭력'이 사회문제가 되자, 교육 혁신의 방법으로 다시 프레네 교육이 주목을 받은 것이다. 학생들을 대상화하는 형식적 공교육의 대안으로 학생의 자발성을 존중하는 프레네 교육의 중요성을 재발견한 것이다. 진보적이고 진취적인 교사들이 프레네 수업을 공부했고, 많은 공립학교가 프레네 학교로 전환했다.

프레네 교육의 핵심은 학생의 '자율성'과 '결정권'이다. 초등학생들도 스스로 수업의 목표를 정하고 자신만의 계획을 세운다. 한 학급 내에서도 각자 다른 수업을 할 수 있다. 수학 공부를 할지, 독서를 할지, 시 쓰기를 할지, 그림 그리기를 할지 학생 스스로 정한다. 그것을 배울 기간도 자신이 정한다. 하루, 일주일, 한 달간 할 수도 있다. 또 누구와 같이 공부할지도 정한다. 혼자 하거나 둘이 할 수도 있고, 셋 이상의 친구들과 함께할 수도 있다. 교실, 도서실, 복도, 운동장…… 어디서 할지도 자유다. 수업의 결과를 친구들 앞에서 발표할 수도 있고, 작품이나 책으로 만들 수도 있다.

유치원부터 고등학교까지 다양한 프레네 학교 수업을 참관했는데, 상당히 자유롭고 수준도 높았다. 초등학생들도 믿기 어려운 수준의 사회 비판적 시를 쓰고, 치열한 사회참여 활동도 하고 있었다. 자신이 결정한 것이므로 수업을 게을리하거나 억지로 하지 않는다. 프레네 교육은 프레네 철학으로 무장한 교사들이 모여서 함께하기에 가능하다. 프레네 수업은 사회에서 어려운 계층의 자녀일수록 효과적이라고 한다. 특히 '이주노동자의 자녀들을 사회에 통합시키는 데 가장 효율적인 교육'이라고 한다. 이주노동자들의 자녀들은 프랑스어를 모르고, 부모의 도움도 받지 못하기 때문에 일반 프랑스 교육을 따라가기 어렵다. 그런데 프레네 수업을 하면서 불안감이나 수치심 없이 배움의 효과를 거둘 수 있었다. 보통 가정의 아이들도 교사 중심 교육을 받은 일반 학교 아이들보다 상급학교 진학 후 자존감과 리더십이 높다고 한다.

그러면 교사의 역할이 적어질까? 전혀 그렇지 않다. 교사는 아이들이 계획을 세우고, 진행하고, 결과를 정리하고 발표하는 전 과정을 함께 의논해 준다. 인상적이었던 것은, 학생들 각자가 자기만의 교육과정을 진행하지만 교사에게 도움을 청하기 위해 교사의 책상 앞에 줄을 서서 기다리고 있는 모습이었다.

물론 교사가 주도하는 전체적인 활동이나 수업도 있다. 아침 학급회의 시간을 참관했는데, 생활 전반에 대한 토론을 하여 규칙을 어긴 학생들에 대한 처리 방안을 투표로 결정하기도 했다. 규칙을 어기고 함부로 행동한 친구들을 교실에서 내보내는 엄격한 벌칙이 주어졌다. 필요에 따라서는 교사가 수업을 진행하기도 한다. 한 초등학교 수학 시간에 교사가 여행 경비를 다양하게 계산하는 내용으로 수업하는 것을 보았다. 프랑스에서 초등학생들은 2주일간의 수학여행을 간다. 여름에는 요트방학, 겨울에는 스키방학이라고 한다. 이 여행 경비를 부모님이 내는 것이 아니라 교사가 지역사회에 다니면서 기부금을 받아 충당한다. 아이들도 여행기금을 모으기 위해 시와 그림을 넣은 자신들의 작품 달력을 만들어 판다. (참관을 하는 한국 교사들을 보자 열심히 설명하며 사달라고 해서 학생들의 그림이 들어간 1달러짜리 달력을 여러 개 샀다.) 선생님은 10만 원짜리 수표(?)를 아이들에게 보여주었다.

"여러분을 위해 지역에서 이 돈을 기부해 주었습니다."

아이들이 무척 좋아했다. 선생님은 이 돈을 여행에서 어떻게 쓸지에 대해 토론하자고 했다. 아이들은 아이스크림을 사 먹자고도 하고, 기념품을 사자고도 했다. 그러면 선생님은 전체 학생이 아이스크림을 사 먹으면 얼마가 드는지, 남은 돈은 얼마며 그 남은 돈은 또 어디에 쓸지를 열심히 계산하게 했다. 아이들은 아주 즐겁게 열심히 계산을 했다. 또 기념품을 산다면 얼마짜리를 몇 개나 살 수 있는지도 계산하게 했다. 계산법을 가르치면서 동시에 사회성이나 사고력을 기르는 융합 수업이 었다.

고등학생들의 프레네 수업은 우리나라 대안학교와 비슷했다. 역시 상당히 수준 높은 프로젝트들을 수행하고 있었다. 한 그룹의 학생들은 작은 창고를 짓기 위한 계획을 세웠고, 한 그룹의 학생들은 밴드 공연을 위한 연습에 몰두하고 있었다.

프레네 교육의 현장을 모두 둘러본 것은 아니지만, '수업의 목표와 내용, 방법을 모두 학생이 정하는 것'이 배움에 얼마나 큰 힘으로 작용하는지 확실히 알 수 있었다. 자유롭고 역동적인 프레네 수업은 유럽은 물론 전 세계에 혁신교육으로 큰 영향을 주고 있다.

프레네가 교과서를 만들게 한 것은 '아동에게 자연스러운 것은 놀이가 아니라 일'이라는 철학에 바탕한 것이다. 지금은 일반화되었지만 '학급회의, 학교 교류, 자유 글쓰기, 모둠 학습, 공동 학습 계획, 프로젝트 수업' 등이 모두 프레네가 시작한 수업들이라고 한다. 프레네 수업의 핵심을 정리해 보면 다음과 같다.

- 학생들은 자기만의 학습 과정으로 배울 권리가 있다.
- 획일화는 아이들을 부패시킨다.
- 자기만의 학습 속도에 따라 배워야 한다.
- 학습은 기쁨과 성취감을 주어야 한다.

3. 학생 중심 수업의 실제

내가 한 학생 중심 수업은 활동을 바탕으로 한 수업이다. 아마도 교사 중심 교육과정에 더 가깝다고 할 수 있을 것이다. 하지만 스스로 배움을 찾아가는 프레네 수업을 늘 염두에 두었다. 활동 중심 수업은 재미있고 역동적이지만 지식 습득에는 효율성이 떨어진다는 주장도 있다. 배워야 할 지식의 양이 많고 평가가 단순 암기 지식을 기초로 이루어질 경우 한계가 있을 수 있다.

내가 근무한 혁신학교에서 전 교사가 참여하는 '제안 수업'과 '수업 나눔회'를 1년에 네다섯 번 진행했다. 제안 수업은 전 교사가 함께 한 시간 동안 수업을 참관·관찰하는 것이며, 수업 나눔회는 함께 모여 자신이 관찰한 것을 나누는 자리다. 기존의 연구 수업처럼 교사의 수업 능력을 보는 것이 아니라, 학생에게 어떤 배움이 일어나는가를 관찰하는 것이다. 과학, 영어, 국어, 미술, 수학 등 수업마다 방식과 내용이 달랐는데, 공통점은 교사의 강의나 설명은 거의 없고 대부분 학생들이 스스로 활동하며 배우는 것이었다.

한 한문 선생님께서 제안 수업을 해주셨는데, 암기 중심인 한문을 어떻게 학생 중심으로 할 수 있는지 궁금했다. 그 수업은 '한자 속담을 통해 선인들의 삶의 지혜를 배우고 실생활에 적용해 보는 수업'이었다. 선생님이 먼저 한자 속담 자료를 주면 학생들이 공책에 정리한다. 그런 다음 서너 명씩 모둠이 협동하여 설명하고 이해하면서 생활에 어떻게 사용할지 연습했다. 모두 완벽하게 이해하고 암기하면 함께 선생님께 가서 설명했다.

선생님이 뽑기 막대를 들고 앉아 있으면 4개의 속담군 가운데 하나를 뽑는다. 통과한 모둠에게는 다음 단계의 과제를 준다. 모둠에 따라 조금 느리거나 빠를 수 있지만 결국 모두가 함께 간다. 협동 수업에 하브루타, 구술평가 등이 섞여 재미있게 완전학습을 하는 모습이었다. 제안 수업이 끝난 후 수업 나눔회에서 수업을 진행한 한문 선생님이 제안 이유를 설명해 주셨다.

한문 선생님: 강의식 수업도 하고 발표식 수업도 해봤는데 다 재미없어 했습니다. 그런데 1정 연수 때 핀란드 교육 영상을 보고 충격을 받아 수업을 바꿔야겠다는 생각을 했어요. 나이나 학년 구분 없이 통합학급인데도 학생들이 열심히 참여하며 배움이 일어나고 있었습니다. 작년에 이 수업을 시도했는데 큰 효과를 보지 못했어요. 올해는 참여도가 높고 수업이 잘 이루어지고 있습니다. 한문이 암기라지만, 암기를 위해서 이해가 먼저입니다. 모둠별로 한자 카드 20개를 주고 무조건 외우라고 했습니다. 그랬더니 학생들끼리 외우기 위해서 이야기를 나누는데, 늙은이 옹(翁) 자를 놓고는 "이건 늙은이의 팔자 주름이고 아래쪽은 수염이야." 하면서 그림을 그려가며 설명을 하더군요. 사고의 과정을 거쳐서 암기를 하는 것이죠. 강의식 수업에서는 볼 수 없는 아이들만의 창의적인 공부가 되더군요.

교사 1: 음과 뜻을 공책에 정리한 모습이 놀라울 정도로 깔끔하던데 비결이 있는 건가요?

한문 선생님: 공부는 정리를 하는 일이잖아요. 그래서 공책 정리법도 가르쳤어요. 색깔 있는 펜을 쓰는 법 등을 첫 시간에 자세히 안내해 주었지요.

교사 2: 모든 아이들이 수업에 참여하고 배움이 일어나고 있는 것을 보고 놀랐습니다. 저는 영어과인데 수준 차이가 크고 입시 때문에 고민이 많습니다.

한문 선생님: 공부 잘하는 아이들은 어떤 방식으로 해도 열심히 합니다. 그런데 참여식 수업은 공부를 싫어하는 아이들을 끌어올리는 데 더 큰 효과가 있어요. 진도나 분량은 어느 정도 접고 있으니까요. 그래서 중간고사는 안 보려고 했는데, 기말고사 범위가 많아지는 게 아니냐는 걱정을 하더군요. 그래서 아이들과 의논해서 몇 단원만 뽑아 시험 범위로 정했지요. 중요한 것은 교사가 아이들을 기다려줘야 한다는 겁니다. 스스로 공부하도록 하면 처음에는 아무것도 안 하는 것처럼 보여 불안했습니다. 그래서 저도 자꾸 개입을 하게 되는데, 기다려주니까 다음 시간에는 아주 열심히 하더군요.

학생 중심 수업에서 가장 중요한 것은 교사의 철학과 확신이다. 교사들은 '교과 특성, 수준, 입시, 진도'를 핑계로 관성적인 수업 뒤에 숨기 쉽다. 학생 중심 수업은 성과주의와는 거리를 두어야만 가능하다. 우리는 자기도 모르게 완벽한 학습을 기대한다. 그래서 공부 잘하는 학생을 기준으로 사고하는 경향이 있다. 못하거나 열심히 하지 않는다고 비난을 해서는 안 된다. 중요한 것은 누구도 배움으로부터 도피하지 않게 하는 것이다.

수업은 하나의 건축이다. 학생 중심 수업의 설계는 매우 정교해야 한다. 그러지 않으면 중구난방이 되기 쉽다. 학생 중심 수업이 성공하려면 교사에게 확실한 철학과 목표가 있어야 하고, 동시에 섬세한 설계와 계획이 있어야 한다.

❶ 학생이 교사가 되는 수업

"새로운 선생님들을 소개합니다."

새 단원 수업을 맡은 학생들을 선생님으로 소개한다.

"새로 부임한 김○○, 정○○, 강○○ 교사입니다."

환영의 함성과 손뼉 치는 소리가 교실에 울려 퍼진다.

"이번 단원은 읽고 요약하고 토론하고 발표하는 순서로 진행할 예정입니다. 먼저 교과서를 각자 읽어주십시오. 그리고 저희가 준비한 PPT를 보시겠습니다."

학생들이 본문을 읽는 동안, 한 사람은 컴퓨터를 작동시키고 한 사람은 칠판에 단원 제목과 목표를 쓴다. 또 한 사람은 설명 준비를 한다.

학생이 교사가 되는 수업은 두세 명이 한 팀이 되어 수업을 이끌어간다. 한 학기 동안 수업할 내용들을 모둠별로 맡아서 수업하는 방식이다. 간혹 "저희는 아무것도 몰라요. 배우지 않은 것을 어떻게 가르쳐요?"라고 말하며 겁내는 학생들도 있다. 그러나 학생들 대부분은 자신이 선생님이 된다는 사실에 설렘과 흥분을 느낀다. 상당한 책임감이 따르기 때문에 미리 충분히 공부해야만 하는데, 어떤 학생은 수업 준비를 위해 새벽 3시까지 공부했다고 말했다. 그러면서 어떤 질문이 나와도 모두 자신 있게 대답하고 싶었다고 했다. 지식채널이나 유튜브 등에서 적절한 영상을 찾아오기도 한다. 어떤 학생은 수업을 해야 하는 날 몸살이 나서 서 있기도 힘들었지만, 자신이 교사가 된 수업을 끝까지 해내 친구들을 놀라게 했다. 어떤 학생은 재미있는 퀴즈게임으로 수업을 진행하기도 했다. 학생들을 스스로 공부하게 한 후 단계적인 퀴즈게임에 참여하게 했는데, 꽤 어려운 내용도 있었지만 탈락 없이 모두가 끝까지 참여할 수 있었다.

학생들은 자신이 '선생님'으로 불리고 수업 시간에 전권을 갖는 것에 큰 흥미를 갖는다. 학생 선생님들은 수업 중 잠자는 학생을 일으켜 앉히기도 하고, 태도가 산만한 학생에게 주의를 주기도 한다. 그리고 상점이나 벌점을 부여할 수도 있으며, 공책 검사를 하여 사인을 해주기도 한다. 학생들이 준비한 수업은 다양하고 풍성하다. PPT 자료는 기본이고 사진, 애니메이션, 동영상, 노래와 시와 영화 등 학생들은 인터넷에서 귀한 자료들을 잘도 건져 올린다. 이런 자료들은 교과서가 제시한 주제들을 더 깊고 넓게 이해할 수 있도록 도와주며, 때로는 감동의 세계로 안내한다.

학생들은 친구가 선생님 역할을 하는 것에 흥미와 관심을 가진다. 무엇보다 좋은 점은 질문이 엄청나게 늘어난다는 것이다. 교사가 설명을 하는 수업은 질문이 거의 없는데, 학생 선생님의 수업에는 부담 없이 손을 든다. 간혹 학생 선생님의 답변 설명이 부족할 수도 있는데, 그럴 때는 잘 아는 친구에게 설명을 요청할 수 있다. 아무도 설명해 주지 못하면 그때 선생님에게 부탁하도록 설계되어 있다. 나는 '질문하지 않는 것은 설명하지 않는다.'라는 원칙을 중시한다.

슬기와 예나가 수업을 진행했다. 늘 책도 가져오지 않고 수업에 무심하던 슬기가 과연 제대로 수업을 진행할 수 있을지 학생들은 의심했다. 물론 다른 학생들보다 준비가 부족한 건 사실이었다. 하지만 두 사람은 열심히 자신의 역할을 해내려고 애썼다. 처음엔 자신감도 없고 발음도 우물우물하고 목소리도 잘 들리지 않았지만, 시간이 갈수록 어색함이 줄어들고 표정도 밝아졌다. 교탁 앞에 세우는 것만도 성공이라고 생각했는데, 생각보다 잘 해냈다.

이 수업의 좋은 점은 언어능력, 즉 말하기 능력이 좋아진다는 것이다. 처음에는 교탁 앞에 서서 말하는 것에 공포감을 느끼던 학생들이 어느새 청산유수가 되는 것을 보면 뿌듯해진다. 가르치는 것이 가장 제대로 배우는 것이다. 지식이 늘어나는 것은 물론 자신감, 창의력, 종합력, 리더십, 매체 사용 능력 등도 길러진다.

하지만 이 수업의 문제점도 있다. 우선 시간이 많이 걸린다. 교사의 강의식 수업에서는 교사의 말솜씨와 적절한 조절로 빨리 진도를 뺄 수 있다. 하지만 학생들이 준비를 많이 할수록 수업이 늘어질 수 있다. 그러니 진도를 위해서라면 단원을 선별해야 한다. 또 주제만 주고 내용을 찾아서 수업을 하는 방식도 좋다. 그런데 간혹 이 수업이 완전히 실패하는 경우도 있다. 한번은 예전에 젊은 남교사와 이 수업을 함께한 일이 있었다. 그 선생님은 아이들에게 모든 것을 맡긴 채 준비 상태도 점검하지 않고 학생 선생님들의 수업이 미흡할 때도 모른 체했다. 결국 무책임하고 무성의한 수업이 되고 말았고 학생들의 원성이 높았다. 입시 위주의 강의식 수업만을 해왔던 선생님이라 방법이 낯설기도 했겠지만, 그보다는 학생들과 정서적 소통을 하지 못한 게 가장 큰 문제였다. 수업은 단순한 방법론이 아니라 교사와 학생이 서로 신뢰를 바탕으로 만들고 키우는 것이다. 학생에게 존경과 신뢰를 받지 못하는 교사는 어떤 방식의 수업을 해도 성공할 수 없다.

학생들 대부분은 수업을 진행한 후 이렇게 말하곤 한다.

"선생님이란 직업이 편하고 쉽게만 보였는데, 이렇게 힘든 일인 줄 몰랐어요."

"학생들이 수업을 듣지 않으면 화가 나요. 선생님들이 집중하지 않으면 싫어하는 이유를 알게 되었어요."

학생들이 선생님의 입장을 더 많이 이해할 수 있게 되는 것도 좋은 일이다. 그리고 힘든 만큼 큰 보람을 느끼는 학생도 많다. 공부가 재미있어졌고 자신감이 생겼다는 말을 듣는 것은 교사의 가장 큰 기쁨이다. 교사가 꿈이었던 한 학생은, 자신에게 이렇게 소중한 체험은 없을 거라며 교사가 되겠다는 확신이 더 커졌다고 말하기도 했다.

이스라엘에서는 열세 살(우리나라 나이로는 열네 살)이 되면 가족이나 친척들을 모아놓고 자기만의 주제를 정해 연설을 하게 한다. 일종의 유대인 성인식인 셈이다. 행사에 참여한 가족과 친척들은 축의금을 모아주는데, 집집마다 차이는 있지만 우리나라 돈으로 5천만 원쯤 된다고 한다. 이 돈을 아이 이름으로 은행에 예금해 주는데, 대학을 졸업하고 사회에 나갈 때 자신이 하고 싶은 일을 하는 종잣돈이 된다. 이스라엘 청년 70~80%는 이 돈을 바탕으로 창업에 뛰어든다고 한다. 이런 문화는 아이들을 자기 삶의 주인으로 만들어주며, 동시에 현실적인 경제 교육으로 이어지는 것이다.

어쨌든 만 열세 살이 넘은 아이들이 자기 삶의 주인이 되도록 어떻게 도울 것인가는 매우 중요한 교육적 논점이다. 내가 말하고 싶은 것은, 학생들은 스스로 배움의 주인이 되어 수업을 이끌어갈 힘이 충분히 있다는 것이다. 가르친다는 것은 배운다는 것과 같다. 나는 늘 수업을 하며 학생들에게 배웠다. 학생들은 텅 빈 머리가 아니다. 교사의 존재는 보이지 않아도 괜찮다. 학생들이 성장하고 변화할 수 있도록 뒤에서 밀어주는 사람이면 충분하다.

김은형의 혁신수업

❷ 집단지성 탐구 수업

이제 탐구 수업 사례를 살펴보겠다. 탐구 수업은 말 그대로 학생들이 스스로 공부하는 수업이다. 한번은 탐구 수업을 위해서 학교 컴퓨터실을 개조한 적이 있다. 컴퓨터 책상이 나란히 설치되어 있어 모여 앉을 자리가 없었는데, 이것을 컴퓨터를 교실 가장자리 벽에 붙이고 가운데 책상을 두어 모여 앉아 토론할 수 있도록 배치한 것이다.

컴퓨터실을 바꾼 후 교과 수업이 더 다양해졌다. 컴퓨터실 확보 쟁탈전이 일어날 정도였다. 그래서 같은 형태로 하나 더 만들었는데, 그래도 부족했다. 국어만이 아니라 역사, 과학, 사회, 지리, 미술 등 거의 모든 교과가 탐구 수업을 하기 때문이다.

'윤동주 전기문' 수업 사례를 보자. '윤동주 전기문'은 교과서 소단원으로 3~4쪽 정도 실려 있다. 송우혜가 쓴 《윤동주 평전》에서 학창 시절 일화가 담긴 몇 쪽만 가져온 것이다. 학습 목표는 '윤동주 시인의 삶을 탐구하라.'인데, 이 글을 읽고 윤동주의 삶과 시 세계를 이해하는 건 불가능하다. 건너뛰자니 중요한 내용이고, 그렇다고 깊이 있게 공부하자니 시간이 부족하고…… 답답한 일이었다. 교과서는 늘 이런 식이다. 대단원 속에 전혀 다른 주제, 전혀 다른 종류의 글들을 묶어놓아 어떤 것도 제대로 가르칠 수 없게 만든다. 그렇다고 해서 500여 쪽에 이르는 《윤동주 평전》을 읽힐 수도 없었다. 책의 내용이 어렵고 전문적이어서 학생들이 읽어내기는 무리였다. 어떻게 수업을 해야 짧은 시간에 우리 시문학사의 보석인 윤동주를 제대로 느끼게 할 수 있을지 고민하다가 집단지성 탐구 수업을 시도하게 되었다.

주어진 시간은 두 블록뿐이었다. 우선 한 블록(2시간)은 교과서 내용을 읽고 요약하고 말하는 시간을 가졌고, 다음은 컴퓨터실로 갔다. 한 시간은 윤동주에 대해 각자 탐구하여 공책에 적도록 하고, 그다음 시간은 둘러앉아 탐구한 내용을 이야기 나누는 시간을 가졌다.

학생들은 컴퓨터실에서 자료 찾는 일을 재미있어 한다. 그냥 자유롭게 윤동주에 대해서 찾으라고 하면 학생들은 연대기적인 조사만 한다. 그래서 윤동주에 대해 탐구할 세 가지 소주제를 먼저 칠판에 적어준다.

- 출생과 성장, 시대적 배경
- 대표작과 작품 세계의 특징
- 시인의 죽음

이 가운데 하나만 찾아도 된다. 윤동주 시인에 대한 모든 정보를 찾기에 50분은 짧다. 그러므로 자신이 중요하다고 생각하는 고급 정보 한두 가지만 찾게 한다. 나머지는 집단지성의 힘으로 채워나가면 된다.

소주제를 탐구할 때는 스스로 질문을 던지게 하는 것이 좋다. '윤동주는 왜 중국에서 태어났을까?'라든가, '윤동주가 태어난 명동촌은 어떤 곳인가?', '윤동주가 다닌 학교는 어떤 학교인가?'와 같이 말이다. 윤동주의 시 세계에 대해서도 마찬가지다. '대표작은 무엇인가?', '윤동주 시들의 공통점은 무엇인가?', '윤동주는 왜 부끄러움과 슬픔이 담긴 시들을 썼나?'라는 질문을 던질 수 있다. 또 윤동주의 죽음에 대해서도 '일본 경찰은 왜 윤동주를 체포했나?', '윤동주는 어떤 상태로 죽었나?'와 같은 질문을 할 수 있다.

시를 분석하는 것도 스스로 하게 한다. 〈서시〉를 선택했다면 시의 내용과 의미에 대해 자세히 조사해 보는 것이 좋다. 예컨대, 〈서시〉를 소개하려면 시를 낭송하고 그 뜻과 특징, 시에 담긴 시인의 생각 등은 기본적으로 소개할 수 있어야 한다. 엄마가 일본인인 학생이 한 명 있었는데, 그 학생은 일본어에 능통하여 일본 사이트에서 주로 정보를 찾았다. 그리고 일본에서 '윤동주를 지키는 사람들'이 진행하고 있는 '윤동주 시비 건립 활동'에 대해서 자세히 조사했다.

두 번째 시간은 둥글게 둘러앉아 자신이 조사한 내용을 발표했다. 질문은 교사가 하고 학생들이 답변한다. 학생들은 친구들이 발표하는 내용을 공책에 적는다. 그리고 자신이 조사한 내용이 더 풍부한 경우 보완해서 설명을 해줄 수도 있다. 발표한 내용에 대해 궁금한 것이 있으면 질문을 하기도 한다. 이런 수업은 교사에게도 공부가 된다. 탐구 수업을 할 때마다 내가 몰랐던 내용이 나오곤 하기 때문이다.

탐구 수업은 집단지성을 발휘하는 협동 수업이다. 분업과 협업이 동시에 이루어진다. 각자 공부한 것을 모아 전체 수준을 높이는 훈련이라 할 수 있다. 그래서 어떤 교과에도 적용할 수 있다. 수학이든 과학이든 역사든 혼자 공부하는 것보다 서로 공부한 것을 나눔으로써 더 큰 배움을 얻을 수 있다. 우리 교육 현실은 그야말로 각자도생이고 다른 친구를 밟고 올라서는 비인간적 경쟁에 내몰려 있다. 그동안 우리 교육은 혼자 외우고 혼자 공부하여 얻은 성적으로 좋은 대학 가서 자기만 좋은 직업을 가지면 그만이었다. 그렇게 성장한 엘리트들은 극단적 이기주의자가 될 가능성이 크다. 정의로운 리더를 키우려면 함께하는 것이 유익하고 아름답다는 경험을 하도록 해야 한다.

시 탐구 수업도 그 틀은 같다. 교과서 시 외에 자유롭게 좋은 시를 찾고 연구해서 발표할 수도 있다. 사실 시를 공부할 때 한두 편의 시를 분석해 보는 것만으로는 부족하다. 하지만 탐구 수업으로 진행하면 한두 시간만 투자해도 수십 편의 시를 한꺼번에 공부할 수 있다.

탐구 수업을 할 때 또 하나의 팁은 '적으며 듣기'다. 적으려면 단어의 정확성이 필요하다. 잘 들리지 않거나 이해가 되지 않는 말은 다시 말해달라고 하거나 무슨 말이냐고 즉각적으로 물어야 한다. 내 수업 원칙 가운데 중요한 두 가지는 '양질전화의 법칙'과 '적자생존'이다. 양질전화는 '양이 많아야 질이 바뀐다. 많이 읽고, 많이 쓰고, 많이 말해야 한다.'이고, '적자생존'은 '적어야 산다'는 의미다. 일단 들은 것을 적고, 그중 중요한 것을 추리고, 진짜 중요한 것은 반복해서 읽어 자기 것으로 만들자는 것이다. 첫 시간부터 모든 내용을 자유롭게 적게 한다. 듣기는 곧 '적기'다. 이때도 전략이 필요하다. 나는 수업이 끝나기 5분 전에 학생들이 적은 쪽수만큼 공책에 사인을 해주고, 쪽수를 체크리스트에 기록해 두었다. 이것은 수행평가 점수를 낼 때 정량평가 자료가 된다.

탐구 수업은 모든 교과에서 가능한 수업 방식이다. 역사 시간에 4·19 혁명을 배운다면, 학생들이 스스로 찾아 공부하고 토론하는 수업을 할 수 있다. 교사는 탐구 소주제로 '4·19 혁명의 원인과 배경, 전개, 결말, 영향' 등만 제시하면 된다. 각자 탐구한 것을 서로 나누며 집단지성의 힘으로 지식과 깨달음을 얻는 것이다. 이렇게 하면 저절로 '질문과 토론이 있는 교실'이 된다. 물론 미술 시간에도 가능하다. '성형의 미적 가치'라는 주제로 자료를 찾아 토론 수업을 한 후 그림을 그리게 하는 수업을 통해 사고력과 판단력을 기르는 동시에 그림 그리는 방법도 가르칠 수 있다.

❸ 하브루타 수업

하브루타는 유대인의 학습법이다. 히브리어인 '하베르(친구)'에서 온 말로, 짝을 이루어 질문을 주고받으며 논쟁하는 유대인 전통 교육 방법이다. 유대교 경전인《탈무드》를 공부할 때 나이, 성별, 계급과 상관없이 논쟁하며 진리를 찾아가는 데서 온 것이다.

무엇을 안다는 것과 말할 수 있는 것은 다르다. 오지선다형 지필시험의 답이 맞았다고 그것을 말로 설명할 수 있는 것은 아니다. 자신의 언어로 설명할 수 있는 지식일 때, 그것이 진짜 지식이 되는 것이다.

그래서 '읽기-쓰기-말하기'가 통합적으로 이루어져야 한다. 바꿔 말하면, 지식이 내면화되어 자신의 언어로 나타나고 그것이 실천으로 이어질 때 진정한 공부의 완성이라 할 수 있다. 예컨대, 환경을 주제로 '플라스틱 쓰레기 문제'에 대해 공부한다고 해보자. 교사가 제시한 텍스트를 읽고 요약하고 글을 쓴 후 토론하는 수업이 가능할 것이다. 또 스스로 자료를 찾아 글을 쓰고, 자신의 관점에서 설명을 하거나 연설을 할 수도 있다. 중요한 것은 보지 않고 말로 하는 것이다. 사회나 과학에 관한 내용에 대해서도 마찬가지다. 무엇이 되었든 자신의 정리된 언어로 말할 수 있어야 정확히 알고 있다고 할 수 있다.

가장 나쁜 수업은 교사가 설명하고 끝내는 것이다. 학생들은 스스로 읽지도, 요약하지도, 자신의 의견을 말하지도 않는다. 그런 공부는 스쳐 지나갈 뿐 자기 것으로 남지 않을 가능성이 크다. 그래서 나는 어떤 내용이든 반드시 스스로 읽게 했다. 그러고 나서 핵심 내용을 요약하고 하브루타를 하게 했다.

"두 사람씩 짝을 지어 자신이 요약한 내용을 설명하세요."

가장 쉽게 말할 수 있는 사람은 짝꿍이다. 처음부터 발표를 시키는 것은 좋지 않다. 자칫 한두 명이 독점하고 나머지는 구경꾼이 될 수 있기 때문이다. 친구와 먼저 자유롭게 말하면서 질문도 하고, 암기도 하고, 토론도 하다 보면 불안감과 부끄러움을 극복하고 심리적 안정을 갖고 공부할 수 있다. 처음에는 내용을 보고 설명하고, 그다음에는 보지 않고 내용을 요약해서 설명하도록 한다. 서로 바꿔가며 진행하고, 그다음엔 질문도 하고 토론도 한다. 전체 발표는 두 사람이 힘을 합해 설명하고, 토론했던 의견도 제시한다. 두 사람씩 발표를 하면 글의 내용을 반복적으로 듣게 되어 아무리 어려운 내용도 거의 완벽하게 이해하고 암기까지 된다. 짝꿍과 두 번 이상, 전체 학생들 발표까지 하면 대여섯 번 이상을 들을 수 있어 완전 학습이 된다.

국어 수업만 '말하기'가 중요할까? 그렇지 않다. 사회나 지리도, 과학이나 생물도 자신이 공부해서 알게 된 것을 보지 않고 설명할 수 있어야 한다. 남의 지식이 아니라 자신의 지식, 남의 견해가 아니라 자신의 견해로 자리 잡기 위해서다. 학생들은 주로 눈으로 조용히 공부하지만, 이는 가장 힘든 공부 방법 중 하나다.

하브루타는 소리를 내서 말하게 하기 때문에 생동감 있고 재미있어 학생들이 좋아한다. 학생들은 친구와 함께 큰 소리로 암송하거나 말하고 질문하며 공부하는 것을 좋아한다. 수업이 조금 시끄러울 수도 있는데, 야외에서 수업을 할 수도 있다.

옛날 서당에서 온몸을 흔들며 소리 내어 암송하는 교육법을 다시 생각해 볼 필요가 있다. '백 번 읽으면 그 뜻이 저절로 통한다.'라는 말이 있다. 유대인의 하브루타 학습법과 거의 같은 방법이다.

❹ 토론 수업

토론 수업 방법은 무척 많다. 세다 토론이나 월드카페 토론도 좋다. 하지만 나는 조금 쉬운 토론 방식을 주로 택했다. 그래도 토론 수업은 쉽지 않다. 수준 높은 토론이 되려면 사실 풍부한 배경지식이 필요하고, 조리 있게 말할 수 있는 능력도 있어야 하기 때문이다.

수업으로 하는 토론은 말하기 훈련이다. 토론 수업에 성공하려면 충분한 시간이 필요하다. 자료 찾기는 물론 깊이 있게 준비할 충분한 시간이 절대로 필요하다. 그러나 실제 많은 시간을 주기 어렵기 때문에 수업 기술이 필요하다.

교실 토론은 '찬반 토론'과 '패널 토의'로 나눌 수 있다. 찬반 토론은 상반되는 의견이 충돌하는 주제일 때 적합하고, 패널 토의는 어떤 문제를 해결하기 위해 다양한 의견을 모으는 주제에 좋다. 주제는 교과나 영역마다 다르다. '선거 연령을 낮출 것인가?'나 '동성애 합법화 문제'와 같은 주제는 찬반 토론으로 하지만, '기후변화'나 '일회용 쓰레기'와 같은 주제는 의견을 모으는 패널 토의가 좋다.

내가 좋아하는 토론 수업은 간결하고 입체적이며 연극적인 방식이다. 교과 단원과 연계하기도 하고, 시사적인 것으로 할 때도 있다. 예컨대, '핵발전소 확대인가 폐지인가?'나 '식품첨가물의 위험성' 같은 주제도 있었다. 토론 모둠은 다섯 명이 기본이다.

찬반 토론인 경우는 가위바위보로 찬성 측과 반대 측을 정한다. 이긴 쪽이 찬성이면 진 쪽이 반대 입장이 된다. 찬성 쪽 토론자는 반대 자료를 검토하고 그에 대한 반박 자료를 준비한다. 반대 쪽은 찬성 쪽 자료를 검토하고 그에 대해 반박할 준비를 한다. 가운데 사회자가 앉고 오른쪽에 찬성 측, 왼편에는 반대 측이 자리를 잡는다. 이때 프랑스혁명 때 혁명파가 왼편, 왕당파가 오른편에 앉아 좌파와 우파가 생긴 유래를 설명해 주면 좋다.

패널들의 직업을 정할 수도 있다. 그러면 직업이나 역할에 따라 적절한 입장을 내세우게 된다. 예컨대 학자, 정치가, 사업가, 사회운동가, 공무원, 기자, 시민(주부), 학생 등 다양한 사람의 입장을 들을 수 있는 것이다. 학자나 교수, 기자와 같은 전문가 역할을 주면 토론을 좀 더 깊이 있게 할 수 있다. 전문가들은 학문적으로 입증된 지식을 가져와야 하기 때문이다. 또 정치가라면 입법과 관련된 지식을 가지고, 기자라면 실태 조사나 문제를 취재해서 토론할 수 있다. 이 과정을 다시 정리하면 다음과 같다.

① 찬성과 반대는 무작위로 나눈다.
② 5명을 기본으로 가운데에 사회자가 앉고, 사회자 오른쪽에 찬성 측, 왼쪽에 반대 측이 앉는다.
③ 찬성, 반대 입장을 가진 다양한 직업을 정한다.
④ 찬성은 반대 측 자료를, 반대는 찬성 측 자료를 먼저 검토한 후 그에 대한 반박 근거를 준비한다.

'식품첨가물 문제' 관련 토론 수업에서는 먼저 《과자, 내 아이를 해치는 달콤한 유혹》이라는 책을 읽었다. 이 책은 유명 과자회사에 다니다 건강을 잃은 지은이가 첨가물의 심각성을 고발하는 내용이다. 독서 토론은 아니지만, 토론은 어느 정도 기초 지식이 있어야 가능하기 때문에 먼저 책 읽을 시간을 주는 것이 좋다. 만약 책을 다 읽지 못했다면 컴퓨터실에서 한 시간 정도 자신이 토론할 내용에 대한 자료를 검색하여 토론을 준비할 수 있도록 한다.

찬반 토론 예시

- 주제: 식품첨가물 어떻게 할 것인가?
- 인원: 5명(사회자 1명, 찬성 2명, 반대 2명)
- 방법: 찬반 토론 또는 패널 토의 중 선택
- 토론 시간: 10~15분(1인당 3회 발언 기회를 줌. 1회 발언 시간 2분 이내)
- 직업: 주부, 시민, 신문기자, 환경운동가, 식품공학과 교수, 의사, 환경 부장관, 국회의원, 첨가물 반대 운동가 또는 환경 시민단체, 과자회사 사장, 제약회사 연구원, 아이스크림회사 사장, 탄산음료회사 사장 등 자유롭게 선택

사회자: 안녕하십니까? '20분 토론' 사회자입니다. 오늘의 주제는 '식품첨가물 개인의 책임인가, 기업이나 정부의 책임인가?'입니다. 나와 주신 찬성 토론자는 H아이스크림회사 김○○ 사장님, 취업 준비생이신 엄○○ 씨입니다. 그리고 반대 측 토론자로는 고등학교 영양사 홍○○님과 아이 둘을 기르는 주부 민○○님 나오셨습니다. 먼저 찬성 측에서 말씀해 주시겠습니까?

김○○: 인간이 살면서 가장 즐거울 때가 언제입니까? 맛있는 음식을 먹을 때입니다. 사실 자연 음식이 건강에는 좋다고 하지만, 그것만으로는 만족하기 어렵죠. 첨가물 역사는 사실 매우 오래되었습니다. 인류는 더

맛있는 음식을 만들기 위해 끊임없이 연구해 왔죠. 사람이 병에 걸리는 것은 반드시 첨가물 때문은 아닙니다. 몸에 나쁜 술, 담배는 왜 합니까? 사람들의 즐거움과 행복을 위해 다 필요한 겁니다. 만약 정말 나쁘다고 생각하면 절제하면 되는 겁니다.

사회자: 그렇군요. 첨가물의 역사는 길며, 우리 생활에 필요한 것임을 강조하셨네요. 이에 대한 반론 들어보겠습니다.

홍○○: 영양사 입장에서 고민을 말씀드리고 싶습니다. 학생들은 첨가물이 많은 가공식품을 선호합니다. 트랜스지방으로 인한 신경질환, 우울증, 아토피성 피부염, 알레르기 질환 등이 점점 많아지고 있습니다. 비만도 늘어나고 있고요. 가공식품이 성장기 아이들에게 치명적인데, 아이들은 화학첨가물을 보지 않지요. 어려서 첨가물이 든 가공식품을 많이 먹으면 성인이 되어 암이나 성인병에 걸릴 확률도 높아집니다. 이 문제 때문에 늘 고민입니다.

사회자: 그렇군요. 성장기 아이들에게 첨가물이 든 가공식품은 위험하다는 주장이시군요. 찬성 측 얘기를 더 들어보죠.

엄○○: 안녕하십니까? 취업 준비생입니다. 저는 수입이 없어 무첨가 아이스크림을 사 먹을 수가 없습니다. 유기농, 자연식품이 좋다고 하지만 부자들이나 먹을 수 있는 거 아닙니까? 첨가물이 많이 들어도 좋으니 싸기만 하면 좋겠습니다.

민○○: 저는 김 사장님 의견에 반대합니다. 화학첨가물이 아닌 자연 원료로도 충분히 맛을 낼 수 있습니다. 한 신문의 설문 조사를 보면, 소비자의 68%가 조금 비싸도 무첨가 아이스크림을 먹기를 원한다고 답했습니다. 요즘 시민들은 건강과 맛에 대한 의식 수준이 매우 높습니다. 우리 아이가 아토피 때문에 고생하는 것을 보면 정말 가슴이 아픕니다. 아이스크림에 많이 들어가는 유화제는 비누 성분 아닙니까? 돈이 없다고 비누를 먹을 사람이 어디 있습니까? 기업들은 나쁜 첨가물을 넣지 않고 식품을 만들 수 있도록 연구해야 합니다.

토론 수업 후 만든, 식품첨가물의 문제를 알리는 플래카드

문학작품에 대한 토론도 다양하게 할 수 있다. 소설에 대한 토론을 많이 하지만, 연극이나 영화 토론도 좋다. 사무엘 베케트의《고도를 기다리며》는 매년 희곡으로 읽고 연극을 관람한 후 토론했는데, 인문학적 소양을 기르는 데 많은 도움이 된다. 또 영화를 보고 토론하는 것도 상당히 재미있다.

소설을 읽고 토론하려면 아무래도 장편소설보다 단편소설이 낫다.

나는 두 편의 작품을 비교하여 토론하는 걸 좋아하는데, 예컨대 박완서의 〈마지막 임금님〉과 안톤 체호프의 〈어느 관리의 죽음〉을 읽고 비교 토론하는 식이다. 이런 방식은 더 많은 사고력이 요구될 뿐 아니라 입체적인 토론이 가능하다.

소설 작품은 주제, 구성(인물·사건·배경), 문체 등을 분석해 보면 좋을 것이다. 순서는 먼저 두 작품을 읽고 줄거리를 요약한다. 그다음은 공통 주제를 정한다. 〈마지막 임금님〉과 〈어느 관리의 죽음〉의 공통 주제는 '행복이란 무엇인가?' 하는 문제로 정했다. 〈마지막 임금님〉에는 상반된 두 인물이 등장한다. 자기중심적인 권력자인 임금님과 겸손하지만 줏대 있는 촌장이다. 임금님은 자신보다 행복한 촌장을 질투하며 그의 '지위, 재산, 가족'을 차례로 빼앗는다. 그러나 촌장은 고통 속에 신음하면서도 자신이 처한 상황을 받아들이고 만족한다. 결국 독재자 임금님의 말로는 죽음으로 끝난다. 〈어느 관리의 죽음〉은 풍자적인 소설이다. 출세를 위해 높은 사람의 비위만 맞추는 전형적인 소시민인 체르바코프는 극장에서 재채기를 해 장군의 목덜미에 침을 튀긴다. 그는 장군에게 무수히 사과한다. 그러고도 불안을 이기지 못해 따로 장군을 찾아간다. 그의 반복된 사과에 장군이 정말 노하고, 극도의 불안과 공포에 사로잡힌 체르바코프는 집에 돌아와 죽는다.

문학 토론 예시

〈어느 관리의 죽음〉과 〈마지막 임금님〉 비교 토론

1. 읽고 줄거리 요약하기

2. 내용 분석 토론(모둠별)

(1) 인물 비교: 체르바코프, 임금님, 촌장

(2) 사건 비교: 체르바코프는 무슨 실수를 했나?

　　　　　 체르바코프는 왜 사과를 반복했나?

　　　　　 체르바코프는 왜 죽었나?

　　　　　 임금님은 왜 촌장이 가진 것을 빼앗았나?

　　　　　 임금님은 촌장에게 무엇을 빼앗았나?

　　　　　 임금님은 왜 자신보다 행복한 사람을 참을 수 없나?

3. 전체 주제 토론

(1) 행복의 조건은 무엇인가?

(2) 어떻게 행복한 사람이 될 수 있나?

엄○○: 저와 비슷한 인물을 찾는다면 〈마지막 임금님〉의 임금님입니다. 현대사회가 성과 사회이고 모든 사람의 노력이 공평하게 보상받지 못하다 보니, 자신이 원하는 것보다 보상이 적을 경우 결과만 비교하여 자괴감이나 우울감에 빠지게 됩니다. 우리는 임금님처럼 자신이 다른 사람보다 더 행복해야 한다고 생각합니다. 특히 시험이 끝나고 성적이 만족스럽지 못할 때, 다른 학생의 등수를 빼앗고 싶은 마음에 사로잡힐 때, 저는 마지막 임금님과 같은 사람이 됩니다.

이○○: 저의 내면에는 체르바코프, 임금님, 촌장 모두 있습니다. 체르바코프처럼 저는 성적이 부진하면 저절로 눈치를 보며 기가 죽고 압박감을 강하게 느낍니다. 또 내 안에는 임금님도 있습니다. 나보다 약한 친구에게 심하게 대한 경우가 있었는데, 나중에 생각해 보니 나의 우월감을 확인하고 싶어서 그랬던 것 같았습니다. 하지만 성적 때문에 다른 사람보다 불행해지는 것이 아니며, 내가 다른 사람에게 나쁜 영향을 주는 것도 아니라는 생각을 하게 되었습니다. 열등감과 자괴감이 아무 의미 없다는 것을 깨닫고 자신감을 찾아나갈 때는 촌장님 같은 사람이 될 수 있었습니다.

마침 조희연 교육감이 우리 학교에 현장 참관을 하시다가 이 수업에 함께했는데, 토론에 참여하셔서 이런 말씀을 하셨다.

"저는 어릴 때 부끄러움을 많이 타서 말을 잘 못했습니다. 여러분 중에도 그런 사람이 있을지 모르겠습니다. 하지만 토론할 때 완성도는 조금 떨어져도 즉시 얘기를 하고 보면 생각이 더 발전하게 됩니다. 자꾸 말을 하다 보면 체계적으로 발전하는 거지요. 저는 '불안'에는 두 얼굴이 있다고 생각합니다. 이 소설 속의 임금님은 타인이 나보다 더 행복할까 봐 불안해합니다. 이 말은 내가 타인보다 불행하면 어떻게 하나 하는 불안이지요. 체르바코프는 자신이 힘 있는 사람에게 잘못 보여 불행해질까 봐 불안해하고 있지요. 그런데 이런 불안은 누구에게나 조금씩 있습니다. 어쩌면 행복이란 불안을 잘 관리하는 것일지도 모릅니다. 우리는 두 개의 시선을 갖고 있는데, 높은 곳을 바라보는 시선과 낮은 곳을 바라보는 시선이 있습니다. 높은 곳만 바라보면 불행해지지요. 하지만 높은 곳을 바라보지 않으면 발전할 수도 없을 겁니다."

❺ 놀이 수업

플라톤은 처음으로 놀이를 철학적으로 정리했다. "사람은 문자 그대로 사람일 때만 놀고 있으며, 놀고 있을 때만이 참된 사람이다."라고 했다.

김은형의 혁신수업

하위징아는 《호모 루덴스》, 즉 '놀이하는 인간'에서 "놀이는 법률, 문학, 예술, 종교, 철학의 상위개념"이라고 주장했다. 인류의 모든 문화예술은 집단적 놀이였던 '원시 제의'에서 시작되었다. '놀이'의 산물이 문화라는 말이다. 실제로 놀이를 빼앗긴 사람, 놀이를 빼앗긴 교육, 놀이를 빼앗긴 사회는 병든 사회, 타락한 사회다.

예전에 연수 중 들었던 한 교수님의 이야기가 생각난다.

저녁에 초등학교 4학년인 딸의 방에 갔는데 아이가 누워서 곰곰 생각에 잠겨 있었다고 한다.

"무얼 그렇게 생각하니?"

교수 아버지는 공부나 뭐 중요한 과제 등에 대해 생각하고 있을 거라는 은근한 기대를 품고 물었는데, 아이는 이렇게 대답했다고 한다.

"내일 뭐 하고 놀까 생각 중이야."

어른들은 목표와 성과 지향적 사고를 하지만 아이들은 즐겁게 놀면서 삶을 즐길 줄 안다. 그래서 어린 시절이 행복한 것이다.

놀이가 없는 삶은 권태롭고 힘겹다. 원시로 갈수록 삶과 놀이가 하나였는데, 인간은 점점 사회적 책무와 규범, 종교와 제도에 의해 놀이를 빼앗겨 왔다. 조선 시대 농민들만 하더라도 건강한 공동체 놀이가 어느정도 유지되었지만, 양반들은 점잖은 척하며 기생들을 탐했다. 지금도 교육과 노동에서 놀이를 죄악시하는 풍토다. 자본주의 사회에서 놀이는 상업화되었으며 퇴폐적으로 변질되고 있다. 하지만 시대가 바뀌어도 놀이에 대한 본능은 약화되지 않는다.

아이들에게 '재미없는 건 죄악'이다. 한번은 수업 평가를 하는데 한 학생이 "선생님은 다 좋은데 너무 무거워요. 진지한 것만 조금 줄이면……."이라고 말한 적이 있다. 그때 나는 알았다. 내 삶이나 수업에 힘이 많이 들어가 있다는 것을. 그래서 그 후 힘을 빼고 유연성이 높은(재미있지만 효율성이 높은) 수업을 많이 시도하게 되었다.

선생님들 중에는 '나는 재미없는 사람이야.'라고 생각하는 분들이 많다. 그런데 사실은 놀이나 유머도 훈련이 필요하다. 나는 유전적으로 음치·몸치라서 노래나 춤은 절대 못 할 거라고 생각했다. 그런데 반복해서 연습하고 훈련했더니 꽤 수준을 높일 수 있었다.

나는 10년 가까이 판소리를 배웠다. 그래서 판소리계 소설을 수업할 때 먼저 추임새 넣는 법을 가르쳐주고 북장단에 맞추어 〈사랑가〉를 가르쳐주었더니 학생들이 아주 즐거워했다. 판소리의 맛과 멋을 알고 난 다음에 지식과 이론 수업을 하자 쉽게 이해했다. 교사가 수업을 즐길 수 있을 때 학생들도 배움을 즐길 수 있다.

놀이로 하는 수업 역시 다양하다. 시 수업을 놀이로 한 예를 소개해보겠다. 중학교 1학년, '시의 정서를 이해하는 것'이 수업 목표였다. 교과서 수업을 마친 후 창작 놀이로 시적 정서를 이해하는 훈련을 해보았다. '시 암송 놀이'와 '시 창작 놀이'를 함께했다.

시 암송 놀이

① 교탁에 외우기 좋은 초간단 시를 적어서 접어둔다.

② 분단마다 인원이 같도록 조정한다.

③ 맨 앞 사람이 나와 시를 뽑아 시를 암송한다. (짧은 시는 두 편 정도가 좋다. 예컨대, 나태주의 〈풀꽃〉이나 고은의 〈그 꽃〉 같은 시들이다.)

④ 빨리 한 편을 암송하여 뒷사람에게 귓속말로 전하고, 다음 시를 또 암

송하여 전한다.

⑤ 맨 뒷사람이 적어서 제출한다.

⑥ 적은 내용이 정확한지 확인한 후 점수를 매긴다.

공동 시 창작 놀이

① 제목을 정한다. ('봄', '봄꽃', '나'로 정함)

② 맨 앞 사람이 제목과 첫 행을 쓰고 뒷사람에게 준다.

③ 뒷사람은 앞 사람이 쓴 분위기를 유지하되 새롭게 확장할 수 있다.

④ 단어, 어절, 문장 등 길이는 자유롭다.

⑤ 심상(색깔, 모양, 소리, 맛, 냄새, 촉각)을 활용한다.

⑥ 마지막 사람이 완성된 시를 가지고 나와 컴퓨터 한글프로그램에 15포
인트 이상의 크기로 입력한나.

⑦ 빔을 켜 화면으로 함께 낭송한다.

한 학급의 시 창작 놀이의 결과는 다음과 같다.

1분단	2분단	3분단
봄 봄은 향기롭다 꽃과 풀이 어우러져 알록달록 봄은 노랗다 봄은 예쁘다 마음 향기롭게 하는 봄	봄 새 생명을 탄생시키는 어머니 봄은 따스한 어머니다 봄은 꽃의 계절이다 봄은 아름답다 봄은 계절의 시작이다 봄은 사랑의 끝이다	나 나와 너와 함께할 때 우리가 되고 우리가 되면 행복해지고 나와 너와 함께할 때 추억이 되고 추억이 되면 행복해진다

각 분단에서 쓴 시가 마치 한 사람이 쓴 것 같은 느낌이 든다. 시적 분위기를 이해하고 즐길 수 있음을 확인할 수 있다. 수업 목표인 '시의 정서를 이해'가 달성되었음을 분명하게 알 수 있었다. 이런 수업은 국어 수업에서만 가능한 것은 아니다. 역사적 사건에 대해서도 할 수 있고, 과학 수업에서도 할 수 있다.

놀이 수업의 최고봉은 연극놀이다. 다양한 주제와 연계해서 놀이로 할 수 있는데, 그 방법이 많아서 여기서 다 소개하기는 어렵다. 나는 〈봉산탈춤〉 수업을 할 때 학생 전원이 종이와 사인펜을 준비하여 〈봉산탈춤〉에 나오는 탈 중 하나를 선택해서 탈을 만들어 춤과 노래를 섞어 놀이를 한 적이 있다. 그렇게 해봄으로써 이론으로 설명하는 것보다 훨씬 더 빨리 그리고 깊이 작품을 이해했다. 토론 수업에서 역할극으로 하는 방식, 세미나와 청문회 방식의 수업 등도 놀이 수업이라고 할 수 있다.

계기 수업도 놀이로 하면 좋다. 나는 주로 '어버이날, 어린이날, 스승의 날'을 묶어서 바자회놀이를 하거나, 4·19와 5·18, 학생의 날, 개강파티, 종강파티, 생일파티 등 계기를 활용한 놀이 수업을 했다. 편지 쓰기는 매우 좋은 공부다. 가족에게 보내는 편지는 기본이고, 역사적 인물에게 편지 쓰기나 문제 해결을 위한 편지 쓰기와 같이 수업과 연계하기에 적당한 것들이 꽤 있다. 어버이날에 카네이션을 만들고 편지를 쓰는 것은 초등학교 때부터 많이 하는데, 중학생은 물론 고등학생도 필요하다.

편지 쓰기를 '선물 마련 바자회'와 함께 하면 더 재미있다. 환경과 경제를 생각해 각자 집에서 쓰지 않는 물건들을 가져와 바자회를 열고 선물을 준비하는 것이다. 신문지로 포장하되 편지는 정성껏 쓰도록 한다.

수업의 마지막 시간은 늘 종강파티를 연다. 개강파티 때는 몸을 부딪치는 놀이를 통해 서로 가까워졌다면, 마지막 수업은 한 학기 또는 일 년을 돌아보는 자리다. 서로에게 고마운 인사를 나누는 게 중요하다. 책거리 잔치도 좋았다. 한국 전통 제의 형식을 빌려 함께 음식을 나누는 방식이다. 간단한 다과회와 평가회도 좋다. 친구들이나 선생님에게 고마웠던 일, 미안했던 일 등을 쪽지에 써서 앞에 있는 색지에 붙이고 마음을 나누어도 좋다. 그다음에는 재미있는 게임을 하며 그동안 쌓인 학습의 피로가 풀리도록 즐겁게 논다. 함께 노는 일이야말로 협동을 일깨우고 삶의 즐거움을 맛볼 수 있게 한다. 앞의 과정이 다 좋았다 해도 이 시간보다 더 좋을 수는 없다. 노동을 한 후에 휴식이 있듯, 오랜 학습 과정을 마무리하는 방법이다.

프랑스는 교육의 패러다임을 '문화예술 교육'으로 바꾸는 데 20년 이상 투자했다. 자크랑 장관 시절에 "수학, 과학 등과 같이 어려운 지식 교과일수록 노래와 춤과 시와 연극을 활용한 예술적인 놀이로 수업을 해야 한다."라고 공식 지침을 내리기도 했다. 또 "문화예술은 전기나 가스, 수도와 같은 공공재다. 모든 학생은 문화예술을 즐길 수 있어야 한다. 부모의 경제 수준과 관련 없이 모든 어린이와 청소년이 즐길 수 있도록 학교에서 배려해야 한다."라고도 했다.

03

질문이 있는 수업

1. 질문은 왜 중요한가?

'질문이 있는 수업' 방식은 교사마다 다를 수 있다. 나는 '인문학적 사고를 기르는 수업', 즉 눈에 보이는 것을 뛰어넘어 보이지 않는 진실을 물을 수 있는 힘을 기르기 위한 주제 수업을 구상했다. 인문학은 생각하는 힘을 기르는 일이다. 운동으로 몸의 근육이 생기듯 정신에도 근육이 필요하다. 몸의 근육이 반복적인 훈련과 고통을 참아내는 과정을 통해서 생기는 것처럼, 정신적 근육 역시 지식과 정보, 경험과 사유 속에서 고통과 좌절과 혼란을 느끼며 생겨난다.

'질문이 있는 수업'이란 '사유의 힘을 기르는 수업'이다. 철학에서 '질문'은 현상에 대해 끝없이 회의하는 것이다. 회의와 성찰이 곧 질문이고 사유다. 회의와 성찰이 없는 개인이나 사회는 결코 신보하시 못한다.

인문학(人文學)은 인간의 근원 문제를 다루는 학문이다. 인간의 사상과 문화에 대한 가장 근본적인 탐구다. 자연과학과 사회과학이 인간의 경험을 탐구한다면, 인문학은 그 경험을 분석하고 비판함으로써 어떻게 살아가야 하는지 판단의 틀을 만들어주는 공부다. 요즘은 이 인문학을 '리버럴아츠(Liberal Arts)'라고도 한다. 고대 그리스에서부터 내려온 개념으로 '자유로운 삶을 위한 교양과 기술'을 이르는 말이다.

'인문학적 사고를 기르는 수업'은 고등학교 3학년을 대상으로 처음 시도했다. 대학 입학을 앞두고 가장 깊이 있게 공부해야 할 고3 교실은 거의 침실에 가깝다. 진학할 뜻이 없거나 진학을 포기한 학생들만 자는 것이 아니다. 수능을 준비한다고 오지선다형 문제집의 알쏭달쏭한 문제들을 풀다 보면 저절로 잠이 쏟아지게 되어 있다. 또 미래에 대한 불안이 심할수록 무력감이 커지므로 또 잠을 잘 수밖에 없다. 이런 고3 교실 풍경은 우리나라 교육의 민낯이다.

'인문학적 사고를 기르는 수업'을 준비한 이유는 고등학교를 졸업하고 곧 성인이 될 학생들이 마지막으로 교양과 철학, 사고력을 기를 수 있도록 돕고 싶어서였다. 처음 이 수업을 시작했을 때 몇몇 학생이 EBS 특강이나 수능 기출문제를 풀지 않는다고 불만이었다. 하지만 시간이 흐르면서 학생들의 반응은 조금씩 달라졌다.

프랑스의 대입 자격고사인 바칼로레아나 독일의 아비투어를 생각해보자. 프랑스에서는 매년 바칼로레아 시험에 어떤 문제가 출제되는지 온 사회가 큰 관심을 갖는다고 한다. 이 시험에 나오는 질문은 수험생만이 아니라 모든 시민이 그 답을 깊이 생각한다고 한다. 특히 철학 문제에 관심이 집중되는데, 인문학적 공부 없이는 단 한 줄도 쓸 수 없는 문제들이다. 예컨대 '타인을 심판할 수 있는가?(2000년)', '과거에서 벗어날 수 있는가?(1996년)', '모든 사람을 존중해야 하는가?(1993년)'와 같이 매우 간단한 질문을 던진다. 질문 3개 중 하나를 골라 4시간 동안 글을 쓴다. 전 과목이 논술이며, 일주일간 시험을 치른다. 80%의 학생이 통과하고, 불합격해도 재시험 기회를 준다.

우리 수능과는 전혀 다르다. 우리나라는 수능에 어떤 문제가 나왔는지에 관심을 갖는 사람이 별로 없다. 오로지 점수를 따지고, 점수에 영향을 주는 문제에 대해 논란을 하는 것이 전부다. 한 문제를 더 맞히느냐 못 맞히느냐에 따라 등급이 달라지고 학벌이 달라질 수 있으니까. 입시 철이 되면 이 기이한 시험에 대해 문제 제기는커녕, 부모들은 교문을 잡고 기도하고 절에 가서 무릎이 부서질 때까지 절을 한다.

바칼로레아에 이런 문제도 나왔다. '노동을 덜 하는 게 더 잘 사는 것인가?' '욕망은 본래 무한한 것인가?' 교사들도 이런 질문에 답하기가 쉽지 않다. 이런 질문을 던진다는 것은 중등 교육과정에서 깊이 있는 사고력을 훈련하는 것이 필수라는 말이다. 단편적인 지식을 암기해서 다섯 개 중 정답을 맞히는 훈련으로는 절대로 쓸 수가 없다. 깊고 넓은 읽기와 쓰기, 토론 수업이 전제되어야만 답할 수 있는 물음이다. 바칼로레아의 문제를 볼 때마다 우리 교육의 패러다임을 근원적으로 바꾸어야 한다는 생각이 든다.

2. 생각하는 힘을 기르는 수업

수업의 주제는 '현상과 본질'이다. 주당 2시간씩 들어 있는 '화법과 작문' 시간에 진행했다. 교과 목표인 언어능력 향상에도 들어맞기 때문이다. '말하기·듣기, 읽기, 쓰기'가 통합적으로 이루어지도록 하고, 읽고 토론하고 쓰고 발표하는 순서로 진행했다. 수업에서 다룬 소주제는 아래와 같다. 이 가운데 일부를 소개해 보겠다.

① 그림 속 진실 찾기 (〈시몬과 페로〉, 〈레이디 고다이바〉)

② 휴대폰과 에너지 (오염산업이 된 IT산업)

③ 피로사회 (피로는 사회적인 문제다.)

④ 역사에 대한 우리의 이중적 태도 (베트남 양민 학살과 위안부 문제)

⑤ 정의로운 자본주의는 가능한가? (경제적 평등)

김은형의 혁신수업

ⓖ 용기란 무엇인가? (미국의 전쟁범죄를 폭로한 매닝은 유죄인가?)

ⓗ 행복이란 무엇인가? (스티브잡스의 스탠포드대학교 연설문과 유서)

❶ 현상과 본질 1 – 〈시몬과 페로〉, 〈레이디 고다이바〉

첫 시간은 그림 읽기로 시작했다. 이는 한 학기 동안 진행할 '현상과 본질'의 서막으로, '현상과 본질'의 개념을 이해하기 위한 도입 수업이다. 먼저 루벤스의 〈시몬과 페로〉라는 그림을 보여주었다.

"이 그림에서 보이는 것을 모두 말해보세요."

얼굴을 붉히거나 웃는 아이들도 있다.

"남자가 여자의 가슴을 빨아요."

"여자 가슴이 풍만해요."

남학생들은 낄낄거리고 여학생들은 긴장한 표정을 짓는다.

"조금 더 자세히 관찰해 주세요."

아이들의 대답이 쏟아진다.

"젊은 여자고, 남자는 노인이에요."

"남자가 옷을 벗고 있어요."

"여자는 붉은색, 남자는 검은색 옷을 입고 있어요."

"여자는 긴장하며 주위를 살피고 있어요."

"남자의 손과 발에 쇠가 채워져 있네요. 감옥에 갇혀 있는 것 같습니다."

"창밖에 군인 같은 사람이 들여다보고 있어요."

눈에 보이는 것들은 모두 찾아낸다. 하지만 아무리 보아도 무엇을 말하려는지 알 수 없었다. 이때 교사가 질문을 던진다.

"성적인 즐거움을 위해 그린 그림일까요?"

"그렇지는 않은 것 같아요."

"그럼 무엇을 표현하기 위해 이런 그림을 그렸을까요?"

학생들이 침묵하면 힌트를 준다.

"이 그림을 그린 화가 루벤스는 16세기에서 17세기에 걸쳐 산 사람입니다. 이 시대에 누드화는 없었어요. 여성의 벗은 몸을 그리는 것은 매우 성스러운 어떤 목적일 때만 가능했지요. 말하자면 종교화나 역사화만 가능했어요."

학생들은 상상력을 발휘하기 시작한다. 그리고 이어서 그림의 뒷이야기를 들려준다.

"시몬은 푸에르토리코의 독립투사로 로마의 지배에 저항하다가 붙잡힌 영웅입니다. 그는 굶어 죽는 형벌을 받고 죽어가고 있었습니다. 그때 아기를 해산한 지 며칠 되지 않은 딸이 면회를 왔다가 죽어가는 아버지를 발견합니다. 그리고 자기의 가슴을 풀어 아버지를 살립니다. 이를 본 로마 병사들이 위에 알리고, 딸의 헌신에 감동해 시몬을 풀어주었다는 전설적인 역사 이야기를 그린 것입니다. 만약 이런 지식이 없다면 이 그림을 제대로 이해할 수 있을까요?"

학생들은 "아니요."라고 대답한다.

"진실을 알기 위해서는 지식이 필요합니다. 진정한 공부란 바로 이 본질적인 진실을 알고자 탐구하는 과정이지요."

이번에는 존 콜리에의 〈레이디 고다이바〉를 보고 다시 질문을 던졌다.

"젊은 여인이 말을 타고 가고 있습니다. 여인은 무척 아름답습니다. 화려한 말안장으로 보아 부자이거나 신분이 높아 보입니다. 주변에는 사람들이 전혀 없습니다."

그림의 의미를 찾기 위한 질문을 던지고 생각하게 한 후, 이제 아래 글을 읽고 핵심을 요약해 보게 한다. 그리고 자신의 생각을 덧붙여 쓰고 토론을 하도록 한다.

보이는 것과 보이지 않는 것 1

진실이 무엇인지 구별하는 일은 매우 어렵다. 그래서 사람들은 흔히 '내 눈으로 확인하기 전에는 아무것도 믿을 수 없다'며 직접 체험을 통한 판단을 중요하게 여기기도 한다. 그러나 우리 눈에 보이는 것이 진실의 전부일까? 그렇지 않다. 우리 눈에 보이는 것은 빙산의 일각일 뿐 오히려 보이지 않는 엄청난 진실이 숨어 있는 경우가 너무도 많다. 철학에서는 눈에 보이는 것을 '현상'이라고 하고, 그 현상 뒤에 숨어 있는 진실을 '본질'이라고 한다. 눈에 보이는 것만이 아닌, 보이지 않는 본질을 볼 수 있는 능력을 기르는 것이 진정한 공부의 핵심이다.

네덜란드 암스테르담 레이크스미술관 입구에 걸린 그림은 사람들을 당황하게 만든다. 한 노인이 젊은 여성의 젖을 먹고 있는 외설적인 모습을 그린 〈시몬과 페로(로마인의 자비)〉라는 그림이다. 이 그림을 그린 폴 루벤스(P. Paul Rubens, 1577~1640)는 바로크 시대 플랑드르 최고의 역사화가이자 종교화가였다. 높은 명성과 많은 제자, 잘생긴 얼굴에 진취적인 성격, 창조적 열정을 모두 지닌 천재였다. 그러나 이 그림을 발표하자 유럽은 큰 충격에 빠지고, 거센 외설 시비가 일었다. 루벤스는 이 그림에 담긴 역사적 사실을 설명했다.

수의(囚衣)를 입고 두 손이 묶인 시몬이라는 노인은 로마에 저항한 식민지 투사였다. 독재 정권은 노인을 체포해 감옥에 넣고 '굶겨 죽이는' 잔인한 형벌을 내렸다. 물 한 모금도 마시지 못한 노인은 서서히 죽어가고 있었다. 어느 날 해산한 지 며칠 되지 않은 딸이 아버지의 임종을 지키기 위해 무거운 몸으로 감옥을 찾아왔다. 눈은 퀭하고 앙상한 뼈만 남은 아버지는 숨을 몰아쉬고 있었다. 딸은 아버지를 살리기 위해 자신의 젖가슴을 풀었다. 이 사실을 알게 된 로마 당국은 그녀의 숭고한 사랑에 감동해 시몬을 석방했다.

기원전 3세기 역사학자이자 철학자인 발레리우스 막시무스가 쓴 책에 실려 있는 이야기다. 이 이야기는 화가들의 좋은 소재로 16세기에서 18세기에 걸쳐 유럽에서 크게 유행했다.

루벤스는 "노인은 죽음을 상징하는 어두운 색으로, 딸은 삶과 희망을 상징하는 강렬한 붉은색으로 표현했으며, 역사적 진실을 알리고자 그림을 그렸다."라고 설명했다. 그러나 많은 사람들은 비난을 멈추지 않았다. 루벤스는 역사화와 종교화 분야의 최고 권위자였으나 이 그림으로 인해 후원자들에게 외면당하고, 아무도 찾아오지 않는 집에서 쓸쓸한 죽음을 맞이했다. 그러나 그의 사후 〈시몬과 페로〉는 뛰어난 예술성을 인정받으며 그의 대표작으로 인정받게 되었다.

또 한 편의 그림인 존 콜리에(John Collier, 1850~1934)의 〈레이디 고다이바(Lady Godiva)〉는 실오라기 하나 걸치지 않은 알몸의 여인이 긴 머리로 몸을 가린 채 말을 타고 있다. 얼핏 보면 아름다운 여성의 벌거벗은 몸을 즐기기 위한 그림처럼 보이지만, 그림 뒤에 숨은 이야기를 알고 나면 전혀 다른 그림으로 보일 것이다.

그림의 시간적·공간적 배경은 11세기 잉글랜드 중부 지방 코벤트리다. 17세의 젊고 아름다운 고다이바는 이 고을의 영주 레오프릭 백작의 부인이다. 광장은 정적에 휩싸여 있고 사람의 그림자도 없다. 마을의 창문은 모두 닫혀 있고 커튼은 무겁게 내렸다. 그림 뒤에 숨은 이야기는 다음과 같다.

코벤트리의 영주 레오프릭은 농민들에게 점점 더 많은 세금을 받았고 농민들은 고통에 신음하고 있었다. 당시 사회는 자유농민들이 농노로 전락하는 사회적 격랑이 일던 시기였다. 가톨릭을 신실하게 믿으며 겸허하고 숭고한 여인인 고다이바는 굶어 죽어가는 농민들의 모습을 그대로 볼 수 없어 남편에게 세금을 줄여달라고 거듭 간청했다. 아내의 끈질긴 간청에 화가 난 남편은 만일 그녀가 사람들이 많이 모여 있는 시장 거리를 알몸으로 말을 타고 지나가면 그 청을 들어주겠다고 했다. 놀랍게도 고다이바는 수치심을 참고 자신을 희생하기로 결심했다.

레이디 고다이바가 벌거벗고 마을을 돌던 날 코벤트리의 농민들은 누구도 그녀의 몸을 보지 않기로 약속하고 창문과 문을 닫고 두꺼운 커튼을 내렸다. 그러나 재단사 톰은 약속을 깨고 호기심에 이끌려 벌거벗은 영주 부인을 훔쳐보았고, 그 때문에 장님이 되었다는 전설이 있다. 그것은 고다이바의 숭고한 뜻을 성적인 호기심으로 더럽힌 것에 대한 신의 벌이었다. 여기서 '피핑 톰(Peeping Tom, 관음증 환자)'이라는 말이 생겨났다. 영국 코벤트리에는 레이디 고다이바의 동상이 있고, 지금도 그녀의 이름으로 축제를 열고 있다.

레이디 고다이바 일화는 많은 논쟁을 일으켰다. 훌륭한 뜻을 관철하기 위한 알몸 시위는 정당한가 하는 문제에 대한 논란이다. 지금도 관행이나 상식, 힘의 논리에 불응하고 대담하게 그것에 도전하는 정치를 '고다이바이즘(godivaism)'이라고 부른다.

〈시몬과 페로〉, 〈레이디 고다이바〉라는 두 명화는 우리에게 '눈에 보이는 것(현상)'과 '노력해야만 보이는 것(본질)'의 차이를 명확하게 알게 해준다. 눈에 보이는 것만이 아니라 사물의 본질, 즉 진실을 알려고 노력하는 것이 진정한 공부다. 물론 그것은 저절로 되지 않는다. 끊임없는 노력으로 질문하고 토론하며 탐구하는 힘을 길러야 한다.

우리 사회의 많은 문제들도 진실이 숨겨진 데서 발생한다. 정치, 경제, 사회, 문화, 예술, 교육, 언론 등 모든 분야에서 숨겨진 진실을 찾아내는 사람이 많아질수록 행복하고 정의로운 사회가 될 수 있다.

요약이 끝나면 두 번째 시간에는 학급 전체가 원으로 둥글게 둘러앉아 이야기를 나눈다. 먼저 옆 친구와 함께 한 단락씩 번갈아 내용을 설명해 주고, 그다음에 자기 생각과 느낌을 나누도록 한다. 그러고 나서 전체 토론으로 들어간다. 소수 학생만 발표하는 것이 아니라 모두가 참여할 수 있도록 하는 것이 좋다. 짝과 먼저 이야기를 나눈 후 전체가 이야기를 나누면 더 풍부한 내용을 공유할 수 있다. 그러고 나서 질문을 던져보도록 했다.

"루벤스는 숭고한 그림을 그렸는데, 왜 비난을 받게 되었나요?"

본문에 실마리가 있으니 찾아보자고 하자 누군가가 대답했다.

"외설 시비에 휘말린 것이 아닐까요?"

더 이상 해석하기 어려울 때는 교사가 설명해 준다.

"당시 이 시몬과 페로는 루벤스만이 아니라 다른 작가들도 많이 그린 소재입니다. 문제는 루벤스의 그림이 다른 사람의 그림과 달랐다는 점이지요. 어떻게 달랐을까요?"

"너무 야하게 그린 건 아닐까요?"

"그렇습니다. 다른 화가의 그림들에 비해 색깔이나 인물의 모습이 지나치게 관능적이었습니다. 루벤스가 아무리 자신이 표현하려고 했던 생명력을 설명해도 루벤스의 저의는 의심받았고, 외설 시비는 끊이지 않았습니다. 결국 루벤스는 비참한 말로를 맞이했지요. 그런데 시대가 바뀌면서 어떻게 되었을까요?"

"뒤늦게 인정받게 된 거죠?"

"그렇습니다. 시대가 바뀌자 다른 그림들에 비해 강렬하고 생동감 넘치는 루벤스의 그림이 오히려 사람들에게 강한 인상을 주었고, 그래서 예술적 가치를 인정받게 된 것이지요."

두 번째 질문은 '진실은 항상 유익한가?'였다.

답을 찾기 위해 학생들은 자신의 경험을 예로 들어 상황과 조건에 따른 진실의 가치에 대해 토론하기 시작했다. 학생들은 자신의 다양한 경험에서 '진실이 감춰지고 거짓이 진실인 것처럼 포장되는 경우가 있으며, 그것은 상당히 큰 문제를 가져올 수 있다'거나 '진실을 말한다는 것이 누군가에게 큰 상처를 줄 수도 있어 진실은 힘겨운 것일 수도 있다'는 다양한 이야기를 주고받았다.

세 번째 질문인 '용기란 무엇인가?'에 대해서도 활발한 토론이 일어났다. 고다이바이즘을 실제 일어난 사회적 사건·인물·조건에 적용해 보면서, 자신의 개인적 경험 속에서도 성찰해 보는 시간을 가질 수 있었다. 여기서 토론의 내용을 다 소개하지 못하는 것이 안타깝지만, 학생들은 수준 높은 토론을 할 수 있는 자질을 충분히 갖추고 있음을 확인할 수 있었다.

전철에서 거의 모든 사람이 스마트폰을 보고 있는 사진을 보여준다. 그리고 휴대폰을 들고 질문을 던진다.

"여러분, 제 스마트폰에서 연기가 펑펑 나오고 있는 게 보입니까?"

"안 보이는데요."

스마트폰은 어느 정도의 에너지가 소모되고 있을까? 스마트폰을 충전하는 전기만 있으면 될까? 아니다. 우리가 사용하는 스마트폰을 가동하려면 멀리 떨어진 데이터센터에서 어마어마한 전기에너지가 사용된다. 그 전기는 화력발전소에서 석탄과 석유를 태워 만들거나 핵발전소에서 생산한 전기를 사용한다. 화석에너지는 이산화탄소를 내뿜는 더러운 에너지며, 핵발전소는 매우 위험하다.

우리나라는 핵발전소(원전) 밀집도가 세계 1위다. 핵발전소는 깨끗하고 싸고 안전하다는 이유로 많이 지었다. 그런데 핵발전소에서 사용한 핵연료봉은 10만 년 동안 방사능이 나오지 않도록 보관해야 한다. 핵발전소는 안전하지 않을 수도 있다. 체르노빌 사고와 후쿠시마 핵발전소 사고가 말해준다. 사고로 오염된 땅은 영원히 사람이 살 수 없는 곳이 된다. 방사능은 눈에 보이지 않는다. 그래서 더 위험할 수 있다.

이제 글을 읽고 요약하며 생각을 정리하도록 한다. 이 글은 한겨레신문에 실린 조홍섭 기자의 칼럼 〈녹색 인터넷과 데이터 난로〉를 바탕으로 정리한 것이다.

보이는 것과 보이지 않는 것 2

우리는 아침에 눈을 뜨면 제일 먼저 휴대전화를 열어 시간을 확인한다.

또 저녁에도 휴대전화를 검색한 후 잠이 든다. 지하철을 타면 거의 모든 사람이 휴대전화에 빠져 있는 풍경을 만난다. 동영상, 음악, SNS, 이메일은 물론 정보와 자료 찾기, 사진 찍기, 친구와 수다 떨기 등 일상의 모든 생활을 휴대전화와 함께하고 있다. 지금은 휴대전화 인터넷 시대다. 빠르고 정확하고 편리하며 풍부한 이 작은 컴퓨터 없는 삶은 이제 상상하기 어렵다.

그러나 이토록 광범위한 휴대전화가 사용하는 에너지는 문제가 없을까? 대부분의 사람들은 휴대전화의 데이터량이나 통신비는 관심을 갖지만, 휴대전화와 인터넷 사용으로 인한 에너지 소비에 대해서는 잘 모른다. 인터넷을 한번 검색할 때마다 0.2g의 이산화탄소가 배출된다. 카카오톡을 할 때 네트워크를 타고 먼 데이터센터의 서버가 움직이는데, 여기에 엄청난 전기가 소모되고 있다는 사실을 알고 있는 사람은 드물다. 카카오톡의 경우 월간 실사용자가 3800만 명, 하루 평균 네이버 검색 수만 무려 평균 6억 4000만 회를 웃돈다고 한다. 다음이나 구글 등 포털 숫자를 더하면 탄소 배출량은 어마어마하다. 여기에 드는 전기는 석유와 석탄, 원자력에서 나온다.

석유와 석탄에서 나오는 이산화탄소와 미세먼지는 인류의 건강을 위협하고, 핵발전은 더 무시무시하다. 한반도에 체르노빌이나 후쿠시마 같은 사고가 일어난다면 우리나라 땅은 영구히 쓰지 못하게 되고 경제는 일시에 무너질 것이다. 또 사용 후 핵연료봉을 10만 년 동안 안전하게 보관해야 하는 비용이 든다.

또 하나의 문제는 데이터센터에서 나오는 열이다. 예컨대, 네이버의 서버 9만 대에서 나오는 열은 아파트 9만 가구가 쓰는 양의 전력에서 나오는 열과 같다. 이 열로 인해 데이터센터 주변 온도는 무려 50도까지 올라간다. 이 폐열로 인한 지구온난화는 기후변화에 심각한 영향을 미친다.

정보통신 산업이 굴뚝 없는 산업이라고 생각해 왔으나 이제는 세계 이산화탄소 배출량의 2~3%나 차지하고 있다. 이는 오염산업으로 지목받고 있는 항공산업과 맞먹는 수준이다. 게다가 정보통신 사용자가 늘어나는 속도가 빨라져 이산화탄소 배출량이 5년마다 두 배씩 늘어나고 있다.

세계적인 환경단체인 그린피스는 정보통신 업체들에 대해 강력한 비판을 퍼붓고 있다. 이 영향으로 '세계에서 가장 더러운 인터넷'이라는 오명을 가진 '아마존'은 석탄화력발전 전기 대신 대규모 풍력발전으로 데이터센터 전기를 대체하겠다고 발표했고, '애플' 역시 70메가와트 태양광발전소를 계획하고 있다. 또 '마이크로소프트'는 해저에 데이터센터를 두는 참신한 발상을 시도하고 있다. 또 프랑스와 독일에서는 데이터센터를 분산하고 거기서 나오는 열을 사무실이나 가정, 연구실 등의 난방에 사용할 수 있도록 하고 있다.

우리나라에서 가장 높은 검색률을 자랑하는 '네이버'는 호수가 많은 춘천에 데이터센터를 세우고 자연의 힘으로 열을 식히려고 노력하여 미국 친환경 건물 인증(LEED)을 받았지만, 진정한 친환경 기업으로 보기 어렵다. 네이버 춘천 데이터센터에서 쓰는 전기의 대부분이 석탄과 원자력에 의한 것이고, 폐열은 그대로 공기 속으로 뿜어져 온실가스의 주범이 되고 있기 때문이다. 이제 우리는 스마트폰과 인터넷 사용에 대해서 다시 생각해야 한다. 지금 내 앞에서 미세먼지와 이산화탄소와 핵연료봉의 위험이 보이지 않는다고 마구 사용하는 습관은 옳지 않다.

세계적인 에너지 전문가 마이클 슈나이더는 한국은 IT 강국이지만 환경과 에너지 문제에 대해서는 무관심하다고 비판했다. 더 늦기 전에 개인은 물론 정부, 언론, 학계 등 모든 곳에서 에너지 절약과 효율화, 친환경 에너지 생산 등에 대해 고민해야 할 때이다.

(조홍섭 기자의 〈녹색 인터넷과 데이터 난로〉를 참고로 쓴 글)

이 글에서 다루지는 않았지만, 수업에서는 스마트폰 사용을 엄격하게 규제하고 사용법에 대해 철저하게 교육할 필요가 있다. 스마트폰은 무선 전파를 받기 위해 끝없이 전파를 교신하는데, 이때 신체에 좋지 않은 저선류 방사선이 나오기 때문이다. 캐나다, 프랑스 등 외국에서는 어린이와 청소년이 장시간 스마트폰을 사용하는 것을 매우 위험한 것으로 교육한다. 스마트폰을 귀에 대고 장시간 대화를 나누면 뇌의 상당 부분이 전파에 노출되어 영향을 받는다. 그래서 스피커폰이나 이이폰을 사용하도록 한다. 특히 잠잘 때 머리맡에 스마트폰을 놓고 자는 것도 좋지 않다. 비행기 모드로 하거나 스마트폰을 멀리 놓아두어야 한다.

이 수업을 한 후 학생들의 인식이 조금 바뀌었다. 지금까지 공부 때문에 스마트폰을 자제해야 한다는 말은 들었지만, 에너지 문제와 저선류 방사선 문제로 스마트폰을 자제해야 한다는 새로운 사실을 알게 되었기 때문이다. 글을 읽고 요약한 후 아주 활발한 토론이 이루어졌다.

❸ 현상과 본질 3 – 《피로사회》

세 번째 수업은 우리 자신의 삶과 사회의 관계를 생각하는 철학적 주제로 정했다. 인문학 수업의 목표는 우리 의식을 지배하는 고정관념이나 사회현상 등을 성찰하고 새로운 관점에서 바라볼 수 있도록 하려는 것이다. 한병철의 《피로사회》에 대해 소개하고 토론했다. 먼저 《피로사회》의 독일어판 표지를 보여주었다.

"이 사람의 표정이나 모습으로 보아 무엇을 느끼고 있습니까?"

"피로를 느끼고 있습니다."

학생들이 대답한다.

"우리 사회에서 가장 피로한 사람은 누구일까요?"

"고등학생이요."

"그렇군요. 고등학생 중에서도 누가 더 피로할까요?"

"고3이요."

"고등학생 아닌 사람들은 피로감 없이 여유 있게 생활하고 있을까요?"

"아니요!"

거의 모든 직종의 사람들이 피로하게 살고 있다고 말한다. 그러면 가정주부는 어떨까? 행복하고 여유 있게 살고 있을까?

"사회 구성원 모두가 피로를 느낀다면 개인의 문제일까요, 사회적인 문제일까요?"

"사회적인 문제입니다."

그렇다. 특정한 시기나 특별한 이유가 아니라 일상적으로 모두가 피로를 느낀다면 그것은 개인의 문제가 아니라 사회적 문제다.

"그렇다면 왜 모두가 피곤한 걸까요?"

"욕심 때문이 아닐까요?"

"경쟁 때문에……."

"빈부 격차 때문이에요."

이제《피로사회》에 관한 글을 읽고 토론을 한다. 이번에는 짝꿍과 함께 한 문단씩 서로 읽어주고 토론을 하도록 한다. 본문 내용을 충분히 읽은 후 주어진 예시 자료 중 가장 공감이 가는 철학자의 말을 인용하고 대안을 찾는 것이다.

보이는 것과 보이지 않는 것 3

사람은 언제 피로감을 느낄까? 대부분은 먼 곳을 다녀왔거나, 심한 운동을 했거나, 어떤 이유로 잠을 자지 못한 경우에 피로감을 느낀다. 그러나 특별한 일이 있는 경우가 아니라 일상의 삶에서 피로감을 호소하는 사람들이 점점 늘어나고 있다. 육체노동자뿐만 아니라 사무직, 서비스직 등 모든 직종의 직업인들이 피로감을 호소한다. 가정주부는 물론이고 학생들 역시 시간에 쫓기며 힘든 삶을 살고 있다. 특정한 상황에 처한 사람이나 특별히 어려운 업무를 하는 사람만이 아니라 대부분의 사람이 상시적으로 피로감을 느낀다면 그것은 이제 개인의 문제가 아니라 사회적 문제로 보아야 한다.

한국은 2014년 기준으로 OECD 주요 국가 중 노동 시간이 가장 길다. 한국 노동자의 연간 총 노동 시간은 2285시간으로 멕시코와 그리스보다 많고, 네덜란드보다 860시간, 독일보다 914시간이나 길다. 한국 학생들의 학습 역시 세계 최장 시간이다. 통계청 조사에 의하면, 2014년 고등학생의 학습 시간은 평일 평균 10시간으로 잠자는 시간과 밥 먹는 시간을 제외한 거의 모든 시간을 공부에 쓴 것으로 나타났다. 노동 시간이나 학습 시간은 사회적 분위기나 요구와 긴밀하게 맞물려 있다.

사람은 의욕을 갖고 충실하게 노력하여 성과가 있을 때 삶의 보람과 기쁨을 느낀다. 그러나 일의 양이 감당할 수 없이 많거나 노력에 따른 보상이 적으면 점점 피로감이 높아진다. 피로가 계속 누적되면 무력감과 좌절감, 자기혐오가 나타나는데, 이렇게 정신적·육체적 에너지가 소진되는 현상을 미국의 정신분석 의사인 H. 프뤼덴버그는 '번아웃 증후군(burnout syndrome)'이라 이름 붙였다.

철학자 한병철은 시대마다 그 시대의 고유한 질병이 있다고 주장했다. 지난 세기는 세균 전염에 의한 면역학적 질병의 시대였다면, 현 세기는 무한경쟁과 과잉 성과주의로 인한 신경증적 질병 시대라는 것이다. 면역학적 질병은 '가난, 영양 결핍, 저개발' 같은 사회적 요인에 의한 심신미약에서 발생하며 결핵이 대표적인 질병이었으나, 신경증적인 질병은 무한경쟁에서 탈진한 우울증, 주의력 결핍, 성격장애, 소진증후군이 대표적인 질병이라는 것이다.

한병철은《피로사회》에서 다음과 같이 말했다.

"지난 세기의 특징은 금기와 부정이 중시되는 '규율 사회'였다. '~는 안 된다', '~는 나쁘다'. '~는 하지 말라'와 같이 제한과 금지가 많은 사회로, '안과 밖, 친구와 적, 남과 북, 백과 흑, 남과 여'와 같이 '금지, 차별, 명령, 부정' 등이 사고와 판단의 근거가 되었다. 이질적이라는 이유만으로도 배척받곤 했다.

그러나 현 세기는 '긍정'을 특징으로 하는 '성과 사회'로 변모했다. '누구나 할 수 있다(We can do it)'는 의식이 일반화한 것이다. 성과 사회에서는 '가능성'과 '성과'에 따라 평가와 보상이 달라진다. 차별이나 다름은 약화되고, 누구나에게 기회가 주어지고, 누구나 노력에 의해 최고가 될 수 있다는 무한긍정 사회인 것이다. 이 사회에서 가장 중요한 일은 자신의 능력을 입증하는 일이므로 무한정보와 무한경쟁 속에서 스스로가 스스로를 착취하는 현상이 일어난다. 자신이 착취자이며 동시에 피착취자인 셈이다. 성과를 향한 압박 속에서 탈진한 영혼의 모습이 소진증후군이며 우울증이다."

〈결론 쓰기〉

성과 사회의 과도한 긍정성을 극복하고 여유를 가진 행복한 삶은 어떻게 가능할까? 제시된 자료를 인용하여 자신의 경험을 바탕으로 대안을 찾는 글을 쓰시오.

자료 1

철학자 한트케는 '파괴적 피로'의 대립자로서 화해와 신뢰를 되찾는 '눈 맑은 피로'를 강조했다. 일을 끝내고 기분 좋은 노곤한 피로는 우리에게 오히려 영감을 준다는 것이다. 하이데거는 안식일을 '모든 염려에서 해방되는 날'이라고 말했다. 그것은 막간의 시간이요, 쓸모없는 것의 쓸모가 생겨나는 날이다. 그날은 무차별성의 시간, 우애의 시간이다.

자료 2

1847년과 1848년 사이에 프러시아에 발진티푸스가 발병하여 심각한 상황에 이르렀다. 독일 정부는 사회적 혼란을 잠재우기 위해 원인과 대책을 세우도록 지시했다. 병리학 강사 피르호는 300쪽이 넘는 보고서를 제출했는데, 놀랍게도 그는 발진티푸스 '균' 때문이 아니라 '궁핍'과 '저발전'이 원인이라고 밝혔다. 이 병을 막으려면 '여성도 포함하는 교육, 자유, 복지, 완전하고 무제한적인 민주주의'가 필요하다고 주장했다. 즉 어떤 사회에 만연하는 질병은 세균 때문만이 아니라 영양, 주거 상태, 정치적·사회적 요인들에 의해 결정된다는 것이다.

자료 3

니체는 《우상의 황혼》에서 "활동하는 자, 부산한 자가 이렇게 높이 평가받는 시대는 일찍이 없었다."라며 다음과 같이 말했다. "사색과 성찰하는 힘을 길러야 한다. 이를 위해 인간은 보는 법을 배워야 하고, 생각하는 것을 배워야 하며, 말하고 쓰는 것을 배워야 한다. 천천히 오래 바라보고 느끼며, 평온과 인내심을 갖고 시선을 주체적으로 유지하는 일이 중요하다. 중단이나 쉼이 없는 막간의 시간이 적은 삶은 자극에 저항하지 못하고, 즉각 반응하며 충동에 따라 행동하도록 한다. 외부의 시선에 자신을 내맡기고 조종당하는 것은 일종의 질병이다."

다음은 이 글을 읽고 토론한 내용의 일부다.

승완: 저는 성과주의 사회에서 노력에 비해 보상이 없으면 무력해진다는 것에 깊이 공감이 갑니다. 공부를 해도 성적이 오르지 않고 부모님에게 꾸중을 듣다 보면 하기 싫어지고 포기하게 됩니다.

찬양: 지난 세기가 면역학적 질병 시대라면 현 세기는 신경증적 질병 시대로 보는 것이 새롭습니다. 일을 하고 나서 제대로 쉬는 것이 중요한데, 성과에 대한 불안 때문에 스트레스를 받는 것이 문제입니다.

병일: 저는 니체가 말한 사색과 성찰이 중요하다고 생각합니다. 깊이 생각할 시간이 필요한데, 우리는 노동 시간은 길고 휴식 시간은 짧죠. 회사원은 휴가를, 학생은 방학을 더 늘려주면 좋겠습니다. 여행도 하고 미래에 대한 고민도 해볼 수 있는 여유가 있다면 좋겠습니다.

구민: 저의 누나는 회사를 다니는데, 회사에서 자주 주말에도 일을 하라고 합니다. 그럴 때마다 누나가 몹시 힘들어하고 불만을 터뜨립니다. 그렇지만 회사에 가서는 말을 하지 못합니다. 과도한 노동은 삶의 질을 떨어뜨린다고 생각합니다.

의준: 지난 세기에 비해 현 세기가 긍정을 특징으로 하는 성과 사회라는 것. 그리고 성과 사회는 필연적으로 자기 착취가 일어난다는 것에 공감합니다. 저는 피르호가 전염병 창궐의 원인이 세균 때문이 아니라 궁핍과 저발전이라며 근원적인 해결책을 제시했듯이, 현재 우리 사회의 문제를 해결하려면 무한경쟁 병을 퇴치해야 한다고 생각합니다. 무한경쟁을 막기 위해서는 죽자 살자 일만 하는 것이 아니라, 국민 모두가 인간답게 살 수 있는 기본소득을 주어야 한다고 생각합니다.

겨레: 성과 사회에서 자기 착취가 일어나는 것을 막기 위해서는 휴일은 반드시 보장되어야 합니다. 그러나 우리 부모님도 휴일에 일하러 가십니다. 그래서 피로가 더 쌓입니다. 저는 휴일에 대한 법적 보장을 강화해야 한다고 생각합니다. 노동 시간을 단축하면 일자리도 늘어나고 모두가 행복해질 수 있습니다.

홍일: 피로가 쌓이고 또 쌓이는데 그것을 문제로 보지 않는 것이 더 큰 문제라고 생각합니다. 한국의 노동 시간과 학습 시간은 살인적입니다. 이것을 줄이는 것이 가장 급한 과제가 아닐까요?

민호: 저는 정부만이 아니라 기업도 노동 시간을 줄이기 위한 방안을 내놔야 한다고 생각합니다. 정부가 아무리 줄이려 해도 기업이 이에 대한 긍정적 관점이 없으면 어렵기 때문입니다. 기업은 노동 시간을 줄이고 일자리를 늘리기 위한 대안을 내놔야 합니다.

재준: 저는 한트케의 '눈맑은 피로'에 대해 공감했습니다. 열심히 일한 후에 충분한 휴식을 취하도록 해야 보람을 느끼고 일에 대해 더 큰 열정을 느껴 생산성이 올라갈 것입니다.

재욱: 저는 니체가 말한 '사색과 성찰'이 매우 중요하다고 생각합니다. 학교의 시험 제도를 바꿔야 진정한 공부가 가능해집니다. 현재의 오지선다형 지필시험인 중간고사와 기말고사를 없애고 탐구식 수업을 하고, 논술식 시험으로 사색과 성찰의 배움이 일어나도록 해야 합니다. 현재의 한국 교육시스템은 정말 시험을 위한 것일 뿐 배움의 기쁨이 없습니다.

민교: 저는 한트케의 말에 동의합니다. 휴식은 영감을 주는데, 휴식이 부족하면 파괴적 피로가 됩니다. 우선 학생들의 파괴적 피로에 대해 관심을 가져야 합니다. 학교에서 쉬는 시간 10분을 20분 이상으로 해서 충분히

쉽게 해주어야 하지 않을까요?

주진: 한트케와 하이데거의 주장에 동의합니다. 저는 상대평가와 등급제를 없애야 한다고 생각합니다. 선생님도 말씀하셨지만, 유럽 나라들 대부분은 절대평가를 하며, 대학 자격고사도 논술식으로 보아 '통과/실패'로 나누는데, 80% 이상의 학생이 통과한다고 하지 않았습니까? 학생 개개인이 석차의 노예가 되어서는 자신의 개성과 능력을 찾을 길이 없습니다.

정호: 저는 촛불집회를 보면서 대안이 떠올랐습니다. 시민들을 무작위로 선발하여 기업과 정부의 역할을 감시하고 관리할 수 있는 제도를 만들었으면 하는 생각이 들었습니다.

이 수업은 고3을 위해 개발했지만, 그다음 해에는 자유교양과정(일반 학생들보다 수업 적응도가 낮은 학생들을 위한 별도의 대안 교육과정) 학생들과도 했다. 그리고 중간고사를 논술 시험으로 치렀다. 과연 수업과 평가가 정상적으로 이루어질 수 있었을까? 자유교양과정 학생들이 일반 학급 학생들보다 학업에 어려움을 느끼는 학생들로 구성되어 있다는 점을 감안한다면 꽤 놀라운 성과가 있었다. 다음은 답안지에 쓴 학생들의 글이다. 고3 학생들과 수업을 할 때보다 오히려 더 어려운 문제를 첨가했다. 문제는 《피로사회》에 대한 논술을 쓰고, 그것을 시로 표현해 보는 것이었다. 앞부분의 논술은 생략하고 결론 일부와 창작시만 소개한다.

2-8 박주○ (자유교양과정)

(서론, 본론 생략)

철학자 한트케는 '파괴적 피로'의 대립자로서 화해와 신뢰를 되찾는 '눈

맑은 피로'를 강조했다. 일을 끝내고 기분 좋은 노곤한 피로는 우리에게 오히려 영감을 준다고 한다. 노동 시간은 줄이고 임금은 올리면서 효율을 높여야 한다. 그러므로 휴가 제도, 사내 여가생활 등을 통해 노동자들이 여유 있는 생활을 해야 한다. 그리고 대기업 위주의 경제체제를 바꿔서 중소기업들이 발전할 수 있어야 한다.

피로사회

지금은
성과 사회

무한정보
무한경쟁 속에서
스스로를 착취하는 사회
노동 시간은 줄이고
임금은 올리고

휴가 제도
여가생활
노동자들의 여유 있는 생활

대기업 위주의 경제체제를 바꿔서
중소기업들이 발전할 수 있어야 한다.

2-8 김광○ (자유교양과정)

(서론, 본론 생략)

니체는《우상의 황혼》에서 '활동하는 자, 부산한 자가 이렇게 높이 평가받는 시대는 일찍이 없었다'며 "사색과 성찰하는 힘을 길러야 한다. 외부의 시선에 자신을 내맡기고 조종당하는 것은 일종의 질병"이라고 했다. 난 이 말에 동의한다. 우리가 바꿔야 하는 것은 학교 교육시스템 자체라고 생각한다. 왜냐하면 우리나라는 자유롭게 생각하고 토론하고 글을 쓰고 읽고 말하는 교육이 아니라 그냥 주입식 교육이기 때문이다. 한마디로 무식하게 달달 외워야 한다. 따라가지 못하는 학생들은 항상 하위권에 있다. 그래서 학생들은 너나 할 것 없이 학원을 선택한다. 학원 역시 매일매일 주입식 교육을 한다. 그래서 대한민국 학생들의 공부 시간이 길다. 왜? 뒤처지면 취업하지 못할까 봐, 대학에 못 들어갈까 봐. 내 생각은 이렇다. 대안은 한 학교에서 실험을 하는 것이다. 주입식 교육이 아니라 자유롭게 서로 토론을 하고 학생이 학생을 가르치고 자신의 생각을 발표하는 데 점수를 주는 것이다. 그렇게 한다면 학생들은 전부 다 따라가게 되어 있다. 단 한 명도 뒤처지지 않는 교육이 되는 것이다. 그리고 이런 교육을 점점 더 퍼뜨리는 것이다. 이렇게 하면 언젠간 주입식 교육이 아니라 자유로운 공부가 되고 재미있게 수업을 할 수 있을 것이다.

버틴다

힘들다 피곤하다 나만 피곤한 게 아니다.
모두들 힘들어한다 이건 사회문제.

버틴다. 버틴다. 계속 버틴다. 지친다. 힘들다.

성공하려면 서로를 물고 헐뜯어야 성공한다.

지친다. 계속 버틴다.

오늘도 난 간신히 버텼다.

❹ 현상과 본질 4 – 역사에 대한 우리의 이중적 태도

네 번째로 우리의 '역사에 대한 이중적 태도'에 대한 현상과 본질을 공부했다. 역사에 대한 질문은 철학을 넘어 구체적이고 치열한 사고를 필요로 한다. 우선 몇 장의 베트남 전쟁 관련 사진을 보여주었다. 그리고 이번에는 조금 더 난도를 높여, 주어진 글을 서론으로 하고 본론과 결론을 쓰고 토론했다. 본론을 쓸 때는 주어진 자료를 인용하도록 하고, 결론은 자신의 생각을 주로 쓰는 방식이다.

보이는 것과 보이지 않는 것 4

역사란 무엇인가? 지나간 시간의 단순한 기록일까? 아니면 특정인이 선택한 기록일까? 역사(History)는 역사적 사실(historical fact)과 다르다. 역사적 사실은 과거에 일어난 모든 일의 종합이라면, 역사는 그중에서 특별한 의미나 무게로 깊이 있게 다루어지는 일이다. 세계적인 역사학자인 E. H. 카는 "역사는 과거와 현재와의 대화다."라고 말하며, "역사를 단편적 사건의 연속으로 기억하는 것은 매우 위험한 일"이라고 했다. "사건의 원인을 나열하는 것 역시 낮은 단계요, 사건의 원인과 결과를 재해석하는 것이 가장 높은 단계다."라고도 했다. 역사가 중요한 이유는 과거의 사실을 기록한 것이어서가 아니라, 과거의 사실을 어떻게 바라보는가에 따라 현재는 물론 미래가 달라지기 때문이다.

일본은 제2차 세계대전 전범국이다. 수백만의 사상자를 내고, 백만 명이 넘는 한국과 중국, 필리핀 사람을 전쟁과 강제 노역에 동원했다. 특히 나이 어린 여성들을 '정신대'라는 미명으로 강제 납치, 인신매매, 취업 사기로 끌고 가 유린한 것은 세계사에 유례없는 부도덕한 사건이다. 1993년 일본 관방장관 고노 요헤이는 일본군 위안부의 모집, 이송, 관리를 일본군이 담당했다는 사실을 인정하고 사죄하는 '고노 담화'를 발표했으나, 그 후 일본 정부는 역사 왜곡을 거듭하며 배상은커녕 도덕적 사죄조차 거부하고 있다.

같은 2차 대전 전범국인 독일이 역사를 대하는 태도는 정반대다. 독일 정부는 1962년 이스라엘에 250억 마르크의 국가배상금을 지불했고, 나치 피해자와 유가족에게 150억 마르크를 지급했다. 또 나치 피해보상법에 따라 국적에 관계없이 720억 마르크의 개별보상금을 지급했으며, 폴란드·러시아·우크라이나 등 주변국에는 별도로 150억 마르크의 배상기금을 출연했다. 독일이 지불한 전쟁범죄 총 배상금은 2천억 마르크에 달하며, 나치 범죄자는 공소시효 없이 처단하여 1만 3천여 명을 처벌했고, 부역자에 대한 추적은 지금도 계속되고 있다.

1970년 빌리브란트 독일 총리는 폴란드 바르샤바 유대인 학살 기념비를 찾아 무릎을 꿇었다. 그리고 눈물을 흘리며 오랫동안 참회의 묵념으로 폴란드 침공과 나치의 만행에 대해 깊이 사죄했다. 이는 외교 역사상 국가의 정상이 다른 국가를 방문하여 무릎을 꿇은 최초의 사건으로 세계인들에게 큰 충격과 감동을 주었다. 그의 정적들은 "이웃 국가에게 굴욕적인 행동을 보이면서 작아지지 말라."라고 비판했지만, 그는 "독일의 숨길 수 없는 악행의 역사를 증언하는 장소에서 나치에 목숨을 잃은 수많은 영령을 대하는 순간, 저는 할 말을 잃어버렸습니다. 저는 사람이 말로써는 표현할 수 없을 때 할 수 있는 행동을 했을 뿐입니다."라고 말했다.

다음 날 공항에서 강제노동수용소의 생존자였던 요셉 키란티예비츠 폴란드 수상은 그를 끌어안았다. 총리의 사죄는 독일 국민 전체를 대표하는 것이기에 싸늘했던 유럽 여러 나라의 태도를 바꾸고 이스라엘마저 바꿔놓았다. 이스라엘 제4대 총리인 골다 메이어는 "우리는 용서한다. 그러나 잊지는 않을 것이다."라고 말했다. 독일은 자라나는 세대에게도 자신들의 역사적 과오를 있는 그대로 가르쳐 부모 세대와 나치 시대에 대해 비판할 수 있는 힘을 길러주었다. 독일이 동유럽 사회주의 국가들과 화해하고 독일 통일을 이루며 부강한 국가를 만들 수 있었던 것은 바로 역사를 대하는 거짓 없는 태도에서 온 것이다. 아무리 추악한 역사일지라도 그것을 인정하고 반성해야만 똑같은 잘못을 되풀이하지 않을 수 있다.

〈본론과 결론 쓰기〉

다음 자료를 이용하여 '베트남 전쟁에 대한 한국의 이중적 태도'에 대하여 본론을 쓰고, 결론으로 자신이 생각하는 대안을 제시하시오.

자료 1

베트남 전쟁은 자유 베트남을 구한다는 미명 아래 미국이 벌인 전쟁이었고, 우리는 정의를 위해 참전했다고 배워왔다. 그러나 사실상 1972년 이후 미군이 철수하면서 베트남 전쟁은 한국의 전쟁으로 변모했고, 엄청난 전쟁범죄가 벌어졌다. 한국군의 민간인 학살 문제는 국내에 보도되지 않았으나, 1970년 1월 10일 뉴욕타임스는 "한국군이 수백 명의 베트남 민간인을 살해했다"고 전했다. 1972년 7월 31일 AP통신도 "맹호사단이 아이 7명을 포함한 29명의 민간인을 학살했다"고 보도했다.

또한 2000년 구수정 박사가 발표한 자료에 따르면, 베트남 전쟁에서 한국군에 의한 민간인 학살이 80여 건에 달하고, 약 9000명의 민간인이 학살된 것으로 집계됐다며, 이를 "반드시 풀어야 할 인류의 문제이며 시대적인 문제"라고 지적했다.

자료 2

베트남 꽝아이성 빈호아 마을에는 '한국군 증오비'가 서 있다. 증오비에는 이렇게 새겨져 있다. "하늘에 닿을 죄악, 만대를 기억하리라! 이 학살에서 희생된 자의 수가 총 430명이며, 그중 268명은 여성, 109명은 50세에서 80세까지 노인, 82명은 어린이, 7명은 임신부였다. 2명은 산 채로 불에 던져졌으며, 1명은 목이 잘렸고, 1명은 배가 갈라졌으며, 2명은 강간을 당했다. 2가구는 한 명도 남김없이 몰살당했다." 한국군 주둔지 곳곳에 서 있는 '한국군 증오비'는 고통스러운 표석이다. 일본의 역사 인식이나 미국의 노근리 양민 학살 등을 비판하지만, 한국이 베트남에서의 과거사 문제를 해결하지 않고서 이에 대해 말할 자격이 있는가 하는 문제 제기가 있다. 베트남 전쟁에서 한국은 피해자이며 동시에 가해자이기 때문이다.

자료 3

최근 베트남전 다시 보기와 전쟁에 대한 성찰을 통해 새로운 화해를 만들어가려는 사람들이 있다. 민간인 피해 지역을 연구하는 학자, 베트남의 시문학을 번역하는 시인, 베트남 공정무역, 그리고 민간인 학살에 죽임을 당한 이들을 위로하는 '엄마와 무명 아가상'으로 만든 피에타상을 베트남과 국내에 동시 설치하여 역사를 기억하고 사죄하려는 움직임이다.

2015년 4월 평화박물관은 '하나의 전쟁, 두 개의 기억'이라는 베트남 전쟁 사진전을 열고 민간인 피해자들을 초청하여 이야기를 들었다. 그들은 위안부 할머니들과 만나 국가와 제국주의, 냉전에 피해를 입은 서로를 보듬었다.

역사에 대한 이중적 태도를 극복하고 양민 학살에 대해 우리가 어떻게 해야 할지에 대한 토론에서 어떤 이야기가 나왔을까? 학생들은 '우리나라도 바보 같은 짓을 했구나.' 하는 생각이 들었다며, 일본만 욕할 것이 아니라 떳떳하지 못한 우리 과거를 인정하고 사죄해야 한다고 말했다. 구체적인 대안에 대해서는 놀랍고 감동적인 의견이 많았다. 다음은 그 일부를 정리한 것이다.

대안

- 국민 대부분이 베트남 전쟁을 모르는 상태에서의 사과는 무의미하기 때문에, 국민이 알 수 있도록 대중매체나 언론 기사를 통해 우리가 잘못한 것에 대해 자각을 시킨 다음, 국가의 현 대통령이 베트남 본국에 찾아가 진심 어린 사과와 보상을 독일처럼 해야 한다고 생각한다.
- 국민 모두가 문제를 인식하도록 공론화한다.
- TV, SNS, 유튜브, 뉴스, 해시태그 달기 등 다양한 매체를 통해 사실을

널리 알린다.

- 젊은이들이 정확히 알도록 충분히 알리고, 우리 잘못에 대해 반성해야 한다.
- 대통령이 진심으로 사과한다.
- BTS, 박항서 감독이 시민들을 대신하여 사과한다면 좋겠다.
- 국내에서 사과 운동을 펼쳐 사과 여론이 정점에 이르면 한국 대통령이 베트남을 방문하여 사과하고 배상금을 지급한다.
- 이를 위해 국민청원을 올린다.
- 피해자 유가족에게 공식적으로 사죄하고 보상금을 준다.
- 베트남에 대한 사죄 기념비를 세우고, 매년 추모 행사를 한다.
- 피해자가 많이 발생한 지역에 추모비를 세운다.
- 피해자들을 추모하는 배지를 만들고 판매하여 수익금을 베트남에 보낸다.
- 국회 건의를 통해 베트남 피에타상을 들여와 배치하여 우리 잘못을 시각적으로 일깨운다.
- 고엽제 피해를 사죄하는 마음으로 베트남에 나무를 많이 심는다.
- 양국의 평화를 위해 양국에 도움이 되는 경제적 기업을 진출시킨다.
- 교육과정, 교과서에 베트남 양민 학살의 역사적 사실을 숨김없이 싣고 가르친다.
- 초등학교 저학년 때부터 전쟁범죄에 대해 따로 교육한다.
- 베트남에 사과한 후 일본에게 사과를 요구해야 한다.
- 베트남에 자주 여행을 가고, 베트남이 힘들 때 도와준다.
- 민간인 피해자들과 만남의 기회를 늘린다.

'현상과 본질'에 대한 수업이 끝난 후 학기말 시험은 '현상과 본질'에 대한 새로운 사례를 적용하여 쓰는 논술 시험을 치렀다. 서론에서는 개념 정리를, 본론에서는 근거를 들어 설명하되 자신이 적용한 사례를 한 가지 이상 넣도록 했다. 꽤 어려운 주제지만 이미 수업에서 여러 사례를 다루었기 때문에 한두 개의 다른 사례를 찾아 응용해 보는 것은 그리 어려운 일은 아니다.

현상과 본질

박○○(고3)

16세기 화가 폴 루벤스의 〈시몬과 페로〉라는 그림이 있다. 언뜻 보기에 이 그림은 노인이 젊은 여성의 젖을 먹고 있는 외설적인 그림으로 보인다. 그러나 이 그림은 독재 정권에 투항하다 감옥에 갇혀 굶어 죽어가는 아버지 시몬을 살리기 위해 딸인 페로가 아버지에게 젖을 물리고 있는 장면을 그린 것이다. 아버지를 살리고자 하는 딸의 숭고한 마음이 담겨 있는 것이다. 이 그림을 통해 현상과 본질을 알 수 있다. 눈에 보이는 그 자체는 현상이다. '이 그림은 외설적이다.'라고 생각했을 때 우리가 본 것은 '현상'이다. 그 뒤에 담겨 있는 진짜 뜻이 본질이다. 우리가 '이 그림에는 숭고한 뜻이 담겨 있구나.' 하고 바라보는 것이 바로 '본질'이다. 어느 쪽이 그림을 제대로 이해했다고 볼 수 있을까? 본질을 발견했을 때다.

조금 더 구체적으로 살펴보자. 첫째는 정보통신 산업이다. 정보통신 산업은 오랫동안 '굴뚝 없는 산업'으로 일컬어져 왔다. 그리고 지금까지도 그렇게 믿고 있다. 하지만 이는 사실이 아니다. 우리는 본질을 보지 못하고 있다. 정보통신 산업은 세계 이산화탄소 배출량의 2~3%를 차지하는 오염 산업이다. 정보를 처리하는 데이터센터를 움직이는 데 엄청난 양의 전기가 소모되고 많은 양의 폐열이 방출되기 때문이다. 인터넷을 한 번 검색하는 데 0.2g의 이산화탄소가 배출된다는 사실을 알면 그 큰 규모가 더 잘 느껴질지도 모르겠다.

이처럼 단순히 '굴뚝 없는 정보산업'이라는 현상 뒤에는 '환경 파괴'라는 본질이 숨어 있다. 이미 '정보산업의 환경 파괴'라는 본질을 파악한 외국은 풍력발전, 지역 분산형 개발 등의 방법으로 이 문제를 해결해 나가고 있다. 현상의 이면에 숨은 본질을 파악했기에 대비책을 마련할 수 있었던 것이다. 이처럼 본질을 파악하는 일은 그 해결책이 뒤따른다는 점에서 매우 중요하다. IT 강국인 한국도 정보산업 이면에 숨은 본질을 파악해서 하루빨리 대책을 마련해야 할 것이다.

두 번째는 '피로사회'로 규정되는 우리의 사회 속에 숨은 본질을 알아보자. 한국은 OECD 국가 중 노동 시간과 학습 시간이 가장 긴 나라다. 왜 이렇게 일을 많이 하는 것일까? 우리는 누구든 무엇이든 될 수 있다고 믿는다. 그래서 성공을 위해 끊임없이 노력한다. 자기 자신을 성공이라는 목표 아래 두고 끊임없이 착취한다. 성공하지 못하는 것은 자신의 노력이 부족해서 그런 것이라고 생각하면서 자기 자신을 끊임없이 채찍질한다. 그리고 성과 없이 계속되는 노력과 자기 착취의 끝에는 만성적 피로와 번아웃 증후군만 남는다.

이 문제의 원인은 '무한긍정'의 본질에 있다. 누구든 무엇이든 할 수 있다는 '무한긍정'은 실패의 책임이 자기 자신에게 있다고 생각한다. 무엇이든 될 수 있는데 되지 못한 것이기 때문이다. 사회안전망이 없기 때문에 불안

하고, 그래서 사람들은 성공에 더욱 집착한다. 피로사회의 본질적 문제는 불안을 조장하는 사회적 결함에 있다.

세 번째는 교육 문제다. 한국 교육제도의 가장 큰 문제는 학생들을 점수 대로 줄 세우는 서열화에 있다. 특히 고등교육은 무언가를 가르치고자 하는 목적으로 존재하기보다는 학생들을 '선별'해서 한정된 인원만 대학에 보낸다. 그래서 뒤떨어진 학생들을 끌어올리기보다는 문제를 꼬아 내서 1등급을 만드는 데 더 집중한다. 이렇게 되면 학생들과 선생님들은 가르침과 배움에 집중하기보다는 공정한 평가에만 집착하게 된다. 공정성을 충족할 수 있는 시험은 오지선다형 객관식 시험밖에는 없다. 객관식 시험은 교사들에게 획일화된 수업을 요구하기 때문에 수업의 질이 향상될 수 없다. 또한 학생들이 스스로 생각하고 탐구하는 힘을 기르게 되는 것이 아니라, 오답을 피하는 난순 기술만을 배우게 된다. 학생들이 제대로 된 지식을 습득하지도, 생각하는 힘을 기르지도 못하는 것은 국가적인 손실이다.

사실 혁신학교들은 이 상황을 해결하고자 많은 노력을 해왔다. 하지만 그 노력이 좌절되는 이유는 여전히 서열화를 고수하기 때문이다. 이는 '명문대학 졸업자와 고졸자의 임금 격차'라는 사회적인 문제와 연결되어 있다. 한국은 OECD 국가 중 임금 격차율이 3위다. 좋은 대학이 곧 좋은 직장으로 연결되는 것이 상식으로 여겨지는 사회에서, 이 수치는 대학의 이름에 따라 삶의 질이 달라짐을 의미한다. 따라서 이 문제가 해결되지 않는 이상 서열화된 입시 경쟁은 사라지지 않을 것이다. 즉 교육 문제의 본질은 사회 문제와 연결되어 있는 것이다.

따라서 교육 문제를 사회 구조의 문제와 연결 지어 생각하는 시각이 필요하다. 문제는 최저임금 인상, 사회안전망 확보, 임금 격차 해소 등 사회 전반의 계급 격차와 서열화를 줄이는 것과 함께 해결되어야 한다.

지금까지 환경, 사회, 역사 분야의 현상 뒤에 어떤 본질들이 숨어 있는지, 그 본질들이 어떤 문제를 만들어내고 있는지 살펴보았다. 그리고 본질을 알아야만 제대로 된 문제의식을 가지고 문제를 해결해 나갈 수 있다는 것을 이야기했다. 이를 통해 본질을 파악하는 것, 즉 세계를 제대로 이해하는 것이 얼마나 중요한 것인지 이해했기를 바란다.

김은형의 혁신수업

04

살아 있는 수업 평가

1. 수업과 평가는 한 몸

평가는 매우 다양한 측면에서 이루어진다. 수업의 목표는 물론, 교육과정, 교사에 대한 평가, 평가의 적정에 이르기까지. 만족스럽지 못한 수업의 원인을 찾으려면 그 모든 것을 다 평가해 봐야 할 것이다. 목표가 너무 높게 설정되었는지, 텍스트가 너무 어려웠는지, 수업 방법이 적절치 못했는지……. 교사 요인에 대한 평가도 다양할 것이다. 교사는 학생과의 라포 형성이 충분했는지, 교사의 언어는 적절했는지, 수업의 속도가 알맞았는지……. 좋은 수업은 최종적으로 교사에게 달려 있지만 학생의 조건도 중요하다. 배움에 대한 열정, 긍정적이고 적극적인 태도, 의지, 준비 정도, 감정 상태 등도 중요하다. 교사도 그렇지만 학생의 조건에 따라 수업의 질이 달라지는 경우도 많다.

어쨌든 다양한 조건에서 수업이 이루어지는데, 일제고사 중심의 평가 제도는 내적 평가를 전혀 반영하지 못하는 단순하고 획일적인 방법이다. 나는 이런 평가를 믿지 않는다. 그래서 잠재적 평가를 위한 이런저런 노력을 기울였다. 내가 가장 좋아하는 것은 둥글게 앉아 수업에 대해 솔직한 이야기를 나누는 것이다. 자신이 새롭게 배운 것은 무엇이고, 그것을 통한 깨달음과 성장이 무엇인지를 이야기해 보는 방식이다. 수업이 자신에게 무의미했다면 그 원인이 무엇인지를 말하게 하는 것이 수업에 대한 성찰이다. 솔직하고 깊은 대화나 토론이 되려면 신뢰와 존중이 필요하다. 교사에게 어려운 일은 평가가 아니라 이런 분위기를 만드는 것이다. 말하게 하는 것이 어렵다면 글로 쓰게 할 수도 있다. 그런데 글로 평가하는 것은 교사를 위한 것일 뿐이다.

수업은 교사와 학생이 같이 발전할 수 있어야 한다. 수업에 대한 학생들의 내밀한 이야기를 듣는 것은 다음 학기 수업을 계획하는 데 큰 도움이 된다. 아이들의 이야기에 따라 수업의 내용과 방식을 바꿀 때가 많은데, 가끔 성의 없고 생각 없이 말하는 학생도 있다. 그러나 그런 이야기 또한 들어볼 필요가 있다. '단 한 명의 아이도 배움으로부터 도주하지 않는' 수업을 꿈꾼다면 말이다.

2. 몸통을 흔드는 꼬리

중간고사나 기말고사는 다음 수업에 도움을 주는 과정평가일까? "그렇다."리고 대답하기 어려울 깃이다. 학생들은 시험 범위를 달달 외우며 어떤 문제가 나올지 몰라 전전긍긍한다. 교사들은 평균 점수가 너무 높게 나오지 않도록 변별력에 온 신경을 쓴다. 어쩔 수 없이 지엽적인 문제를 내거나 함정을 파야 한다. 부끄럽지만 나도 그랬다. 학생들이 수업을 통해 알아야 할 것을 문제로 내지만, 너무 쉬우면 1등급 학생들에게 항의를 받기 때문에 별로 중요하지도 않은 까다로운 문제를 내곤 했다. 시험을 무난하게 내면 공부 잘하는 학생들이 불만이고, 함정을 파면 다수의 학생이 절망한다. 점수가 떨어진 학생들은 수업 들을 의욕이 사라졌다고 말하기도 한다.

현재의 평가 제도는 근원적으로 잘못되었다. 평가가 수업을 망치는 쪽으로 이끌기 때문이다. 오지선다형 수학능력시험 때문에 모든 고3 수업은 문제집 풀이로 채워지고, 학생들 대부분은 문제집 위에 침을 흘리며 자는 풍경…… 슬픈 일이다. 지금 우리 교육에서 평가는 괴물 같다. 평가가 수업을 좌우한다. 꼬리가 몸통을 흔드는 격을 넘어서, 몸 전체가 꼬리를 위해 존재하는 상황이 계속되고 있다.

그나마 수행평가가 있어서 다행이지만, 이 또한 과정평가가 아니라 보고서를 제출하는 일회적인 방식으로 평가하는 일이 흔하다. 게다가 학생들은 교과마다 수행평가 제출 기일이 비슷해서 한꺼번에 여러 개의 과제를 제출해야 하는 어려움이 있다.

3. 평가의 본질

프랑스의 대학 자격고사인 바칼로레아는 200년 넘는 전통을 가진 시험이다. 가장 대표적인 철학 시험문제는 세계인에게 회자되곤 한다. 15개 교과목을 모두 논술로 본다. 20점 만점에 10점 이상이면 시험에 통과하는데, 통과된 사람은 점수에 상관없이 원하는 국공립대학에 입학할 수 있다. 10점 이상을 받은 합격자는 전체 수험생의 약 80%이고, 10점 미만 불합격자에게는 재시험 기회를 준다. 즉 누군가를 탈락시키기 위한 시험이 아니라 더 많은 학생에게 교육의 기회를 주려는 것이다.

해마다 프랑스 시민들은 '올해는 어떤 철학 문제가 나올까?' 궁금해한다고 한다. 왜냐하면 중국의 천안문 사태가 일어난 1989년에는 '폭력은 어떤 상황에서도 정당화될 수 없는가?', 이민자 폭동이 사회적 문제가 된 2006년에는 '특정한 문화의 가치를 보편적으로 판단할 수 있는가?', 그리고 정치인의 탈세와 비리 사건이 터졌던 2013년에는 '정치에 관심을 두지 않고도 도덕적으로 행동할 수 있는가?'와 같은 질문을 던졌다. 학생만이 아니라 모든 시민이 함께 그 답을 고민할 수 있는 질문거리인 것이다. 텔레비전에서는 유명 인사들이 나와 그 주제에 대해 토론을 한다. 최근에 나온 문제들도 참 놀랍다.

- 타인을 아는 것이 자신을 아는 것보다 쉬운가?
- 예술은 현실에 대한 인식을 변화시키는가?
- 괴로워하지 않고 욕망할 수 있는가?
- 행복은 단지 한순간 스치고 지나가는 것인가?
- 역사는 인간에게 오는 것인가, 아니면 인간에 의해 오는 것인가?
- 인간은 기술로부터 무엇을 기대할 수 있는가?
- 정의냐 부정의냐는 관습적으로 구별될 뿐인가?
- 자유롭다는 것은 아무런 방해도 받지 않는다는 것인가?

철학적 사색과 독서 토론 등이 일상적으로 이루어지지 않고는 한 줄도 쓰기 어려운 주제들이다. 지식인이나 대학교수라 하더라도 쉽게 답을 하기 어려운 문제들이다. 이러한 평가 문제를 통해 그 나라 교육의 목표와 내용, 방법을 충분히 가늠해 볼 수 있다.

독일의 아비투어는 학교 교사가 각자 출제하고, 학생은 자기 학교에서 시험을 치른다. 논술식 필기고사 3과목, 구술고사 1과목 총 4과목이며, 과목당 시간은 프랑스처럼 4~5시간이다. 물론 재시험 기회도 준다. 평소보다 지나치게 높은 점수가 나오거나 낮게 나왔을 때 재시험을 보는데, 우리나라 재수나 삼수와는 전혀 다르다. 자격고사 통과 후 대학을 선택하는 기준은 자신이 공부하고 싶은 학문이 발달한 학교나 교수를 찾아가는 식이다.

대학 평준화란 모든 대학을 똑같이 만드는 것이 아니라, 대학마다 특정한 연구가 살아 있다는 뜻이다. 예컨대, 프랑스는 파리1대학에서 18대학까지 번호를 붙여 동일한 파리대학으로 만들었다. 프랑스대혁명의 결과다. 그러니까 같은 역사 분야라도 어떤 대학에는 고대사 연구를 중심으로 앞서가고, 어떤 대학은 중세사, 어떤 대학은 현대사가 중심인 식이다. 대학 이름보다 어떤 연구를 하는 교수가 있는가가 더 중요하며, 훌륭한 학자를 찾아가는 것이다. 오로지 대학 이름으로 대학과 학생을 평가하는 우리나라 학벌주의와는 전혀 다르다. 자격고사만 통과하면 누구나 대학에 입학할 수 있지만, 모두 졸업할 수는 없다. 고등학교까지의 공부가 교양 수준이라면 대학은 매우 강도 높은 전문 연구 성과를 내는 사람만 학위를 주기 때문에, 입학생의 25%만 학위를 받고 졸업한다. 입학이 아니라 졸업이 매우 어렵다. 물론 모든 학생이 대학에서 공부를 해야 할 필요도 없다. 대학 학비는 무상이지만, 학문에 뜻이 없는 학생들은 2년제 직업대학이나 고등학교만 졸업해도 임금 격차가 그렇게 크지 않기 때문이다.

한번은 교무부장 선생님이 학교 시험과 관련해서 교육청에 민원 사례가 많다며 다음 사항을 주의하라고 말씀하셨다.

- 선행학습 금지법에 저촉되는 문제
- 시판되는 참고서에 있는 문제
- 정답 시비가 있는 문제

- 보안에도 각별히 유념하여 메시지 전송 금지

이런 사항을 말하는 것 자체가 부끄러운 일이다. 한정된 지문이나 단원에서 오지선다형 문제를 내고, 등급을 매기기 위해 함정을 파는 행위는 졸렬하고 치졸한 일이다.

4. 국가 교육과정의 대강화

교육과정은 수업을 위한 철학과 목표, 방향, 범위, 수준 등을 모두 담는 가장 기본적인 설계도다. 우리나라는 국가 중심 교육과정 체제로 세부적인 내용을 모두 제시하고 있다. 교육과정은 교과서로 구현되어 학교 현장의 수업을 이끌어간다. 교사들은 교육과정을 자세히 보지 않는다. 교과서에 충실할 뿐이다. 교과서는 교육과정을 충실히 반영했다고 교육부가 검정해 준 것이기 때문이다. 문제는 교과 교육과정의 '성취기준'이다. 성취기준이 너무 많고 추상적이다. 교과서에 다 구현하기 어려우므로 성취기준들을 임의로 통합하여 교과서를 만드는데, 검정을 통과하기 위해 억지로 꿰다 맞춰야만 한다. 나는 중·고등학교 교과서를 만드는 필진으로 참여한 적이 있는데, 그때 왜 교과서가 이렇게 엉망이 되는지를 확실히 알았다. 서로 관련성이 없는 성취기준 서너 개를 엮어서 대단원을 구성하는데, 이 성취기준을 만족할 만한 글을 찾는 것 자체가 불가능하다. 그러다 보니 학생들의 관심도나 흥미도나 이해도와 동떨어진 엉뚱한 글을 실을 수밖에 없다. 난이도도 조절하기 힘들다. 그래서 교과서대로 진도를 나가면 죽은 수업이 되기 십상이다.

'국가 중심 교육과정'을 대강화 또는 간략화할 필요가 있다. 목표 중심으로 제시하고, 내용과 방법은 현장에 맡기는 식이다. 현재의 교과 목표나 단원 목표도 바꿔야 한다. 추상적이라 달성했는지 확인할 길이 없기 때문이다. 목표를 실천 가능한 행동언어로 기술하고, 교사의 수업권과 평가권을 보장해야 한다. 내용과 방법을 교사에게 맡기면 교사들이 수업에 대해 더 깊이 고민하게 될 것이다.

교육과정에서 제시한 국어 교과 목표, 즉 성취기준을 예로 들어보겠다. 국어과의 목표는 '언어능력', 즉 '말하기, 듣기, 읽기, 쓰기'를 제대로 하는 것이다. 다만 학년이나 연령에 따라 이 능력을 어느 수준으로 길러야 하는지 그 기준을 제시할 필요가 있다.

다음은 국어과 고1 성취기준이다.

다양하고 심층적인 국어 활동을 바탕으로 하여 통합적인 교과 역량을 갖추고, 진로를 고려한 심화된 국어 능력을 함양하며, 국어 활동의 개선과 바람직한 국어 문화 형성을 위해 노력한다.

도대체 무엇을 어떻게 가르쳐야 하는지 알 수가 없다. 무엇을 얼마나 달성했는지 평가하려면 그에 걸맞은 기준이 있어야 하는데, 이 성취기준을 보면 목표 달성을 어떻게 가늠할 수 있는지 전혀 알 수가 없다. '다양하고 심층적인 국어 활동'이 무엇인지, '통합적 교과 역량'이 무엇을 말하는지, '진로를 고려한 국어 능력'이라는 것이 무엇인지, '국어 활동의 개선'과 '바람직한 국어 문화 형성'을 어떻게 달성할 수 있는지 너

김은형의 혁신수업

무도 막연하다.

학년 성취기준의 하위인 세부 영역별 성취기준(말하기/듣기/읽기/쓰기/문학/언어) 역시 모호하고 아리송하다.

[10국01-01] 개인이나 집단에 따라 듣기와 말하기의 방식이 다양함을 안다.
[10국01-02] 상황과 대상에 맞게 언어 예절을 갖추어 대화한다.

학년 성취기준과 세부 영역별 성취기준의 연계성도 없고, 여전히 무엇을 어떻게 수업해야 하는지, 어느 정도의 성취에 도달해야 하는지 가늠하기 어렵다. 다른 영역의 성취기준들도 마찬가지다. 이러니 교사들은 교육과정의 성취기준과 상관없는 수업을 하고 평가를 할 수밖에 없다.

이런 식의 성취기준별 교과서 편제는 수업을 크게 왜곡한다. 모든 언어활동, 즉 '말하기, 듣기, 읽기, 쓰기'는 유기적이고 통합적으로 이루어진다. 예컨대, 듣기와 말하기는 동시에 일어난다. 듣기를 다 배운 후에 말하기를 배우는 것이 아니다. 읽고 말하고 듣기를 동시에 훈련하게 되거나, 말하고 듣고 난 다음 쓰기도 한다. 읽고 쓰거나, 쓰기 위해 읽기도 하고, 쓴 내용을 바탕으로 말하기를 하기도 한다. 그런데 교과서는 이것들을 분절적으로 편제하고 있다. 이러다 보니 영역도 언어능력(말하기, 듣기, 읽기, 쓰기)과 별도로 언어(문법), 문학이 편제되어 있다. 글을 읽거나 쓰면서 문법을 익히는 게 아니고, 읽기나 쓰기를 하고 문법은 따로 한다. 문학작품을 읽고 토론하거나 글을 써야 하는데, 읽고 이해하는 것으로 끝나버린다. 그러니 모든 것이 각기 따로 놀고, 언어능력이 향상되는 것을 확인할 수가 없다. 당연히 사고력이나 창의력, 문제 해결 능력 등도 향상되기 어렵다.

그래서 성취기준을 다시 정리해 보았다. 수업을 목표 중심으로 옮긴 것이다.

고등학교 1학년 국어(문학) 성취기준

- 명시 20편 이상을 찾아 읽고 맥락을 파악한 후 시의 정서에 맞게 낭송할 수 있다.
- 시와 시인에 대해 탐구하고 토론하며, 창작시를 쓰고 시화전을 연다.
- 5편 이상의 단편소설, 한 권 이상의 장편소설을 읽고 토론한다.
- 소설 창작 계획서를 작성하고, 5~10쪽 정도의 창작소설을 쓸 수 있다.
- 희곡, 시나리오를 읽거나 연극이나 영화를 관람 후 토론할 수 있다.
- 다양한 수필을 읽고 매체(그림, 만화, 연극, 영상, 영화 등)로 표현할 수 있다.

고등학교 1학년 국어(비문학) 성취기준

- 신문, 잡지 등에 실린 다양한 주제의 칼럼, 기사, 설명문, 연설문 등을 10편 이상 읽고 요약한 후 토론하고, 칼럼을 쓰고 연설할 수 있다.
- 정치, 경제, 사회, 문화, 예술 등 깊이 있는 주제를 다룬 글들을 읽고 토론할 수 있다.
- 책 한 권을 읽고 맡은 부분을 발제하고 삶과 연계하여 토론할 수 있다.
- 지정된 주제를 탐구하고 논술이나 보고서를 쓰고 구술할 수 있다.

이 성취기준은 '읽고 쓰고 말하기'가 통합적으로 이루어지도록 제시하고 있으며, 반드시 객관적으로 평가할 수 있도록 했다. 시를 10편 탐구했는지 30편 탐구했는지 확인하기 위해, 즉 평가의 정량화를 위해 공책에 탐구 기록을 남기게 할 수 있다. 또 스스로 책을 한 권 읽었는지 두 권 읽었는지, 어느 정도 깊이 읽었는지는 토론이나 발표를 통해 충분히 확인할 수 있다. 시나 소설을 창작하면 창의성은 물론이고 시의 구성이나 소설 속 인물에 대해 제대로 이해하고 있는지도 검증할 수 있다. 이러한 성취기준을 중심으로 교사에 따라 다양하게 세부적인 내용을 정할 수 있다.

수업의 난이도나 분량은 학생들이 시간 내에 소화할 수 있도록 적절해야 하며, 쉬운 것에서 출발하여 어려운 것으로 나아가도록 단계를 정하고 난이도를 조절해야 한다. 예컨대, 읽기라면 '짧은 글 - 길고 어려운 글 - 한 권의 노서(난행본)'로 전개하여 섬섬 수순을 높여가는 방식이어야 한다.[1] 이 목표에 맞춰 교과서를 재구성하여 영역 통합을 하고, 대단원과 소단원을 재분류했다. 진행 속도도 너무 빠르지 않게 해야 한다. 시는 일주일에 3편 정도씩 꾸준히 탐구하도록 했다. 매주 공책에 사인을 해주는데, 이것은 철저한 과정 수행평가다. 목표를 구체적으로 제시해서 학생들의 언어능력을 정확하게 평가할 수 있어야 한다. 읽은 내용을 요약한 공책의 분량, 자기 생각 쓰기의 수준, 내용 말하기의 유창성, 토론이나 논술(논문)의 수준 등은 객관적으로 충분히 가늠할 수 있다.

---

[1] '다양한 짧은 글을 반복적으로 읽고 요약하는 훈련'을 거쳐 수준 높은 '단행본 독서'에 이르도록 유도하고, 이제 가장 높은 단계인 '논술(또는 소논문) 쓰기'에 도전하는 것이 10학년(고등학교 1학년) 국어 수업이 달성해야 할 목표라는 것이다. 나는 이러한 목표를 달성하는 데 3~5월 약 석 달가량의 시간을 보냈다.

나는 학생들이 적어도 한 학기에 60쪽 이상의 탐구 기록을 남겼을 때, 발표 횟수가 3회 이상일 때, 교사의 지도 아래 창작의 단계를 성실하게 거치고 수준에 도달한 작품을 완성했을 때 우수한 평가를 받을 수 있게 했다.

5. 논술평가와 구술평가

입시에서 논술평가가 다시 사라지고 있다. 귤이 회수를 건너면 탱자가 된다더니, 우리 토양에서는 좋은 제도도 변질되거나 제 기능을 하지 못하는 것 같다. 하지만 학교에서 글쓰기를 가르치지 않는다면 도대체 언제 학생들의 쓰기 능력을 기를 수 있을까?

내가 처음 혁신학교에 부임했을 때 평가를 혁신하자고 제안했다. 그래서 오지선다형 지필고사인 중간고사와 기말고사를 폐지하고 수시 논술평가를 시도했다. 나와 두 명의 교사가 같이 수업을 했는데, 젊은 두 선생님도 평가 혁신에 흔쾌히 동의해 주었다. 그래서 대단원이 끝날 때마다 논술시험을 치렀다. 1학기에만 무려 여섯 번의 논술시험을 보았다. 처음에는 배운 내용을 정리해서 쓰고 자기 생각을 덧붙이는 수준으로 하고, 점점 난도를 올려 본격적인 논술시험으로 진입했다. 처음에는 몇 줄 쓰기도 힘들어하던 학생들의 글쓰기 능력이 점점 늘어 상당한 수준으로 발전하는 것을 관찰할 수 있었다.

그때 정년을 앞둔 한 교사가 하루는 논술시험에 대해 이렇게 말했다.

"논술시험이 시험이에요? 그러고도 학부모가 항의 안 합니까? 부끄럽지도 않아요?"

너무도 당당하고 너무도 힘찬 일갈에 말을 잃었다. 그런 확신과 위세에 맞서면 큰 싸움이 일어날 것 같아 참았다. 평생 참고서 베껴가며 나 홀로 주입식 수업에 오지선다형 시험이 가장 올바른 길이라고 확신하는 분에게 할 말이 없었다. 그대로 넘어갈 수는 없어, 셋이 모여 대책을 논의한 후 그 선생님을 찾아가 간곡히 취지를 말씀드렸다.

"선생님, 저희는 최선을 다해 수업과 평가를 일치하려는 노력을 하고 있습니다. 제발 저희를 지켜봐 주세요."

알아서 하라며 더 이상 반대 주장을 펼치지는 않았다. 교육청에서도 실사를 나왔는데, 우리 설명을 듣더니 민원만 없으면 좋다며 아무 문제 없다고 했다.

논술 1단계는 텍스트 이해도를 보는 글쓰기로 했다. 예를 들면, 교과서에 있는 이청준의 수필 〈아름다운 흉터〉를 읽고 글의 요점을 정리하고 줄거리를 요약하고, 자신의 경험을 담아 느낌이나 생각을 쓰는 것이었다. 누구나 쉽게 쓸 수 있는 내용이어서 학생들은 이 시험을 무난히 통과할 수 있었다. 이 평이한 시험도 오지선다형 문제 찍기보다는 훨씬 더 많은 언어능력을 기를 수 있었다. 창의적인 제목 붙이기, 글의 특징을 설명하고 줄거리를 요약하는 능력, 글을 쓸 때 주어와 술어의 호응 관계, 맞춤법, 띄어쓰기는 물론 문법에 맞는 문장을 쓰는 능력 등 매우 다양한 것을 다룰 수 있다.

2차 시험은 시에 대한 논술이었다. 교과서에는 김수영의 삶에 대한 글이 나오고 시가 두어 편 나오는데, 탐구 수업을 통해 김수영 시인의 삶과 시 세계 전체를 탐구하도록 한 후 논술 문제를 냈다.

> 국어 교과서의 글 〈살아 있는 정신, 김수영〉을 바탕으로, 다음 내용을 포함하여
> 김수영의 시 세계에 대해 쓰시오.
>
> 김수영의 시 세계의 특징 / 김수영 시의 시대적 배경 / 김수영의 작품 해석 (〈눈〉,
> 〈폭포〉, 〈풀〉 등 대표작을 중심으로) / 김수영 시에 대한 자신의 느낌이나 생각
>
> **유의사항**
> 어법에 맞게 쓸 것, 글씨는 정자체로 쓸 것, 논리에 맞게 쓸 것, 근거를 분명히 제시할 것

다음에는 다시 한 단계 높여 비교문학으로 했다. 물론 컴퓨터실에서
사전에 논술을 작성하고 지도를 받도록 했다. 그러나 시험을 볼 때는
사전에 작성했던 글을 볼 수 없다. 점차 글쓰기의 요령을 터득하도록
하기 위한 것이었다. 문장이 길어지면 비문이 되기 쉬우므로 문장을 짧
게 끊어서 쓰도록 한다든가, 자신의 경험과 연계하여 쓰는 법 등을 지도
했다. 교과서에는 이태준의 〈달밤〉과 황석영의 〈아우를 위하여〉가 나오
는데, 이들은 일제강점기와 한국전쟁을 배경으로 한 작품이라 학생들의
눈높이에 맞는 김려령의 〈완득이〉를 읽은 후 세 작품을 비교하는 논술
을 쓰게 했다.

> 이태준의 〈달밤〉, 황석영의 〈아우를 위하여〉, 김려령의 〈완득이〉를 다음 사항 중
> 5개 이상을 선택하여 비교·분석하시오.
>
> ① 작가 ② 배경 ③ 인물 ④ 사건 ⑤ 시점 ⑥ 특징 ⑦ 자신의 느낌, 생각

논술시험의 문제는 항상 2주 전에 미리 공개한다. 단원 수업을 시작할 때 미리 출제할 문제를 알려주는 것이다. 이것이 수업 목표기도 하다. 미리 문제를 알려주면 학생들은 이 주제에 굉장히 집중한다. 오지선다형 지필고사는 범위는 같아도 어떤 문제가 나올지 전혀 예측할 수 없기 때문에 무엇을 공부해야 할지 막막하다. 학생들은 불안에 떨며 점수에 연연한다. 그리고 공부를 하고 나서도 아무것도 남지 않는다. 하지만 이렇게 미리 시험문제를 알려주면 탐구적이고 분석적인 자세가 되고, 공부해야 할 내용에 대한 종합력이 길러진다. 완전히 이해하고 자기만의 언어로 그것을 쓰거나 말할 수 있는 연습을 하기 때문에 세월이 흘러도 쉽게 잊지 않는다. 놀라운 것은 모든 학생이 답안지를 꽉꽉 채운다는 것이다. 번호를 찍고 자는 사람은 단 한 명도 없었다. 누구나 다 지기기 아는 만큼, 생긱한 만큼 쓸 수 있으니까.

2학기 첫 논술은 수준을 좀 높였다. '환경과 에너지'를 소재로 한 핵발전소의 문제를 다루었다. 물론 평가 계획은 수업 계획의 안에 있다. 수업은 탐구 후 찬반 토론을 진행하고 논술을 쓰는 방식이었다. 교사는 어떤 결론을 미리 이끌지 않고 찬성과 반대의 다양한 자료만 제공한다. 수업 계획서는 다음과 같다.

환경 토론, 논술 쓰기 수업

1. 목표: 최근 첨예하게 의견이 갈리는 핵(원자력)발전소 문제를 탐구하고 토론한 후, 자신의 견해를 정리하여 논술을 쓴다. 에너지 과소비 문제와 대안 에너지 문제를 생각해 본다.

2. 토론(논술) 주제: 원자력발전 확대해야 하나, 폐기해야 하나?

(쟁점) 원자력발전은 안전한가? / 원자력발전은 경제적인가? / 원자력발전은 깨끗한가?

3. 수업 전개

1) 자료 찾아 읽고 공책에 정리하기(각종 자료, 책자, 인터넷 활용 등)

2) 모둠 토론(역할극)

3) 전체 토론

4) 논술 쓰기

〈관련 사이트〉

• 핵(원전)발전 찬성 기관 및 단체의 예
한국수력원자력(http://www.khnp.co.kr/) – 녹색 성장 동력으로서 원자력 홍보 영상 등 자료
한국에너지정보문화재단(http://www.keia.co.kr/) – 전력 사업 및 에너지 문화 진흥

• 핵(원전)발전 반대 기관 및 단체의 예
에너지정의행동(http://www.energyjustice.kr/)
환경운동연합(http://www.kfem.or.kr/)

시험문제는 약간 응용력을 발휘하도록 출제했다.

아래 두 개의 표를 조건으로 하여 '핵(원자력)발전의 확대 또는 폐지'에 대한 자신의 입장을 쓰시오.

김은형의 혁신수업

(조건 1) '원자력발전은 안전한가? 경제적인가? 깨끗한가?'라는 세 가지
　　　　쟁점을 모두 넣을 것
(조건 2) 그림 (가), (나) 중 하나를 반드시 인용할 것

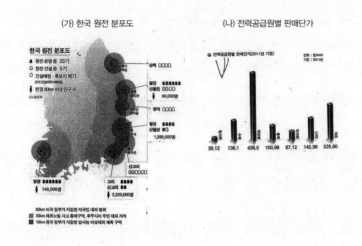

시험문제를 출제한 후 나중에 보니 숭실대 논술 문제와 비슷했다. 물
론 대학의 논술 문제를 사전에 알고 있지는 않았다. 당시 사회적 갈등
으로 번지던 시사 문제였기 때문이다. 학생들은 맹렬하게 탐구하고 토
론했다. 그때 학생들이 쓴 논술들을 '김은형의 국어수업' 카페 '학생 칼
럼·논술 쓰기방'에 모아두었다. 첫 논술과 마지막 논술을 비교해 보니,
학생들의 글 쓰는 수준이 놀랍게 발전했음을 알 수 있었다.

그러나 문제가 생겼다. 함께 열정적으로 수업하고 평가하는 보람을
느꼈지만, 젊은 두 명의 교사가 고통을 호소했다. 과중한 업무는 견딜
수 있었지만, 상위권 학생들의 글을 소수점까지 구분하며 등급을 매겨

야 한다는 정신적 부담이 너무도 컸던 것이다. 안타깝게도 두 분의 선생님은 상위권 학생들의 우열을 가리는 일에 두려움을 느끼고 있었다. 등급을 위해 시험을 보는 한국 교육의 비극이라 할 수 있다. 슬프고 아쉬웠지만 논술은 수행평가로 돌리고 지필고사를 보는 것으로 타협을 할 수밖에 없었다. 하지만 평가에 관한 한 그해가 나에게는 가장 보람이 컸던 시간이었고, 학생들 역시 평가다운 평가를 받은 기억으로 남을 것이다.

논술평가와 함께 정말 좋은 평가는 구술평가다. 수행평가로 해도 좋지만 지필고사 대신 하면 더 좋다. 자신이 알고 있는 것을 재구성하고 종합하여 논리적으로 쓰는 것도 좋지만, 그것을 말로 구현하는 것은 한 차원 높은 언어능력이다. 대주제와 소주제를 정해두고 선택적으로 질문을 던지는 것이다. 제한된 시간에 제한된 주제에 대해 시험을 치르는 구술평가도 의미 있지만, 사실 나는 오랫동안 학생이 교사가 되는 수업을 하면서 학생들의 언어능력이 크게 성장하는 것을 보았다. 학생이 단원이나 주제를 맡아 아예 자기 역량대로 수업을 진행하게 하는 것이다. 그것으로 점수를 매기면 어떤 시험보다 훌륭한 평가가 된다.

예전에 문법을 구술평가로 한 일이 있는데 아주 재미있었다. 처음에는 논술식으로 했다. '음운의 변동에 대하여 논하라.'라는 문제였는데, '자음동화, 두음법칙, 음운축약, 음운탈락' 등에 대해 설명하고 예를 드는 것이었다. 문법 시험을 오지선다형으로 볼 때보다 훨씬 더 정확한 개념 정리와 응용력을 발휘했다. 오지선다형 평가 후 학생들에게 음운변동의 개념과 예를 설명하라고 했을 때는 더듬거리며 잘하지 못했는데, 논술로 시험을 친 학생들은 매우 논리적으로 예를 들어가며 개념을 설명했다. 그리고 논술시험에서 기준점 이하, 즉 50% 이상 쓰지 못한 학생들을 남겨서 재시험을 치렀다. 시험이 시작되기 전 한 학생이 손을 들고 말했다.

"선생님, 말로 설명하면 안 될까요?"

나는 그렇게 해도 좋다고 했다. 그러자 너도나도 모두 말로 설명을 하기 시작했다. 시간은 훨씬 더 많이 걸렸지만, 학생들은 논술시험보다 훨씬 즐겁게 시험에 참여했다. 자기 차례를 기다리는 동안 친구들의 설명을 들으며 공부를 했고, 자기만의 방식으로 조리 있게 음운의 변동을 설명했다. 나는 그때 깨달았다. 교육 선진국들이 구술평가를 왜 많이 하는지를. 어려운 수업일수록, 지식을 다루는 수업일수록 구술평가가 좋다. 그 후 다양한 수업에서 말하기로 구술평가를 했는데, 더 즐겁고 효과가 컸다.

6. 평가의 계량화

현재의 평가 제도가 지닌 한계를 극복하기 위해서 그나마 활용할 수 있는 것이 수행평가다. 유럽의 많은 나라에는 중간고사나 기말고사, 일제고사가 없다. 우리나라도 중간고사와 기말고사를 없애고 형성평가나 수행평가를 강화하면 저절로 수업의 질이 높아질 것이다. 사교육도 줄이고 학생들의 학업 스트레스도 줄일 수 있다.

나는 교과서 글보다는 내가 직접 쓴 글로 수업을 했는데, 학생들이 무척 좋아했다. 어떤 학생은 "선생님, 앞으로도 계속 그렇게 해주세요.

그렇게 해주시면 학원에 안 다녀도 되니까 좋아요."라고 말해주었다. 교과서대로 하면, 학생들이 학원에서 선행학습을 하고 또 시험공부를 다 시켜주기 때문에 학원에 다니지 않는 학생들이 불리하다는 것이다.

나는 국어 교사로서 학생들의 언어능력, 즉 읽기·쓰기·말하기·듣기 능력을 어떻게 향상시킬 것인가를 오래 고민했다. 답은 사실 간단하다. 많이 읽고, 많이 쓰고, 많이 말하고 듣는 것이다. 그래서 학기 초 첫 시간에 학생들에게, 양이 많아야 질이 바뀐다는 뜻으로 '양질전화의 법칙'을 강조한다.

이 양질전화의 법칙을 평가에도 그대로 반영한다. 많이 읽고, 많이 쓰고, 많이 발표한 학생에게 좋은 점수를 주는 것이다. 점수의 기준을 미리 제시해서 공부한 양을 계량화하도록 한다. 다음은 한 학기 시 수업에 대한 수행평가 기준의 예다.

	목표와 활동 내용	쪽수	등급	점수(20점 만점)
읽기, 쓰기 (공책 평가)	명시 30편 이상 읽고 공책에 옮겨 쓴 후 탐구·비평하기	60	A	20
		50–59	B	18
		40–49	C	16
		20–39	D	14
		1–19	E	12
		0	F	0

예전에는 매일 읽고 쓰기를 하게 해서, 일주일에 공책 일곱 쪽을 쓰도록 했다. 그렇게 하면 한 학기에 100쪽 이상을 쓸 수 있다. 강도 높은 읽기·쓰기 훈련인 셈이다. 요즘 학생들은 견뎌내지 못하기 때문에 그렇게까지 하는 것은 무리다.

김은형의 혁신수업

국어 선생님 중에는 공책을 거의 쓰지 않는 분도 있다. 혼자 설명하는 수업은 필기 몇 쪽이면 충분하기 때문이다. 그래서 학기 초에 국어 공책을 두꺼운 것으로 준비하라고 하면, 학생들이 왜 공책이 필요한가를 묻기도 한다. 공책을 거의 사용하지 않았을 뿐 아니라 책에다 메모를 하는 것으로 충분했다는 것이다. 다른 과목도 마찬가지다. 교과 관련 지식이나 정보를 읽고 쓰고 말하며 공부해야 하는데, 쓰지도 말하지도 않고 듣기만 하는 공부란 절름발이 교육이 될 수 있다. 나는 매시간 공책을 쓴 만큼 사인을 해주고 체크리스트에 적어두었다. 물론 하지 않았다고 꾸지람하지는 않았다. 단지 쓴 것을 확인해 주고 칭찬을 하거나 상점을 줄 뿐이었다. 그리고 이렇게 말했다.

"얼마나 공부했는지를 숫자로 보여주세요. 얼마나 읽었는지, 얼마나 썼는지, 얼마나 말(발표)했는지를 계량해서 점수를 낼 겁니다."

학생들은 이런 요구에 처음엔 당황한다. 하지만 공부를 열심히 한다는 추상적 개념이 아니라 구체적인 실천과 행동으로 표현되고 자신이 그것을 계산할 수 있기 때문에 의욕을 갖게 된다. 모든 수업에서 의욕을 잃고 불참하는 학생들도 공책 쪽수는 열성을 갖고 채운다. 왜냐하면 아주 구체적이고 눈에 보이는 성과니까. 그리고 자신의 힘으로 가득 채운 공책을 볼 때 느끼는 만족감과 성취감이 꽤 크다.

국어 수업은 주당 수업 시간이 많은 편이지만, 그래도 수업 시간에 언어능력을 기르는 데는 한계가 있다. 언어능력을 기르는 일은 사실 수학 실력을 기르는 것보다 훨씬 어렵다. 책 한두 권 읽거나, 보고서 한 편 쓰거나, 몇 번 발표하는 정도로 길러지지 않는다. 언어능력을 향상하려면 지속적으로 읽고 쓰고 말하는 언어활동을 해야만 한다.

영역	내용	배점
말하기/듣기	주제 토론, 탐구 발표, 연설 대회, 옛날이야기 대회 연극(상황극, 봉산탈춤, 판소리 등)	10
쓰기	시 창작, 소설 창작, 논술, 보고서(소논문)	10
읽기(공책)	시, 소설, 독서, 기사와 칼럼	20

한 학기 수업이 끝나고 수행평가와 지필평가도 모두 끝나면, 이제 수업 전체 평가토론을 하고 종강파티를 한다. 그 전에 학생들의 언어능력이 얼마나 성장했는지, 잠재적 평가지만 계량화해 볼 수 있다. 평가 문항은 단순하다. 3개의 질문을 던지는데, 간단히 답할 수 있는 것들이다. 다만, 이유를 쓸 공간을 만들어두었다.

수업 평가

다음 질문에 대한 답을 아래 〈답변〉에서 골라 ( ) 안에 번호를 써 넣으시오.

1. 당신의 읽기 능력(요약, 독해)은 향상되었습니까? ( )
2. 당신의 쓰기 능력은 향상되었습니까? ( )
3. 당신의 말하기/듣기 능력은 향상되었습니까? ( )

〈답변〉
① 많이 향상 ② 약간 향상 ③ 향상되지 않았다

이유 (   )

자신의 언어능력이 얼마나 향상되었는지는 자신만이 답할 수 있다. 물론 무기명으로 조사했다. 1학기 말과 2학기 말 두 번에 걸쳐서 조사했는데, 2학기 말에 훨씬 더 향상된 변화를 엿볼 수 있었다.

1학기 말 조사 결과를 보면, 학생들은 읽기 능력이 가장 많이 향상되었다고 대답했다. 많이 향상되었다고 대답한 학생은 19%, 조금 향상되었다는 학생은 76%, 거의 향상되지 않았다는 학생은 5%였다. 그 이유에 대해서 주관식으로 쓴 내용 가운데 긍정적 평가는 '요약하기 훈련을 반복하여 이제 글의 핵심을 파악하는 것이 빠르고 정확해졌다.'라는 답이 가장 많았다. 그리고 '요약 발표하기에 모두가 참여할 수 있어서 좋았다.' '어려운 책을 읽어낸 것이 보람 있다.'라는 답이 그다음으로 많았다. 부정적인 답변으로는 칼럼을 읽고 요약하기가 쉽지 않았다거나 발표하기와 독서 발제하기 등이 어려웠다는 의견이 있었다.

말하기 능력에 대한 평가는 읽기와 약간 차이가 있다. 많이 향상되었다고 대답한 학생은 27%로 늘었고, 조금 향상되었다는 학생은 56%, 거의 향상되지 않았다는 학생은 17%였다. 읽기보다 말하기가 조금 더 어렵기 때문이다. 프리젠테이션 능력이 향상되었고, 여러 학생들 앞에서 안 떨고 자연스럽게 발표하게 되었다고 답한 학생이 많았다.

다음은 쓰기 능력이다. 읽기와 말하기·듣기보다 더 어려운 것이 쓰기다. 쓰기는 언어능력의 최종 단계로, 확실히 단시간 내에 실력을 향상하기가 쉽지 않다. 많이 향상되었다고 대답한 학생은 27%, 조금 향상되었다는 학생은 54%, 거의 향상되지 않았다는 학생은 19%였다. '횡설수설하던 자신의 글쓰기에서 정리된 글을 쓸 수 있게 되었다.'라고 말하는 학생이 많았다. 또 '지금은 부족하나 이렇게 지속하면 2학기가 끝날 때쯤 더 많이 향상될 것 같다.'라는 기대감을 나타내기도 했다.

각 항목의 이유 분석 중 향상되지 못한 이유에 대해서 '자신이 게으르거나 성실하지 않아서 향상되지 않았다.'라고 답한 학생이 대부분이었다. 물론 요약하기나 발표와 토론, 독서에 어려움이 있었다고 말하는 학생들도 있었다.

1학기 수업 평가

	많이 향상	조금 향상	향상되지 않음
읽기 능력	19%	76%	5%
말하기 능력	27%	56%	17%
쓰기 능력	27%	54%	19%

1학기 평가가 조금 약하게 나온 것은, 지필시험이 어려워서 심리적으로 위축된 아이들이 많았기 때문이다. 보람 있는 수업이었음에도 점수가 낮으면 학생들에게는 치명적이다. 실제로 '수업은 좋았는데 시험이 너무 어려웠다.'라고 답한 학생이 꽤 있었다.

이 문항과 별도로 가장 좋았던 수업, 힘들었던 수업, 2학기에 하고 싶은 수업이 무엇인지도 물었다. 학생들은 요약하기, 말하기, 발표 수업, 참여 수업, 그림 설명 수업, 컴퓨터실 자료 찾기 수업, 독서 토론 수업, 시 수업 등이 좋았다고 답했다. '거의 모든 수업이 다 좋았다'고 답한 학생도 꽤 있었다. 힘든 수업으로는 전기문 쓰기 수업과 소논문 초록 쓰기가 주로 꼽혔다.

2학기에는 좀 더 심화된 수업이 진행되었다. 소논문 발표하기, 전기문을 공부하고 자서전 쓰기, 소설 수업 후 소설 창작하기, 〈봉산탈춤〉을 배우고 연극으로 재현하기 등 다양한 수업이 전개되었다.

역시 학기 말에 수업에 대한 학생들의 변화를 체크해 봤다.

2학기 수업 평가

	많이 향상	조금 향상	향상되지 않음
읽기 능력	49%	46%	5%
말하기 능력	63%	29%	8%
쓰기 능력	52%	40%	8%

2학기에는 읽기 능력, 쓰기 능력, 말하기 능력 향상이 상당히 이루어졌음을 알 수 있다. 말하기, 쓰기에서 1학기에는 전혀 향상되지 않았다고 한 학생들 중 쓰기에서 11%, 말하기에서 9% 학생이 향상 쪽으로 이동했고, 1학기에 조금 향상되었다고 답한 학생들 중 상당수가 많이 향상되었다는 쪽으로 이동했다. 이를 도표로 정리하면 다음과 같다.

		1학기 말 (%)	2학기 말 (%)	증감
읽기	많이 향상	19	49	+30
	약간 향상	76	46	−30
	향상 없음	5	5	0
말하기	많이 향상	27	52	+25
	약간 향상	54	40	−4
	향상 없음	19	8	−11
쓰기	많이 향상	27	63	+36
	약간 향상	56	29	−27
	향상 없음	17	8	−9

1학년 총인원 184명

문제는 읽기에서 5%, 쓰기와 말하기에서 8%가 수업을 통해 전형 성장하지 않았다는 사실이다. 이것은 수업 방법의 문제라기보다 학생들의 심리적·환경적 요인이 더 많이 작동하고 있기 때문이다. 5~8%는 학급에서 한두 명 정도다. 이 아이들에게는 별도의 문해력 프로그램이 필요한 것이 현실이다. 이런 아이들을 위해 독서 치료와 문해력 지도 프로그램 운영 등의 지속적인 노력이 필요하다.

7. 내면평가의 중요성

진짜 평가는 아이들의 마음에 있다. 이 내면의 평가를 끌어내기 위한 방법은 매우 다양하다. 가장 쉽게 할 수 있는 것은 소감문 쓰기다. 다음은 고1 학생들이 쓴 시 수업 소감이다.

- 시를 읽고 직접 분석해 보며 시의 아름다움을 깊이 느꼈다. 조회 때 학교에서 시 낭송 방송을 해주면 좋겠다.
- 처음에 시 수업은 재미없고 끔찍했다. 그냥 인터넷 지식을 베끼기만 바빴다. 그런데 여유를 갖고 시들을 자세히 읽어보니 은근 좋은 내용이 많았다. 이해할수록 잔잔한 재미와 생각이 깊어졌다.
- 국어 과목을 좋아하는 나도, 시 수업 방식에 당황했다. 시를 골라 분석을 하는……. 처음에 내가 좋아하는 윤동주의 〈별 헤는 밤〉을 했다. 다 알고 있는 시라고 생각했는데, 막상 탐구를 하다 보니 시가 새롭게 다가왔다. 전에는 몰랐던 표현법과 속뜻을 찾으며 뿌듯하고 기뻤다. 이

렇게 한 편 두 편 쌓이다 보니 어느새 20편 넘게 분석을 하고 있었다. 문제집에서 내가 분석했던 시가 나오면 심장이 막 두근거린다. 다시 만났다는 설렘과 이 문제는 반드시 꼭 맞힐 수 있다는 자신감이 내 마음에 솟구쳤다. 시에 대해 반가움과 자신감을 갖게 되었다.

• 내가 열일곱 살이 될 때까지 이런 수업을 해본 것은 처음이다. 이렇게 열심히 시를 쓰고 분석해 본 일이 없었다. 수행평가라서 어쩔 수 없이 하기 시작했는데, 처음에는 귀찮고 힘들었지만 공책에 한 편 한 편 시에 대한 탐구로 채워나가면서 엄청난 글쓰기를 하면서 점점 뿌듯해졌다. 시에 대해 찾아보고 쓰면서 시에 대해 확실히 알게 되고 기억에도 오래 남았다.

• 시를 분석하려면 시인의 일대기나 시인이 살았던 시대를 알아야 한다는 것을 처음 알았다. 시대에 관심을 갖고 탐구하다 보니 일제강점기 때는 광복이, 1960년대 이후 시는 민주주의에 대한 희망이 컸다는 것을 알 수 있어서 '아, 시대 상황이 시에 영향을 미치는구나!' 하고 새삼 깨달았다. 또 시를 분석하며 역설적 표현이라는 것을 알게 되었는데, '소리 없는 아우성', '사랑보다 소중한 슬픔'처럼 기본 뜻보다 더 강조하는 표현을 알게 되었다. 윤동주의 시를 읽다가 관심이 생겨 영화 〈동주〉까지 보았는데, 이를 계기로 내가 제일 좋아하는 시인이 되었다.

• 고등학교 입학 후 엄청나게 많은 시를 탐구했다. 중학교 때 교과서의 시만 수업하던 방식과 달라서 충격이 컸다. 처음에는 당황했지만, 어느 순간부터 점점 스스로 읽고 분석하고 탐구하며 공책을 채워가는 일이 재미있었다. 내 글쓰기 실력과 문학 실력이 커가는 것을 느꼈다. 시에 대해 전혀 관심이 없던 나에게 아주 유익한 수업이었다. 또 시 창작과

자작시 낭송 시간을 거치며 친구들의 시를 보고 놀라고 재미있기도 하고 친구들을 더 잘 알게 되는 시간이었다.

- 나는 평소 시를 좋아해서 수업이 아주 재미있었다. 좋은 시를 많이 알게 되어 외할머니께 시를 선물해 드릴 수 있었다. 공부가 아니라 좋은 구경을 한 것 같다.

- 다양한 시를 읽고 해석해 보는 과정에서 시에 대한 배경 지식이 많이 쌓였다. 시는 사람의 마음에 깊은 감동과 울림을 준다는 사실을 깨닫게 되었다. 시 창작을 해보니 시인의 마음을 더 깊이 이해할 수 있었다.

- 평소 지하철역에 쓰인 시를 보면서 저 시는 무슨 뜻이 담긴 것인지 혼자 힘으로 해석하기 어려웠다. 하지만 시 수업을 하면서 많은 시를 스스로 읽고 분석하며 많이 쓰고 나니 이제는 시를 보면 시인이 어떤 상황에서 시를 썼는지, 시인이 어떤 생각을 하며 시에 영감을 불어넣었는지 알 수 있게 되었다. 예전과 달리 나를 문학적인 사람이 되게 만들어준 수업이다. 시 창작도 초등학교나 중학교 때와 달리 수준 높은 시를 쓸 수 있게 되어 뿌듯했다. 이제 어떻게 시를 써야 하는지 알게 되었기 때문에 생각이 복잡할 때 한번씩 써보고 싶다.

- 처음에는 중학교 때처럼 국어 시간에는 설명 듣고 문법이나 배울 거라고 생각했다. 그러나 스스로 시를 읽고 쓰고 분석하면서 공부를 하니 신기하고 더 재미있었다. 평소에는 시에 대해 전혀 관심이 없었는데 점점 시의 매력에 빠지게 되었다. 마음을 가다듬고 천천히 낭송을 하니 마음이 편해지고 몸이 안정되는 것 같았다. 조용한 배경음악을 틀어주니 위로가 되었다. 처음에는 마냥 어렵기만 했는데, 차츰 익숙해지며 많은 것을 배울 수 있었다.

김은형의 혁신수업

표현은 달라도 시 수업을 통해 어떻게 성장했는지 충분히 느낄 수 있다. 하지만 같은 내용으로 지필평가를 했을 때의 반응은 어떨까? 시에 대한 지필시험은 학생들의 시에 대한 감동을 여지없이 무너뜨린다. 현서는 시를 지필시험으로 본 후 다음과 같은 고발 시를 썼다.

시인과 시험과 삶과 나

남현서(고1)

밤중에 시를 읽으니 절로 차분해지는 마음,
살아가고 싶다, 시인처럼
뒷사람에게 여운을 주는 그들처럼

시에 대해 시험을 치는 시간
그 짧은 시간 속 시인과 삶,
이네들은 너무나 멀리 있다

시험이 끝난 뒤 공책에 꾸깃꾸깃 남은 서시
순수해지고 싶다, 윤동주처럼
그리고 나도 나한테 주어진 길을 걸어가고 싶다

오늘 밤에는
시가 내 마음에 스치운다

희곡 수업에서 다룬 〈고도를 기다리며〉에 대한 평가도 다양했다.

- 〈고도를 기다리며〉라는 희곡을 배우기 전에 먼저 연극을 관람했기 때문에 작품 이해가 쉬웠다. 또 모둠별로 대본을 낭독해 생동감 있게 내용을 파악할 수 있어 감정이입도 가능했다. 인터넷으로 관련 자료를 찾아가며 분석해 보고 다른 친구들의 탐구 내용을 들으면서 집단지성의 힘으로 더 많은 것을 알고 이해할 수 있었다. 또 마지막에 모든 학생이 '나의 고도'를 발표하는 시간이 있었는데, 친구들마다 달라서 매우 흥미로웠다.
- 〈고도를 기다리며〉를 처음 연극으로 보고 희곡 수업을 했기 때문에 이해하기가 훨씬 쉬웠다. 이 작품은 작가 베케트가 제2차 세계대전을 겪으며 인간의 부조리함을 담았다. 인간의 부조리함에 대해 생각해 보는 소중한 시간을 가져서 기뻤다.
- 베케트의 〈고도를 기다리며〉 희곡 수업이 가장 인상 깊었다. 연극을 볼 때는 잘 이해하지 못했다. 그러나 인터넷으로 탐구하며 알게 된 것들이 모두 충격적이었다. 포조와 럭키라는 인물은 주종관계다. 럭키는 항상 모래주머니를 들고 끙끙대는데 포조는 자기가 시킨 게 아니라 럭키가 자기를 감동시키려고 일부러 그런 행동을 한다고 말할 때 큰 충격을 받았다. 베케트는 노벨문학상 수상식 참여를 거부했다. 세계대전으로 무수한 생명이 죽어간 것, 인간의 잔인성에 대해 써야 하기 때문에 바쁘다고 거절한 것이 겸손하다고 느꼈고, 많은 생각을 하게 했다.

판소리에 대한 수업 평가도 대체로 비슷했다.

　　　　　　　　　　　김은형의 혁신수업

- 판소리는 성악처럼 노래만 부르는 줄 알았는데, 아니리·창·발림 같은 연극적 요소들로 이루어진 종합예술이라는 것을 알게 되었다. 판소리 초청 공연을 관람하니 우리 소리를 더 깊이 이해하게 되었다. 서양 예술과 달리 추임새도 넣고 관객이 참여하는 예술로 즐기는 법을 알게 되어 기쁘다.
- 판소리에 대해 전혀 관심이 없었는데, 직접 들어보니 판소리의 특징을 알게 되었다. 왜 '1고수 2명창'이라고 하는지 확실히 알 수 있었다. 나중에 기회가 되면 판소리 무대를 더 보고 싶다.

이론과 지식으로 답을 찾는 훈련보다 정서적·예술적·문화적으로 배우게 해야 한다. 보고 듣고 느끼며 능동적으로 참여할 수 있는 수업을 설계할 때, 제대로 된 평가도 할 수 있게 된다.

05
———

읽기·쓰기 수업

1. 읽기의 중요성

무언가를 읽는 능력은 문자의 역사와 함께 시작되었다. 글 또는 책을 읽는 행위를 절대화하는 것이 옳은지는 철학적 문제라, 여기서는 수업으로서 읽기에 대해서만 다룬다.

나는 읽기 중독이라 할 정도로 읽기를 좋아하고 습관화되었지만, 그렇지 않은 사람들이 더 많다. 사실 읽기는 무척 난도가 높은 지적 활동이다. 신문이나 책을 읽는 행위는 고도의 집중력과 시간을 필요로 한다. 학생들이 공부를 한다는 것은 먼저 읽는다는 행위를 전제로 한다.

사실 대부분의 사람들은 학교를 졸업하면 읽기나 쓰기를 거의 하지 않는다. 읽기(독서를 포함한)를 많이 하지 않고도 지혜롭고 착하고 아름답게 살아가는 사람도 많다. 그래서 읽기의 중요성을 강조할 때마다 약간의 문제의식을 느끼곤 한다. 우리 부모님 세대도 그렇고 우리 세대도 책을 거의 읽지 못했다. 현재 우리 학생들에게도 책을 읽히는 것은 매우 어려운 일이다. 그렇다면 이 읽기는 소수의 지식인에게 한정되기 쉬운 언어활동일 수도 있다.

요즘은 책이나 신문을 읽기보다 텔레비전이나 영화 등 영상매체에 더 많은 시간을 투자하므로 이들을 읽기의 범위에 포함할 필요가 있다. 읽기(보기와 듣기를 포함하여)는 지식이나 정보를 읽어들이는 행위다. 문자로 하는가, 영상이나 음성인가의 차이는 분명히 있다. 매체가 갖는 특징이 있어서 지식의 깊이나 정서적 차이가 있다. 문자로 된 책은 깊이 있고 심오하며 점진적인 속도로 영향을 미친다면, 영상매체는 문자보다 전면적이고 감성적이며 역동적이다. 이제 수업에서도 문자를 통한 읽기보다 영상을 통한 읽기를 더 많이 사용하는 추세다.

그런데 여기서 쓰기 문제로 넘어가면 조금 달라진다. 쓰기는 읽기보다 훨씬 어려운 언어능력이다. 읽기가 인풋이라면 쓰기는 아웃풋이다. 읽어들이는 방법은 다양화·입체화되었지만, 쓰기는 여전히 고전적인 방식으로 행해질 수밖에 없다. 물론 인터넷 환경 탓으로 짧은 문장 쓰기는 활발해진 측면도 있지만, 역시 쓰기는 상당히 고된 훈련을 통하지 않고는 어렵다.

중학교에 근무할 때, 사서 교사도 사서도 없는 학교에서 도서관을 담당한 적이 있다. 그 학교에서 학습지원부장, 중3 담임, 도서관 관리 이렇게 세 가지 일을 담당했다. 그중 가장 어려운 것은 매일 흐트러진 책 정리를 하는 일이었다. 그런데 그것보다 더 골몰한 일은 학생들에게 책을 더 많이 읽히는 것이었다. 그런데 하루는 도서부 학생들이 달려와 큰일 났다고 외쳤다. 달려가 보니 서가 뒤쪽 창문이 활짝 열려 있었는데 학교와 담이 붙어 있는 주택 지붕에 백여 권은 족히 되는 책이 쌓여 있었다. 그 책들은 비를 맞아 썩어가고 있었다. 내가 아끼는 고전도 있었고, 신간 서적도 있었다. 아마도 두어 달에 걸쳐 수시로 누군가가 던진 듯했다. 범인을 잡았는데, 책을 던진 학생들은 그저 장난이었다고 했다. 그 학생들에게 책은 그저 장난감일 뿐이었던 것이다. 그것도 전혀 가치 없는, 버려도 좋은 장난감이었다.

그때 나는 한 대 얻어맞은 기분이었다. 나는 책이 귀한 것이라고 생각하고 자랐다. 어린 시절 《소공녀》라는 동화책 한 권을 4남매가 읽고 또 읽었던 기억이 생생하다. 귀할 것도 없는 시대에, 책을 멀리 남의 지붕에다 던지는 장난을 한 학생들을 바라보는 마음이 슬펐다. 아마도 책이

돈이 될 수 있고 사람의 삶을 바꿀 수 있는 것이라고 생각했다면 분명 그렇게 쉽게 던지지 않았을 것이다.

하나 더 얘기하면, 아침 독서를 돕기 위해 북트럭을 운영할 때 일이다. 도서부 담당 학생들이 층마다 북트럭에 다양한 책을 싣고 교실로 배달을 간다. 반에 따라, 날에 따라 다르지만 가끔은 몇 명씩 책을 가져가 읽는 학생들이 있었다. 1교시 시작 전 다시 북트럭이 돌며 책을 수거해서 돌아온다. 그런데 하루는 한 교실에 북트럭이 들어서자 담임 선생님이 강압적인 목소리로 외쳤다.

"야, 전부 책 한 권씩 가져가 읽어!"

아이들은 불만스러운 얼굴로 아무 책이나 빼 갔다. 물론 읽지는 않았다. 나는 다음 날 북트럭에 큼지막하게 다음과 같은 내용을 인쇄해서 붙였다.

'책을 읽지 않을 권리도 있습니다.'

읽기는 당위로 이루어질 수 없는 매우 어려운 고도의 지적인 행위다. 읽기가 아무리 필요하고 중요하다 해도 강압적인 방식으로는 불가능하다. 정말 학생들이 읽기의 즐거움을 느끼고 더 많은 지적 활동을 하게 하고 싶다면, 아침마다 교사가 책 읽는 모습을 보여주거나 혹은 읽어주는 것이 좋다.

모든 교과서는 비문학 글, 주로 설명문이다. 간혹 주장이 담긴 글도 있지만 엄밀히 따지면 사실과 근거를 바탕으로 한 설명문이라고 봐야 한다. 교과 수업은 기본적으로 지식에 대한 설명을 '읽는 것'으로 시작한다. 문제는 학생들은 아무것도 읽지 않고 교사가 혼자서 다 설명해 버리는 방식이다. 자기 힘으로 읽고 생각하고 질문하고 답을 찾고 설명할 때 뇌가 움직여 학습이 되는데 말이다.

국어 수업도 다른 지식 교과 수업과 별 차이가 없다. 놀랍게도 고등학교 학생 중에서도 짧은 글조차 읽고 요약하기를 못 하는 학생이 꽤 많다. 초등학교, 중학교 시절에 글을 읽고 요약하는 수업을 해본 일이 전혀 없다고 답하는 학생도 꽤 많다. 물론 소수 학생은 책 읽는 훈련이 되어 있고, 유전적으로 언어능력을 갖춘 경우도 있다. 그러나 대부분의 학생들이 충분히 읽고 쓰는 훈련을 하는 수업을 받지 못하는 것이 사실이다.

언어는 도구다. 칼이나 도마, 호미나 낫 같은 것이다. 도구가 있어야 요리도 하고 농사도 지을 수 있다. 인간은 언어를 활용하여 인간관계, 학문 활동, 경제 활동, 정치 활동을 한다. 삶 자체가 언어로 이루어진다. 자기 언어를 갖고 있고 그것을 제대로 부릴 줄 알아야 삶이 원활하고 어떤 분야에서든 성취를 이룰 수 있다.

만약 언어라는 도구를 제대로 사용할 줄 모른다면 모든 지식 교과를 공부하는 것도 어려워진다. 글이나 책을 읽고 맥락을 파악하지 못한다면 제대로 된 공부가 불가능하니까. 그리고 읽기는 쓰기라는 한 단계 더 어려운 언어능력을 사용하게 하는 디딤돌이다. 읽기와 쓰기가 동시에 되는 사람만이 리더가 될 수 있다. 과학자가 과학에 관한 논문과 책을 읽지 않거나 자신의 연구를 글로 쓰지 못하면 학문의 연구는 성립될 수 없다. 침팬지에 대한 많은 책을 써 동물행동학의 기초를 마련한 제인 구달이나,《침묵의 봄》을 써 살충제의 사용 실태와 그 위험성을 알린 레이첼 카슨 등은 학자이기 때문이 아니라 자신이 연구한 것을 제대로 글로 쓸 수 있었기 때문에 세상을 변화시켰다.

그러므로 국어만이 아니라 모든 지식 교과 수업은 읽기와 쓰기 중심으로 해야 한다. 역사 시간에는 역사에 대해 읽고, 역사에 대해 듣고, 역사에 대해 말하고, 역사에 대해 써야 한다. 그런데 오늘날 우리의 교육 현실은 아이들을 가만히 있으라 한다. 학생들은 조용히만 하면 된다. 교사가 다 설명해 주니까. 듣기만 하면 전두엽이 움직이지 않기 때문에 정보가 들어왔다가 그냥 흘러나가 버리므로 자기 지식이 되지 못한다. 자기가 스스로 읽고 생각하고 말하고 글을 쓰는 과정을 거쳐야만 자기 지식으로 남는다.

공부나 학문에만 언어가 필요한 건 아니다. 사람은 관계 속에서 살아가는 사회적 존재다. 가족이나 친구 관계는 물론 직장이나 사회에서 하는 모든 일과 관계는 언어로 이루어진다. 제대로 말하고 듣고 읽고 표현하는 능력이 있어야 자기가 하는 일이 수월해시고, 문제가 발생하더라도 무난하게 해결할 수 있다. 그러니까 언어능력에는 이해력, 관계 능력, 문제 해결 능력, 창의력 등이 포함되는 것이다.

엄훈의《학교 속의 문맹자들》이라는 책을 보면 우리 교육이 얼마나 엉망인지 알 수 있다. 놀랍게도 우리가 알고 있는 것보다 훨씬 많은 학생이 '문맹맹'이라고 한다. 아이들은 어려서부터 교사 중심 수업에서 '생각하지 않기, 대충 넘어가기, 자신이 모른다는 사실을 숨기기' 등 '숨어 살기 전략'을 구사한다. 교사는 물론 학생도 자신이 문맹맹인지 인지하지 못한다. 교사들은 진도 나가기 바빠 자신이 다 설명해 버리니 아이들은 스스로 글을 읽을 필요를 느끼지 않는다. 어쩌다가 스스로 해야 하는 상황이 오면 요리조리 피하며 넘어간다. 집에서도 부모들은 사는 게 바빠 읽는 모습을 보여주지 못하고, 아이들이 문맹맹인지도 알지 못

김은형의 혁신수업

한 채 그렇게 세월이 간다.

이렇게 해서 초중고 합해서 무려 12년 동안 상당수 아이들이 읽기 장애를 가진 '블랙아웃' 상태에 놓인다. 기껏해야 매해 '기초 학력평가'에서 부진한 학생을 가려내기도 하지만, 뾰족한 대안은 없다. 일반 교사들은 이 학생들을 지도할 여력도 방법도 없다. 물론 학생들도 절대로 호응하지 않는다. 그래서 보통 교육에서 가장 중요한 읽기 교육은 버림받고, 극소수의 엘리트를 제외한 전 국민은 읽기 장애를 가진 문맥맹이 되는 것이다. 학창 시절 읽기 지도를 받지 못하면 당연히 '읽을 수 없는 성인'이 되는 것이다. 그러나 우리는 이들을 '읽지 못하는' 존재가 아니라 '읽지 않는' 존재로 포장한다. 우리나라 사람들의 연간 독서량이 매우 적다는 식의 통계는 그래서 무의미하다.

그런데 읽기에서만 어려움을 겪는 것은 아니다. 쓰기에서는 더욱 그 정도가 심하다. 읽기를 못하고, 읽어도 문맥을 파악하지 못하는 사람을 문맥맹이라고 한다면, 쓰기를 못하는 사람은 무엇이라고 해야 할까? 쓰기맹? 집필맹?

평범한 사람들보다 학문 연구자들은 더 그렇다. 학문을 할수록 언어능력 부족에 한계를 느낀다고 한다. 학문 연구라는 것이 결국 수준 높은 글을 읽고 쓰는 것인데, 학문의 도구인 언어능력이 부족하니 학문의 수준이 깊어질 수 없다. 물론 문학도 마찬가지다. 천재성을 가진 사람만이 문학을 하는 것은 아니다. 풍부한 감성과 함께 읽고 쓰기를 많이 한 사람이 문학작품을 창조하는 것이다. 읽고 쓰는 훈련이 부족한 나라에서 좋은 문학작품이 나오기는 어렵다. 언론은 물론 영화나 연극, 뮤지컬도 마찬가지다. 기교와 기술은 있지만 늘 좋은 원작이나 시나리오가 부족해서 내용이 없는 작품이 되는 경우가 얼마나 많은가? 그렇다고 말하기는 괜찮을까?

그러면 어떻게 읽고 쓰고 말할 수 있도록 훈련해야 할까? 예전에는 국어 수업도 다른 교과와 마찬가지로 교사의 설명식 수업이 대세였다. 지금도 상당한 비중을 차지하고 있는 것으로 알고 있다. 읽고 쓰고 말하는 능력을 기르는 수업조차 교사의 주입식 수업으로 한다면, 도대체 학생들은 어디서 읽기, 쓰기, 말하기 능력을 기를 수 있을까?

나는 학기 초 첫 시간에는 반드시 '읽기와 쓰기, 말하기와 듣기'라는 언어활동의 특징에 대해 자세하게 설명한다. 듣기와 읽기는 언어를 읽어들이는 과정이고, 말하기와 쓰기는 언어를 밖으로 표출하는 활동이다. 컴퓨터를 예로 들면 쉽게 이해한다. 인터넷상에 누군가 정보를 집어넣어야 우리가 그것을 꺼내 쓰는 것이다. 인풋(in put)과 아웃풋(out put) 개념이다. 읽기와 듣기는 우리 뇌에서 정보를 읽어들이는 인풋이고, 쓰기와 말하기는 읽어들인 정보를 꺼내서 사용하는 아웃풋이다. 그러니까 읽어들이는 과정, 즉 읽기와 듣기가 선행되어야 한다는 것을 강조한다. 읽어들인 양이 많을수록 꺼내 쓸 거리가 많아지는 것이니까. 그다음에 강조하는 것이 '양질전화의 법칙'이다. '양이 많으면 질이 바뀐다'는 이 명제는 학생들에게 상당한 설득력이 있다.

"축구를 잘하려면 무엇을 많이 해야 합니까?"

아이들은 당연한 대답을 합니다.

"축구 연습이요."

노래를 잘하려면, 춤을 잘 추려면, 수학 문제를 잘 풀려면……. 물론 대답은 모두 같다. 반복적인 연습과 훈련, 그것만이 능력을 향상시킬 수 있다.

"그러면 국어, 즉 언어능력을 향상시키려면 무엇을 많이 해야 합니까?"

"읽기요." "독서요."라고 대답하는 학생들이 많다.

"그렇죠. 읽기도 많이 해야 하고 쓰기도 많이 해야 합니다. 말하고 듣기도 물론 많이 해야 합니다."

그러고 나서 학생들에게 한 학기 동안 읽어야 할 분량의 글과 책, 써야 할 공책 쪽수를 명확하게 제시한다. 이 과정이 매우 중요하다. 왜냐하면 이제 학생들은 일 년 동안 무자비한 읽기와 쓰기 훈련에 돌입해야 하니까. 그러니까 첫 수업은 이 활동을 위한 기반을 닦는 것이다. 일종의 의식화 작업이다. 학생들이 읽기와 쓰기 과제에 비명을 지를 때마다, 나는 마치 손에 든 깃발을 들어 올리듯 아이들에게 신호를 보낸다. '양질전화의 법칙!'

안중근은 "단 하루라도 책을 읽지 않으면 입에 가시가 돋는다."라고 했는데, 그의 지적 탐구는 올바른 실천의 힘이었다. 사사키 아타루는 "진정하고도 유일한 혁명은 텍스트를 읽고 쓰는 데서 일어난다. 제대로 읽고 거듭하여 읽게 되면 우린 절대로 잠자코 가만히 있을 수 없게 되고, 그것은 '나 자신'과 '세계'를 완전히 뒤엎게 될 혁명의 전주곡이 되어 우리의 운명을 완전히 뒤바꿔 놓을 것이다. 책은 '무서운 것', '위험한 것'이며 결코 읽을 수 없게 만들어진 것이라서, 만약 그것을 속속들이 읽게 된다면, 아니 '읽어버리게' 된다면 끝내 미쳐버리게 될 것이다."라는 무시무시한 말을 남겼다.

사실 읽기는 '생각하고 판단하는 힘을 기르기' 위해서 하는 것이다.

지식이 필요한 이유는 바로 그 때문이다. 니체는《우상의 황혼》에서 이렇게 말했다.

사색과 성찰하는 힘을 길러야 한다. 이를 위해 인간은 보는 법을 배워야 하고, 생각하는 것을 배워야 하며, 말하고 쓰는 것을 배워야 한다. 천천히 오래 바라보고 느끼며, 평온과 인내심을 갖고 시선을 주체적으로 유지하는 일이 중요하다. 사색과 성찰이 없는 삶은 자극에 저항하지 못하고, 즉각 반응하며, 충동에 따라 행동하도록 한다. 외부의 시선에 자신을 내맡기고 조종당하는 것은 일종의 질병이다.

2. 읽기·쓰기 수업을 위하여

학습으로서 읽기, 쓰기는 매우 특별한 준비가 필요하다. 읽기, 쓰기를 훈련하기 위한 일종의 단계적 과정이 필요하기 때문이다. 그런데 문제는 교사들이 대개 이 훈련이라는 목표에 더 충실하기보다 글의 내용이나 가치에 더 관심을 갖는다는 것이다. 그래서 학생의 눈높이에 맞지 않는 어려운 글을 가져오거나, 주제나 내용적 가치에 더 많은 시간을 할애함으로써 학생이 스스로 읽기와 쓰기 훈련을 할 시간이 부족해진다. 실제로 읽기나 쓰기 훈련 과정은 없거나, 있다 해도 일회적이어서 학생들은 마치 영양 부족 상태에 놓인 것과 같이 읽기와 쓰기 능력을 기르지 못한다.

만약 이 점에 대해 깊이 성찰한다면 수업 설계를 바꿀 필요를 느낄 것이다. 그렇다고 무조건 쉽고 재미있는 글을 골라야 한다고 생각하지는 않는다. 학생들의 문해력 수준을 고려하여 교사가 직접 쓰는 것이 좋지만, 다루고 싶은 글을 다시 재구성하거나 바꿔 쓰는 것도 괜찮다.

쓰기도 마찬가지로 그것을 훈련하는 것은 매우 어렵다. 어쩌다 한번 일회적으로 글을 쓰는 것으로 글쓰기 능력을 향상시키기는 어렵다. 읽기와 쓰기, 말하기와 듣기 능력을 향상시키는 훈련은 반복적이며 꾸준해야 한다. 적어도 매일 또는 일주일에 3~5회 이상 반복하는 것이 효과적이다. 이런 훈련은 기능적인 점에서 수학 문제를 매일 푸는 것과 비슷하다. 문제는 혹독한 훈련을 거쳐야 어떤 글을 읽을 때 주제나 핵심을 파악하는 독해력이 생기며, 어떤 종류의 글쓰기든 고통스럽지 않게 쓸 수 있는 기초 능력을 기를 수 있다는 것이다.

그러면 어떻게 학생들이 꾸준히 이 훈련을 계속하게 할 수 있을까? 물론 초등학생, 중학생과 고등학생은 발달 단계에서 상당한 차이가 있으므로 구별해서 하는 것이 좋다. 나는 중학교에서 20여 년 근무해서 중학생에게 적합한 읽기와 쓰기 수업을 많이 강의했다. 그 자료 중 일부가 책으로 묶여 나왔는데《국어시간에 소설읽기 1》과《국어시간에 소설쓰기 1, 2》이다. 최근에는 8년 정도 고등학교에서 근무하고 보니 난이도와 방식에서 약간 달라진 점이 있다. 하지만 원리는 같다. 반복적이고 지속적인 읽기, 쓰기 훈련을 하는 것이다.

중학생의 경우 가장 어려운 점은 중학생에게 적절한 수준의 짧고 재미있는 읽기 자료가 많지 않다는 것이다. 영국은 어린이 책과 청소년 책을 발달 단계와 나이에 따라 구분하여 표시하기도 한다. 우리나라에서는 어린이용은 저학년용과 고학년용이 구분되기도 하지만, 중학생의 경우는 성인용 책으로 편입하는 것으로 보기 때문에 독서의 사각지대에 놓여 있다. 고등학생은 신문의 칼럼이나 사설, 일반 도서 등 선택 범위가 넓은데, 중학생은 그렇지 않다. 중1과 중3의 차이도 크고, 독서력에 따라 개인 차이도 매우 크다. 특히 사춘기에 진입하는 시기라 감정적 변화도 크고, 집중력도 약한 편이라 읽기나 쓰기 훈련이 쉽지 않다.

그래서 '일기 쓰기'와 같이 지속적인 방식의 글쓰기가 필요하다. 나는 매일 쓰기를 위해 '생활 일기'를 기본으로 하되, '독서 일기, 시 일기' 등을 결합하는 방식을 선택했다. 고등학생은 '칼럼 읽고 의견 쓰기', '독서 비평', '탐구 일기' 등 좀 더 다양하게 시도해 볼 수 있다. 다만 대학 입시를 위한 문제 풀이 수업을 많이 하는 현실 때문에 시간을 투자하기 어려운 문제가 있긴 하다.

아주 예전 일인데, 내가 중학교에 근무할 때 정년이 가까운 학생부장 선생님이 계셨다. 덩치가 크고 호랑이상이라 첫인상은 매우 무서웠다. 그분은 국어 교사였는데 다른 교사와 다른 점이 있었다. 선생님은 수업 첫인사를 특이하게 모든 학생이 일어서서 문답을 하게 했다.

"내가 누구냐?" 선생님이 물으면, 학생들이 합창으로 대답한다.

"선생님은 예수, 석가모니, 공자와 함께 4대 성인이십니다."

다른 사람들이 보면 웃음이 나지만, 선생님에 대한 존경심을 중요하게 여기셨던 것 같다. 선생님은 모든 학생이 한 바닥씩 꽉 채운 일기를 매일 쓰도록 하고 아침마다 공책 검사를 했다. 아침이면 학급회장이 걸어 와 도장을 찍는 모습이 일상이었다. 선생님이 찍는 것이 아니라 학급회장이 기계적으로 찍었다. 그런데 가끔, 공책 전체를 꼼꼼히 읽을 때가 있었다. 학생들의 글을 첨삭하거나 개별지도는 없었다. 하지만 학생들은 일 년 내내 일기를 써야 했다. 선생님은 매년 중학교 1학년 신입생만 맡아서 이렇게 했다. 처음에는 '이게 무슨 교육인가' 하고 회의를 품기도 했다. 그런데 여기서 놀라운 사실을 발견했다. 선생님은 전교생을 모두 파악하고 계셨다. 매일 아침 교문 지도를 혼자 하셨는데, 학생들의 이름을 일일이 불렀다. "아무개야, 할아버지가 편찮으신 건 다 낳았냐?" "엄마에게 꾸지람 받은 건 어떻게 되었냐?" "친구와 싸우면 안 돼." 등 아이들의 일을 모두 알고 계셨다. 그렇게 1년을 하고 2학년에 올려 보내는 식으로 하면 결국 전교생을 다 알게 되는 것이다. 아마도 학생부장으로 학생들을 파악하기 위해 그렇게 하신 것 같다. 그런데 이렇게 학생들이 매일매일 글쓰기를 하는 동안 놀라운 수준으로 글쓰기 실력이 향상되어 갔다. 내가 국어 교사가 된 것도 일기를 매일매일 꾸준히 쓰다 보니 글쓰기를 좋아하게 되고 표현력이 좋아져 시를 잘 쓴다는 칭찬을 들었기 때문인 점을 생각하면, 어쩌면 매우 훌륭한 글쓰기 지도 방식일 수 있다.

나도 몇 년 전까지는 매일 한 쪽씩 쓰도록 했는데, 힘들어하며 줄여달라는 학생들이 많아서 일주일에 3쪽 정도로 타협했다. 그런데 늘 그런 타협이 학생들에게 현저한 실력 차이로 나타나는 것을 체감하기 때문에 안타깝다. 문학 수업을 할 때는 시 쓰고 비평문 쓰는 탐구 일기를 쓰게 하고, 비문학일 때는 '사설이나 칼럼 읽고 요약하고 자기 생각 쓰기'를 한다. 한 학기에 60쪽, 일 년에는 120쪽 정도 쓰는데, 약 60% 학생이 비슷하게 따라온다. 그런데 매일 쓰게 하여 한 학기에 150쪽 가까이 쓰게 했던 해의 학생들의 글쓰기 실력과 60쪽을 목표로 글을 쓰게 한 경우가 많이 달랐다. 두 배의 글쓰기 실력 차이가 아니라 그것보다 현저한 차이를 보였다.

　최근에 우연한 자리에서 퇴임하신 선생님의 중학교 2학년 때 추억담을 들었다. 한 국어 선생님이 계셨는데 꾀죄죄한 차림에 어색한 모습이었고, 학생들에게 어떤 강제적 언행도 하지 않았기 때문에 그 선생님을 무시하는 학생들이 많았다고 한다. 그 선생님은 학생들이 떠들건 말건 상관없이 종 치면 바로 들어와 칠판 가득 동서양의 속담과 격언, 고사성어, 시조나 짧은 동요 같은 것을 빼곡히 써놓고 학생들에게 공책에 옮겨 쓰라고 하셨다고 한다.

　"저걸 도대체 뭐에 쓴다냐? 시험에 나오기나 한다냐?" 하면서 시시덕거리며 무시하는 학생이 태반이었다. 교과서는 끝나기 5분 전쯤 한 번 읽고는 끝이었고 종이 치면 훌쩍 사라지셨다. 그런데 그때 아무 생각 없이 열심히 공책에 적었던 것이 알게 모르게 큰 언어 공부가 되어서 지금도 '귀신 씨나락 까먹는다'든지, '가을비는 장인 영감 나룻 밑에서도 긋는다'든지 하는 흔치 않은 속담과 격언을 사용할 줄 알고, 아름다운 언어 표현을 활용할 수 있게 되었다고 했다. 나중에 교사가 되고 난 후, 선생님 이름을 인터넷에서 찾아보니 선생님은 일제강점기 때 한글학자이자 조선어학회 기관지 《한글》 편집을 하셨고, '조선어학회 사건'에 연루되어 옥고를 치른 이석린 선생님이었다는 것이다. 선생님은 한글을 지키기 위해 애쓰셨던 애국자이자 민족지사였다. 어눌한 말투와 허술한 복장, 좀 모자라는 듯해 보이는 모습은 일제 때 고문 후유증 때문이었다. 아무것도 모르고 철없이 떠들기만 하던 학생들이었지만 한 해 동안 속담 천여 개와 고사성어 수백 개, 고시조와 민요 백여 편이 머릿속에 자리를 잡았다는 것. 어쩌면 자신이 국어 선생이 되도록 이끈 결정적 영향을 주었다는 것을 뒤늦게 깨달았다는 것이다.

이 이야기를 들으며 나는 가슴이 뭉클했고, 국어 교사의 역할이 무엇인지 다시 생각해 보게 되었다. 우리는 과연 학생들이 나중에 어떤 언어를 사용하고 어떤 생각을 가진 사람으로 만들 수 있을까? 그리고 그들에게 어떤 영향을 준 교사로 기억될 수 있을까?

3. 공책 쓰기

나는 읽기와 쓰기와 말하기와 듣기를 통합적으로 해야 한다고 늘 말하는데, 일단 읽은 것을 무조건 공책에 쓰게 한다. 일기를 쓸 수도 있고, 관심 있는 어떤 것에 대해서 써도 좋다.

시를 읽었으면 시를 공책에 옮겨 쓰고, 한쪽에 시를 썼다면 옆쪽에는 뭔가를 쓰게 한다. 중학생의 경우는 느낌 위주로 써도 되지만, 시대적 배경이나 시의 맥락, 표현 등을 쓰게 해도 좋다. 모방시를 쓸 수도 있고, 주제가 같거나 뭔가 관련이 있는 다른 시를 써도 좋다. 내용은 자유다. 고등학생은 조금 더 깊이 들어가도 된다. 시인에 대한 탐구나 시 분석, 비평 등을 쓸 수 있다. 내용과 방식은 상황과 조건에 맞게 자유롭게 하면 된다. 수필이나 칼럼을 읽었다면 요약을 하고 자기 생각을 덧붙일 수 있다. 읽은 내용을 필사하는 것도 괜찮다.

나는 분량을 중시한다. 수도꼭지 틀면 물이 쏟아지듯, 글 쓰는 능력을 기르려면 무조건 많이 쓰는 수밖에 없다. 학기 초에 공책 쓰기 방법을 소개할 때 미리 자료를 만들어 나눠주고 설명하기도 한다.

공책 쓰기

1. 목표: 언어능력의 신장, 지식의 축적. 자기 성찰과 인격의 성숙

2. 내용: 일기나 생활글, 수업에서 배운 것과 깨달은 것, 좋은 시와 느낌, 창작시, 소설 읽고 좋은 표현 옮겨 쓰기, 독후감, 소설 창작, 비문학 독서 후 중요 대목 옮겨 쓰기, 느낀 점 쓰기, 신문 기사와 칼럼 읽고 의견 쓰기, 그림 그리고 생각 쓰기

3. 순서
   ① 창의적인 공책 제목 정하기(그렇게 정한 이유도 씁니다.)
   ② 표지 꾸미기
   ③ 자기소개(사진, 소개글, 좋아하는 것 등)
   ④ 쓴 날짜를 반드시 쓴다.
   ⑤ 분량은 많을수록 좋으나 일주일에 3쪽 이상 쓸 것
   ⑥ 지식이나 요약은 점차 줄이고 자기 생각을 많이 쓰기

4. 주의
   - 글씨는 반듯하고 깨끗이
   - 연필보다 펜으로
   - 공책은 두꺼운 것으로
   - 매주 선생님의 확인 사인 받기

그리고 《빙점》의 작가 미우라 아야코의 삶과 글을 소개하기도 한다. 자신의 가게가 장사가 잘되어 주변 가게들에서 손님이 없다고 하자, 품목을 줄이고 사람들이 옆 가게로 가게 했다. 그리고 남는 시간에 소설을 써 노벨상을 받았다. 그녀는 젊은 시절 오랜 세월 병상에서 지냈는

데, 그때 다른 일을 할 수 없어 매일 일기를 썼고, 그것이 창작의 원천이 되었다. 다음은 미우라 아야코가 일기에 대해 쓴 글이다.

일기를 쓰면 자신의 의지를 훈련할 수 있다. 진실을 두려워하지 않는 용기가 필요하다. 일기는 마음의 스냅사진이며 마음의 녹음이다. 다시 읽고 생각하며 반성하고 성찰할 수 있다.

일기는 방식에 따라 역사도 되고 기록도 된다. 피곤해서 아무것도 쓸 수 없는 날, 일기에 좋아하는 말을 써넣는 것만으로도 피로가 풀린다.

나는 사소한 문제에도 기준을 반드시 정해주었다. 공책을 쓸 때 가능하면 펜으로 쓰라고 하는데, 그 이유는 연필로 쓰면 흐려져서 시간이 지나면 잘 보이지 않고, 무엇보다 내가 읽을 때 힘들기 때문이다. 또 글씨를 반듯하게 써달라고 요청한다. '말은 듣는 사람이 편하게 해야 하고, 글은 읽는 사람을 편하게 해주어야 한다'는 것을 강조한다. 그래서 글씨 지도도 열심히 한다. 학생들 가운데 상당수는 읽기 어려운 필체로 글을 쓰는데, 본인도 읽지 못하는 경우가 많다. 그냥 잘 쓰라고 하는 말로는 부족해서 글씨 쓰기의 원리도 설명해 준다. 어떻게 하면 가독성이 높은 공책 쓰기를 할 수 있는지 그 원칙을 알려주고, 공책 검사를 할 때 개별적으로 지도를 해주었다.

학생들의 공책이 어수선한 이유는 먼저 여백 쓰기(레이아웃)를 하지 않기 때문이다. 학생들은 공책의 맨 위로 글씨를 붙여 쓰고, 양옆에도 여백 없이 빽빽하게 쓰는 경향이 있다. 나는 컴퓨터에서 워드 작업할 때 용지의 사면에 2~3cm 정도 여백을 주는 것을 예로 든다. 또 교과서나 모든 책에서 사용하는 사면의 여백을 보도록 한다. 공책을 쓸 때도 마찬가지로 사면에 그 정도의 여백을 주라고 한다. 그리고 위에 날짜를 쓰고, 글의 제목은 간판이므로 적어도 20포인트 정도로 크게 쓰라고 한다. 제목에서 두세 줄 내려서 본문을 쓰는데, 첫 칸을 들여 쓰는 것부터, 대여섯 줄 같은 내용을 쓰고 문단을 바꾸는 것도 알려준다. 그리고 공책에 글씨를 잘 쓰는 기술을 가르쳐준다.

① 정자체(바탕체)로 반듯하게 쓴다.
② 밑줄에 글씨를 앉혀서 쓴다.
③ 글씨 크기는 칸의 3분의 2 정도 크기로 쓴다.
④ 띄어쓰기 간격을 일정하게 한다.

말과 글은 매우 비슷하다. 글을 어수선하게 쓰면 알아보기 어려운 것처럼, 말하기도 어물어물하거나 발음이 불분명하고 자신이 없으면 알아듣기 어렵다. 글씨가 나란하지 않은 것은 논리적이지 않을 가능성이 크다. 글씨가 어수선하면 성격이 급하다든지 감정에 치우치는 경향이 있을 수도 있다. 글씨는 자기의 얼굴이다. 내용이 아무리 좋아도 글씨가 엉망이면 왠지 신뢰감이 덜 든다. 그것은 좋은 내용을 말하는데 들리지 않게 말하는 것과 같다.

위의 네 가지 기술을 좀 더 자세히 설명해 보면, 정자체(바탕체)로 반듯하게 써야 한다는 것은 '가독성'과 관련되는데, 편하게 빨리 쉽게 내용을 파악할 수 있도록 쓰는 것을 말한다. 그러므로 일단 교과서의 바탕글처럼 정자체로 반듯하게 쓰는 것이 좋다. 흘려 쓰거나 디자인해서

김은형의 혁신수업

만들어 쓴 글씨는 읽기가 어렵다. 천천히 정자체로 쓰면서 생각할 시간도 필요하다. 빨리 해치운다는 생각은 공부에 도움이 되지 않는다.

밑줄에 글씨를 앉혀서 써야 한다는 것은, 글씨가 둥둥 떠다니면 어지러워서 읽기 힘들기 때문에 밑줄에 가지런히 앉혀 쓰라는 것이다. 그러면 윗부분의 여백이 더 넓어 읽기 쉬워진다.

글씨 크기가 너무 크면 칸에 글씨가 꽉 채워져 다 쓰고 나면 매우 복잡하고 구분이 되지 않아 가독성이 떨어진다. 그래서 칸의 3분의 2 정도 크기로 쓰는 것이 좋다. 또 띄어쓰기 간격이 너무 넓거나 좁으면 역시 읽기가 힘들다. 그냥 잘 쓰라고 말하는 것만으로는 고치기 어렵지만, 몇 번만 글씨 연습을 하게 하고 천천히 쓰도록 하면 대부분 상당히 보기 좋은 글씨를 쓸 수 있다.

나는 학생들에게 "너의 공책을 가보로 남기자."라고 말하고, 공책을 자신의 아름다운 보물로 만들자고 간곡하게 제안한다. 그러면 대부분의 학생들은 무척 열심히 한다. 공책을 자신의 역사적 기록이라고 생각하게 할 수 있다면 읽기·쓰기 수업은 어느 정도 성공이다.

가끔 시 창작을 할 때 공책을 주제로 시를 쓰는 학생들이 있다.

공책 (지민석)

공책은 종이로 되어 있고
종이는 나무로 만들었다

나무를 키우기 위해서는

물과 흙이 필요하다

물과 흙은 지구에 있고
지구는 우주 안에 있으니까

이 공책은 우주인 셈이다

공책 (고민수)

쓰면 쓸수록
안은 채워진다

텅 비어 있던 내 마음도
덩달아 채워진다

보면 볼수록
시간이 돌아온다

깊이 잠들어 있던 나의 시간도
다시 기억 속으로 돌아온다

나의 읽고 쓰기 수업 원칙을 다시 정리하면 다음과 같다.

① 읽고 쓰기는 함께 이루어져야 하고, 말하기·듣기와 함께 해야 한다.

② 읽고 쓸 내용, 즉 텍스트가 적절해야 한다.

③ 읽고 쓰기는 단계적이고 지속적이어야 한다.

첫째, 읽고 쓰고 토론하는 통합적 과정이 필요하다. 시나 소설, 희곡, 칼럼이나 설명문 등을 읽는 것만으로는 안 된다. 성찰적 읽기가 필요한데, 읽고 나서 내용을 요약하고, 비판적 관점에서 그것에 대해 쓰고, 다른 사람의 의견을 들으며 토론하는 과정이 중요하다. 왜냐하면 읽기나 독서 자체가 선(善)은 아니기 때문이다. 자기 방식으로 이해해 버리거나 오독을 할 수도 있다.

지식을 중시하는 사람들에게서는 잘못된 태도가 나타날 수도 있다. 현실적 삶과 마주하지 않고 책을 읽는 것만으로 삶의 모든 것을 해결하려고 할 때 관념론에 빠지는 것이 그것이다. 사르트르의 소설《구토》에 나오는 독서광과 같은 사람이 그 예다. 타인의 생각을 무비판적으로 받아들이는 여분(잉여)의 인간이 되는 것이다. 삶의 의미를 인간의 행위보다 지식이라는 관념으로 해석하는 사람은 반사회적일 수도 있다. 읽기(독서)를 절대화하면 책에서 얻은 지식이나 내용 자체로 온전한 삶이 이루어지리라고 착각하기 쉽다. 관계와 연대, 실천적인 삶과 멀어질 수도 있다. 우리 사회의 지식인이나 명망가 가운데 이런 종류의 사람이 꽤 있다. 읽기나 독서의 중요성과 함께 우리 삶이 독서로 완전히 대체될 수는 없다는 사실을 명심해야 한다.

둘째, 무엇에 대해 읽고 쓰고 말할 것인가이다. 대부분의 수업은 교과서의 글을 다루지만, 나는 교과서 글에 대해 회의적이다. 간혹 좋은 글도 있지만, 학생의 삶과 동떨어지거나 사회적으로 절박한 문제들이 아닌 그저 당위적인 얘기가 많다. 사실 교과서 검정을 통과하기 위해 성취기준에 타협한 텍스트들이 많은데, 가치도 흥미도 떨어지는 글이 대부분이다.

교사는 독립된 교육기관으로 자신이 가르칠 교육과정을 갖고 있어야 한다. 철학과 내용과 방법이 일치하는 것이어야 한다. 나는 수업의 도입이나 정리 단계에서 필요한 글들은 직접 쓴 글을 활용한다. 내가 가장 중요하게 여기는 주제, 잘 아는 주제를 다룸으로써 더 좋은 수업을 할 수 있다. 물론 좋은 글이나 책을 찾기 위한 노력도 한다. 하지만 훌륭한 글들도 새롭게 정리해서 수업용으로 다시 만들어야 한다. 수업에 적합하지 않게 길거나 어려운 부분도 많기 때문이다.

셋째, 난이도가 단계적으로 달라져야 하며 지속성이 있어야 한다. 우리 교과서가 갖고 있는 또 하나의 문제는 난이도에 맞춰 구성하지 않았다는 점이다. 첫 단원이나 끝 단원이나 난이도 차이 없이 배정되어 있고, 그 연계성도 약하다. 교과서는 참고 자료라고 보고 교사가 재구성하면 되지만, 교사가 모든 내용을 새롭게 찾아야 한다면 예산을 들여 비싼 교과서를 구입할 필요가 없다.

4. 읽기·쓰기 수업의 실제

❶ 읽기 훈련

학기 초 읽기 수업은 어떤 내용으로 시작하는 것이 좋을까? 사실 신입생들의 경우 학생들의 가장 큰 근심은 낯선 친구들과 잘 지낼 수 있을까 하는 것이다. 또 학년이 바뀌어도 처음 얼마간은 서먹하다. 이때 '서로 잘 지낼 수 있도록' 돕는 것이 중요하다.

그래서 첫 수업은 김지석의 〈즐거움〉이라는 짧은 칼럼으로 시작해 보았다. 이 칼럼을 스스로 읽고 문단별 핵심 문장에 밑줄을 긋고 그것을 공책에 옮겨 쓰는 활동을 한다. 그다음은 요약한 내용을 보지 않고 짝과 서로 이야기해 주도록 한다.

내용 파악이 충분히 된 후에는 주제를 정해 토론해 보게 한다. '즐거움'과 '존중'이라는 키워드를 가지고 이야기를 나눌 수도 있다. 글을 읽고 핵심을 파악하는 언어 훈련을 하면서, 친구들과 사이좋게 지내도록 하는 내용적 목표에도 도달할 수 있다.

그다음은 좀 더 긴 글로 훈련한다. 예를 들면, 최인철의 〈행복하고 싶다면, 행복한 사람 옆으로 가라〉 같은 글이다. 나는 문단 사이에 한 줄씩 간격을 두는 편집 방법을 사용하는데, 학생들의 부담을 훨씬 줄여줄 수 있다.

이번에는 스스로 읽고 요약한 후 자기 생각을 덧붙여 써보게 한다. 그런 다음 짝에게 자신의 경험과 생각을 이야기하게 한다. 그리고 '행복한 사람이 되기 위한 방안'에 대해 토론해 본다. 전체 토론을 할 때 특정한 학생이 독점하지 않고 모두가 참여하게 하려면, 짝 토론 내용을 발표하고 쟁점을 도출하여 토론을 하는 방식도 좋다.

이렇게 길이와 난이도를 올려가며 훈련을 하다 보면 읽기가 쉬워진다. 주제도 사회, 과학, 철학, 예술 등 다양한 분야로 확대해 가는 것이 좋다. 언어 훈련과 함께 인생의 지평이 넓어지는 글들을 선택하는 것이

바람직하다.

이런 수업은 국어과만이 아니라 모든 교과에서 가능하다. 과학이나 사회는 물론, 한문이나 미술이라 할지라도 관련된 글을 찾아 수준을 조절하면 충분히 가능하다. 기존 글들을 그대로 쓰기 곤란하면 교사가 쉽게 재구성해서 사용하면 된다.

❷ 읽기에 진입하기

그런데 예기치 않은 어려움에 부딪힐 수 있다. 짧고 쉬운 글도 읽지 않고 멍하니 있거나 읽지 못하는 학생들이 간혹 있다. 읽기나 쓰기, 말하기 등을 싫어하거나 어려워하는 학생도 의외로 많다. 요즘 인문계 고등학교는 대부분 중학교 중하위권 학생들이 많이 온다. 그런 경우 스스로 읽거나 쓰거나 말하는 것에 어려움을 느끼는 학생이 많다.

모든 학생을 한눈에 볼 수 있도록 원탁으로 수업을 하는데, 5분에서 10분이 흘러도 글에 진입하지 못하는 학생이 있다. '내가 왜 이걸 읽어야 하나?' 하는 반응을 보이는 경우도 있고, 노골적으로 "읽기 싫어요." 라고 말하는 학생도 있다. 한번은 한 학생이 글을 앞에 놓고 먼 산만 바라보고 있어, 왜 읽지 않느냐고 물었더니 퉁명스럽게 대답했다.

"저는 글을 읽지 못합니다."

"왜 읽지 못할까요?"

내가 물었다.

"저는 글을 읽어본 일이 없습니다."

수업에 참여하기 싫다는 표현일 수도 있지만, 사실일 수도 있다. 하지만 어떤 이유라도 상관없다. 질문을 계속하는 게 좋다.

김은형의 혁신수업

"정말 글을 한 번도 읽지 않았단 말인가요?"

"네."

"만화책이나 동화는 읽은 적이 있지요?"

"그런 책도 읽지 않습니다."

그래도 포기하면 안 된다.

"한 문단은 읽을 수 있겠지요?"

하지만 학생은 고개를 저었다.

"그럼, 한 문장은 읽을 수 있겠지요?"

그제야 학생은 고개를 끄덕였다.

"그러면 한 문장만 소리 내어 읽어볼까요?"

학생은 작은 소리로 한 문장을 읽었다. 나는 말했다.

"두 번째 문장도 읽어볼까요?"

이렇게 해서 5~6개의 문장으로 구성된 한 문단을 다 읽었다.

"한 문장만 읽을 수 있으면 모든 글을 읽을 수 있는 겁니다. 글이란 하나의 문장이 모여 이루어진 거니까요."

이렇게 한 문장씩 짚어가며 한 문단을 읽고, 그다음 문단을 읽도록 돕는 일이 학급별로 한두 번씩 있다. 스스로 글을 읽는 경험이 매우 부족한 경우가 종종 있기 때문이다. 이렇게 짧은 글을 읽지 못하는 학생들이 어떻게 압축적 개념어로 가득 찬 교과서들을 읽고 이해하고 암기하여 시험을 볼 수 있을까? 읽기에 진입시키는 일은 정말 어려운 일이다.

문단을 다 읽은 다음에는 핵심 문장을 찾는 단계다.

"이 문단을 읽었는데, 이 중 어느 문장이 가장 중요하다고 생각하나요?"

하지만 그 학생은 모르겠다고 했다. 그렇다. 읽는다는 것은 문장을 소리 내어 글자를 읽는 것이 아니다. 내용을 이해해야 하는 것이다. 문맥을 이해하고, 글쓴이의 중심 생각을 정확하게 간파하고, 글쓴이의 생각을 수용할지 판단해야 한다. 읽기는 했지만 그 글이 말하고자 하는 바는 파악하지 못하는 것을 '문맥맹'이라고 한다.

맥락을 파악하지 못하는 학생들을 훈련시키는 것이 국어 교사의 책무이고 교과의 목표다. 그러려면 아주 쉽게 접근해야 한다.

"아무 문장이나 마음에 드는 데 밑줄을 그어보세요."

정답을 찾아야 한다는 강박이 있는 학생들은 틀리면 어떻게 하나 걱정한다.

"정답은 없어요. 자신이 중요하다고 생각하는 것이 핵심 문장입니다."

이제 학생은 마음 편히 아무 문장에나 밑줄을 긋는다. 가끔은 두 문장을 선택하기도 하고, 어떤 아이는 모든 문장에 다 밑줄을 긋기도 한다. 어떻게 하든 학생의 자유다.

그다음이 중요하다. 자신이 밑줄 그은 부분을 짝과 비교해 보게 한다. 밑줄 그은 부분이 같을 수도 있고 다를 수도 있다. 왜 자신이 그 문장을 선택했는지 말하게 한다. 친구의 설명을 듣고 나서 자신이 그은 밑줄을 지우고 바꿔서 밑줄을 긋는 학생들이 있다. 타당성이나 논리성 훈련이 되고 있는 것이다. 이렇게 따져가는 동안 글의 내용에 대해서 더 깊이 이해하게 된다. 때로는 처음부터 같이 읽고 핵심 문장을 찾는 토론을 하기도 한다. 하지만 무임승차 확률이 높은 방법을 매번 사용하는 건 좋지 않다. 다만 방법을 자꾸 바꾸어주는 것이 필요하다.

이런 식으로 수업을 하면 처음에는 수업이 더디다. 교사가 다 설명해

주면 간단하고 시간 절약이 되지만 학생들 스스로 능력을 기를 기회를 갖지 못한다. 스스로 읽고 중심문장을 찾고 공책에 옮겨 쓰고 친구와 비교해 보고 의미를 해석해 보는 과정을 반복해야 선생님이 없는 곳에서 글을 읽고 분석하고 판단하는 힘을 기를 수 있다.

위의 내용을 다시 정리해 보면 다음과 같다.

- 쉽고 짧은 글 → 어렵고 복잡한 글
- 단순 요약 → 자기 생각 덧붙여 쓰기
- 개인 → 짝, 모둠 → 전체 말하기

❸ 그림 읽고 말하기

어느 정도 훈련을 하고 나면 딱딱한 교과서 글도 쉽게 소화할 수 있다. 나는 교과서 글도 절대로 내용을 읽어주거나 미리 설명해 주지 않는다. 스스로 읽고 내용을 파악하는 훈련을 해야 하니까.

고1 국어 교과서에 김홍도의 〈조선 호랑이의 기상〉이라는 글이 있다. 오주석의 《한국의 미 특강》에 실린 글로, 김홍도의 〈송하맹호도〉를 설명한 내용이다. 요즘 그림 읽기가 유행인데, 그림 읽기 수업도 재미있다. 글을 읽은 후 나와서 그림을 설명하는 구술평가를 하면 좋다. 내용 이해력도 늘고, 말하기 능력도 기를 수 있다. 학생들은 빔으로 크게 확대해 놓은 그림을 보며 박물관이나 미술관의 도슨트처럼 유창하게 그림 설명을 한다.

"안녕하세요. 저는 오늘 김홍도의 〈송하맹호도〉를 설명해 드리겠습니다.

이 그림은 1미터도 안 되는 작은 그림이지만 초국보급 그림으로, 여백과 구성이 매우 뛰어난 작품입니다. 이 그림은 호랑이가 무엇인가를 잔뜩 노리고 있는 긴장감을 담고 있는데, 바로 정중앙을 누르는 굵은 등이 말해주고 있습니다. 이 그림의 특징은 여백의 미에 있는데, 총 아홉 개의 여백이 있습니다. 구성미가 매우 뛰어나지요. 다리 사이의 여백, 꼬리 사이의 여백, 그리고 소나무 사이의 여백이 단계적으로 커지며 한가운데 큰 여백이 있습니다. 우리나라는 호랑이에 관한 이야기가 많이 전해져 오며 호랑이를 신으로 모시기도 하는 등 문화적으로나 역사적으로 친밀한 동물이었습니다. 조선 호랑이의 몸은 한국 사람과 비슷합니다. 눈과 귀가 작고 팔다리가 짧고 몸체는 두껍고 퉁퉁한데, 추운 시베리아 극지방에서 내려오며 체열을 빼앗기지 않기 위한 것입니다. 그런데 이 그림에는 놀랍게도 호랑이의 생태까지도 표현하고 있습니다. 소나무 가지에 그려진 흠집은 네다섯 살의 호랑이가 첫 사냥을 마치고 자기 영역을 표시하기 위해 발톱으로 그은 것입니다. 화가가 이러한 내용까지 그림에 표현했다는 것이 놀랍고 감탄스럽습니다.

김은형의 혁신수업

〈송하맹호도〉보다는 난도가 높은 〈씨름〉에 대해서도 읽고 설명하도록 했다. 역시 같은 책에 실려 있는 글이다. 구술평가를 하거나, 그림만 보여주고 그림을 설명하고 자기주장을 쓰는 논술시험을 보는 것도 아주 좋다.

〈씨름〉은 〈송하맹호도〉보다 조금 어렵지만 이미 훈련된 학생들은 그림에 대한 내용을 하나씩 찾아가며 읽고 설명하기 시작한다.

"겨우 공책만 한 크기의 작은 그림에 22명의 사람이 각각 다른 표정과 다른 자세로 그려져 있습니다. 이들의 신분, 처지, 상황, 성격, 직업, 계절적 배경과 씨름의 종류, 씨름의 승패까지도 모두 알아낼 수 있습니다."

학생들은 짝에게 그림을 하나하나 짚어가며 설명한다. 한 친구의 설명이 끝나면 이제는 바꿔서 다른 친구의 설명을 듣는다. 들으며 보완해주거나 질문을 던지기도 한다. 그리고 두 사람씩 함께 나와서 그림 설명을 모두 마쳤을 때, 학생들은 적어도 10번 이상 같은 설명을 들었기 때문에 거의 완벽하게 외울 뿐 아니라 앞의 친구들보다 더 차원 높은 설명을 위해 김홍도에 대한 더 많은 자료를 찾아오기도 한다. 수업 이후 내가 학생들에게 물었다.

"20년 뒤 여러분이 결혼하여 자녀와 함께 미술관에 갔다가 김홍도의 그림을 보고 지금처럼 완벽하게 그림을 설명할 수 있을까요?"

모두 "네."라고 힘차게 대답했다. 다만 한 귀퉁이에서 조그맣게 "80%는 할 수 있어요."라고 한 친구도 있기는 했지만……. 이것이 말하기 수업이 갖는 위력이다. 만약 글을 읽어주고 선생님이 설명만 하고 지나갔다면 하루 이틀도 되지 않아 잊고 말았을 테지만, 친구와 함께 말하고 전체에게 설명하는 수업을 한 결과 놀랍게도 학생들은 자신의 메타인지를 활용하여 확고한 자기 지식으로 만들었다.

❹ 삶을 성찰하는 읽기와 쓰기

읽기와 쓰기를 결합하는 수업은 매우 다양하게 할 수 있다. 시사적인 사설이나 칼럼은 어떤 사람의 주장이나 견해가 담겨 있기 때문에, 그것을 읽고 자신의 판단을 쓰면서 생각하는 힘을 기를 수 있다. 처음부터 정확한 판단을 하지 못한다 해도 판단하려는 노력 자체가 중요하다. 누군가가 주입하는 것이 아닌, 자신의 생각을 갖는 훈련이 된다. 물론 토론을 통해 다른 친구들의 견해를 듣는 것도 중요하다.

어떤 단편적인 사건이나 주장을 판단하는 훈련이 되었다면, 이제 조금 더 종합적인 판단을 하는 훈련이 필요하다. 탐구 수업으로 이어가는 것이다.

여기서는 삶을 성찰할 수 있는 인물 이야기 수업을 예로 들어보겠다. 타인의 삶은 내 삶을 성찰하게 해주는 힘이 있기 때문에 수업하기 매우 좋은 소재다. 하지만 보통 교과서에 실린 자서전이나 전기문은 어릴 때 읽었던 위인전기처럼 업적 중심의 기술과 교훈적 목표로 인해 거리가 멀게 느껴지기 쉽다. 그래도 김소월, 윤동주, 이육사, 한용운 등의 시인을 탐구해 보고 자신의 삶을 성찰하는 글을 써보는 것은 비교적 괜찮았다.

스티브 잡스와 브래들리 매닝에 대한 읽기와 쓰기 수업을 짧게 소개해 보겠다. 스티브 잡스는 모든 학생에게 존경심을 일으키는 인물이다. 죽었지만 여전히 살아 있는 사람들에게 큰 영향을 미치고 있는 생생한 인물이다. 또 브래들리 매닝은 학생들이 잘 알지 못하는 인물이지만, 상당한 호기심과 함께 토론거리를 제공해 준다. 두 인물에 대한 이야기를 읽고 토론한 후 자서전을 쓰는 수업을 했다.

먼저 스티브 잡스의 명연설인 〈스탠포드대학교 졸업 연설문〉을 읽게 한다. 명문대인 스탠포드대학에서는 매년 명사를 초청하여 졸업식에서 연설을 하게 하는데, 2005년 스티브 잡스의 연설이 워낙 유명하다. 스티브 잡스는 자신이 살아온 과정을 압축적이고 충격적으로 설명한다. '친부모에게 버림받은 것', '돈이 없어서 대학을 중퇴한 것', '양아버지의 창고에서 애플을 세운 것', 그리고 '자신이 세운 회사에서 쫓겨났다가 다시 돌아온 것' 등의 이야기를 들려준다. 가장 극적인 것은 암에 걸린 이야기다.

(전략)

세 번째는 죽음에 관한 것입니다. 열일곱 살 때 이런 경구를 읽은 적이 있습니다. '매일 인생의 마지막 날처럼 산다면 언젠가는 의인이 되어 있을 것이다.' 이 글에 감명받은 저는 그 이후로 지난 33년간 매일 아침 거울을 보면서 제 자신에게 묻곤 했습니다. '오늘이 내 인생 마지막 날이라면 지금 하려고 하는 일을 할 것인가?' 며칠 연속 'No'라는 답을 얻을 때마다 나는 변화가 필요하다는 걸 알게 됩니다. '곧 죽는다'는 생각은 인생의 결단을 내릴 때마다 가장 중요한 도구였습니다. 모든 외부의 기대, 자부심, 수치스러움과 실패의 두려움은 '죽음' 앞에선 모두 떨어져 나가고 오직 진실로 중요한 것들만이 남기 때문입니다.

죽음을 생각하는 것은 무엇을 잃을지도 모른다는 두려움에서 벗어나는 최고의 길입니다. 여러분은 죽을 몸입니다. 그러므로 가슴을 따라 살아야 합니다. 저는 1년 전쯤 암 진단을 받았습니다. 아침 7시 반에 검사를 받았는데 췌장에 악성종양이 보였습니다. 그때까진 췌장이 뭔지도 몰랐죠. 의사들은 거의 치료할 수 없는 종류의 암이라고 했습니다. 또 길어야 3개월에서 6개월밖에 살 수 없다고 했습니다. 주치의는 집으로 돌아가 신변 정리를 하라고 했습니다. 죽음을 준비하라는 뜻이었죠. 그것은 내 아이들에게 10년 동안 해줄 것을 단 몇 달 안에 다 해내야 된다는 말이었고, 가족들이 임종할 때 쉬워지도록 매사를 정리하란 말이었고, 작별 인사를 준비하라는 말이었습니다. 그렇게 시한부 인생을 살고 있었습니다.

어느 날 저녁 조직검사를 받았는데 위장을 지나 장까지 내시경을 넣어 췌장에서 암세포를 채취하는 조직검사였습니다. 저는 마취 상태였는데 후에 아내가 말해주길 의사들이 현미경으로 세포를 분석하면서 갑자기 울먹거리기 시작했답니다. 수술로 치료가 가능한 매우 희귀한 종류의 췌장암이었기 때문입니다. 저는 수술을 받았고 감사하게도 지금은 완치되었습니다. 그때만큼 제가 죽음에 가까이 가본 적은 없는 것 같습니다. 또한 앞으로도 수십 년간은 그렇게 가지 않길 바랍니다.

이런 경험을 해보니 죽음이 때론 유용하단 것을 머리로만 알고 있을 때보다 더 자신 있게 말할 수 있습니다. 아무도 죽길 원하지 않습니다. 천국에 가고 싶다는 사람들조차도 죽어서까지 가고 싶어 하진 않죠. 그리고 여전히 죽음은 우리 모두의 숙명입니다. 아무도 피할 수 없죠. 그리고 그래야만 합니다. 왜냐하면 삶이 만든 최고의 발명이 '죽음'이니까요. 죽음은 삶을 대신하여 변화를 만듭니다.

지금 이 순간 여러분이 곧 신세대입니다. 그러나 머지않아서 여러분도 구세대가 되어 사라져갈 것입니다. 너무 극적으로 들렸다면 죄송하지만 엄연한 사실입니다. 여러분의 시간은 한정되어 있습니다. 따라서 다른 사람의 삶을 사느라 시간을 낭비하지 마십시오. 타인의 생각의 결과물에 불과한 도그마에 빠지지 마십시오. 타인의 견해가 여러분 내면의 목소리를 삼키지 못하게 하세요. 또한 가장 중요한 것은 가슴과 영감을 따르는 용기를 내는 것입니다. 이미 여러분의 가슴과 영감은 여러분이 되고자 하는 바를 알고 있습니다. 그 외의 모든 것은 부차적인 것이죠.

제가 어렸을 때 《지구백과》라고 하는 놀라운 책이 있었는데 저희 세대에게는 바이블과 같은 것이었습니다. 여기서 그리 멀지 않은 멀로파크에 사는 스튜어트 브랜드란 사람이 쓴 책인데 시적 감각으로 살아 있는 책이었지요. PC나 전자출판이 존재하기 전인 1960년대 후반이었기 때문에 타자기, 가위, 폴라로이드로 제작된 책이었습니다. 구글이 등장하기 35년 전 책으로 펴낸 구글 같은 거였죠. 그 책은 위대한 의지와 아주 간단한 도구만으로 만들어진 역작이었습니다. 스튜어트와 친구들은 몇 번의 개정판을 내놓았고, 수명이 다할 때쯤에 최종판을 내놓았습니다. 그때가 70년대 중반, 제가 여러분 나이였죠. 최종판 뒤쪽 표지에는 이른 아침 시골길 사진이 있었는데 겁 없는 사람이나 히치하이킹 할 수 있는 풍경입니다. 그 사진 밑에는 이런 말이 있었습니다.

'계속 갈망하라, 여전히 우직하게(Stay Hungry, Stay Foolish)'

그것이 그들의 마지막 작별 인사였습니다. '계속 갈망하라, 여전히 우직하게'. 저 자신에게도 항상 그러하기를 바랐습니다. 그리고 지금, 새로운 시작을 위해 졸업을 하는 여러분에게 같은 바람을 가집니다.

'Stay Hungry, Stay Foolish'

대단히 감사합니다.

스티브 잡스는 아무도 희망이 없다고 말하는 희귀 암마저 극복하고 불사신처럼 살아 돌아왔다. 그래서 그는 자신이 불행을 극복한 위대한 인물임을 스스로의 이야기 속에서 입증하고, 사회에 나가는 졸업생들에게 가난하고 배고픔을 안고 계속 갈망하며 전진하라고 권고한다.

이 글은 정말 대단한 업적을 이룬 위인의 감동적이고 생생한 삶의 이야기다. 하지만 5년 뒤 스티브 잡스는 암이 재발하여 결국 죽게 된다. 그의 마지막 유서는 앞의 연설문과는 전혀 다르다. 더 진솔하고 솔직하며, 정말 중요한 것이 무엇인지 이야기하고 있다.

스티브 잡스의 마지막 유언

나는 비즈니스 세상에서 성공의 끝을 보았다. 타인의 눈에 내 인생은 성공의 상징이다. 하지만 일터를 떠나면 내 삶에 즐거움은 많지 않다. 결국 부는 내 삶의 일부가 되어버린 하나의 익숙한 사실일 뿐이었다. 지금 병들어 누워 과거의 삶을 회상하는 순간, 나는 깨닫는다. 정말 자부심을 가졌던 사회적 인정과 부는 결국 닥쳐올 죽음 앞에 희미해지고 의미 없어져 간다는 것을. 어둠 속 나는 생명 연장 장치의 녹색 빛과 윙윙거리는 기계음을 보고 들으며 죽음의 신의 숨결이 다가오는 것을 느낄 수 있다. 이제야 나는 깨달았다. 생을 유지하는 적당한 부를 쌓았다면 그 이후 우리는 부와 무관한 것을 추구해야 한다는 것을……

그 무엇이 부보다 더 중요하다면, 예를 들어 관계, 아니면 예술, 또는 젊었을 때의 꿈을…… 끝없이 부를 추구하는 것은 결국 나 같은 비틀린 개인만을 남긴다. 신은 우리에게 부가 가져오는 환상이 아닌 만인이 가진 사랑을 느낄 수 있도록 감각을 선사했다. 내 인생을 통해 부를 나는 가져갈 수 없다. 내가 가져갈 수 있는 것은 사랑이 넘치는 기억들뿐이다. 그 기억들이야말로 너를 따라다니고, 너와 함께하고, 지속할 힘과 빛을 주는 진정한 부다.

사랑은 수천 마일을 넘어설 수 있다. 생에 한계는 없다. 가고 싶은 곳을 가라. 성취하고 싶은 높이를 성취하라. 이 모든 것이 너의 심장과 손에 달려 있다. 이 세상에서 가장 비싼 침대가 무슨 침대인가? 병들어 누워 있는 침대다.

너는 네 차를 운전해 줄 사람을 고용할 수 있고, 돈을 벌어줄 사람을 구할 수도 있다. 하지만 너 대신 아파줄 사람을 구할 수는 없을 것이다. 잃어버린 물질적인 것들은 다시 찾을 수 있다. 하지만 삶은 한 번 잃어버리면 절대 되찾을 수 없는 유일한 것이다. 한 사람이 수술대에 들어가며 본인이 끝까지 읽지 않은 유일한 책을 깨닫는데, 그 책은 바로 '건강한 삶'에 대한 책이다. 우리가 현재 삶의 어느 순간에 있든 결국 시간이 지나면 우리는 삶이란 연극의 커튼이 내려오는 순간을 맞이할 것이다.

가족 간의 사랑을 소중히 하라. 배우자를 사랑하라. 너 자신에게 잘해줘라. 친구들을 사랑하라. 타인에게 잘 대해줘라.

스티브 잡스의 두 글을 읽고 비교하며 토론해 보는 것도 재미있다. 학생들은 상당히 깊이 있게 토론한다. 한 학생은 자신이 가장 행복했을 때는 아버지가 사업에 실패하여 매우 가난했을 때라고 말했다. 좁은 집에서 지내야 했지만, 가족들은 서로를 의지하며 작은 일도 함께하며 매우 가까웠다고 회상했다. 그러나 큰 집으로 이사하고 아버지가 바빠지면서 가족들은 전에 비해 멀어지고 서로 관심도 없어졌다고 했다. 정말 우리를 불행하게 하는 것은 돈이 아니라 돈을 벌기 위해 서로 무관심해지는 일이다. 글이 그래서일까? 스티브 잡스의 유서를 읽고 나면 학생들의 토론은 소박한 삶의 행복에 대한 이야기가 많이 나온다.

다음으로 읽은 인물은 이라크 전쟁에서 미국의 범죄행위를 폭로한 브래들리 매닝의 이야기다.

브래들리 매닝은 유죄인가, 무죄인가?

2007년, 열아홉 살 브래들리 매닝은 미군에 입대했다. 대학 등록금을 벌고 전쟁에서 죽어가는 사람들을 돕겠다고 생각했다. 유능했던 매닝은 2009년 이라크 바그다드 정보병으로 배치되었다. 그런데 조국을 자랑스러워했던 매닝은 정보가 조작되고 있다는 것을 알게 되었다. 미국은 이라크 정부의 부패를 눈감아 주고, 미국의 전쟁범죄를 은폐했다. 매닝은 문제 제기했지만, 상관은 침묵을 요구했다. 매닝은 미 헬기 조종사가 컴퓨터 게임을 즐기듯 웃으며 아이들과 기자를 포함한 민간인 14명을 죽이는 영상을 보고 큰 충격에 빠졌다. 매닝은 고뇌에 빠졌다. '그 후로 나의 삶의 모든 것이 잠들어 버렸다. 근본적으로 무언가 잘못되었다. 어떻게 하면 좋단 말인가?' 각종 정보를 분석할수록 두려움과 괴로움은 커져만 갔다. 이라크 전쟁 사망자 중 90% 이상이 민간인이고, 미군의 전쟁 수칙은 '폭발물 근처의 누구든 사살하라'는 것이었다. 수많은 의도적 '학살'을 오폭 사고로 은폐하고, 이에 대해 반발하는 운동가와 민간인에 대해서는 체포하고 고문했다.

매닝은 폭로 후 자신이 위험해질 것을 알았지만, 더 이상 견딜 수도 없었다. '이것은 67억 모두에게 중요해. 미국의 손길은 어디나 닿아 있어. 나는 모든 이들과 먼 친척처럼 연결되어 있다고 느껴. 그런데 우리가 스스로를 죽이고 있다는 사실이 괴로워. 이 폭로를 통해 토론과 논쟁, 개혁이 있기를 바라. 진실 없인 판단할 수가 없어. 진실은 밝혀져야만 해.'

매닝은 2010년 〈부수적 살인〉 기밀 영상과 72만 건의 기밀 문서를 비밀 고발 사이트 '위키리크스'에 폭로했다. 미국의 일상적 전쟁범죄가 낱낱이 밝혀졌고 세계는 충격과 경악에 휩싸였다.

미군은 매닝을 구속하고 11개월간 500시간 동안 잠을 재우지 않고 하루 23시간 독방에 가두었다. 알몸으로 자게 했으며 5개월간 하루에 20분만 햇빛을 보게 했다. 미국 헌법에는 모든 피고인이 120일 안에 신속한 재판을 받을 권리를 보장했지만, 매닝의 재판은 세 번이나 미뤄졌고, 재판 없이 1000일 넘게 불법 감금했다. 그리고 매닝이 간첩죄 등 22개 법률을 위반했다며 '종신형'으로 기소했다.

2011년 국제사면위원회는 매닝을 고문한 것에 대해 성명을 냈고, 고문의 책임을 지고 미국무부 차관보가 사임했다. 세계 50만 명이 석방을 청원했고, 2012년에는 노벨평화상 후보로 추천되기도 했다. 2013년 불법 구금 끝에 재판이 시작되었는데, 첫 판결은 136년형이었다. 2013년 8월 미군사법원은 최종 판결에서 매닝에게 35년형을 선고했다.

매닝은 오바마 대통령에게 편지를 썼다.

저는 제가 살고 있는 세상과 조국을 걱정해서 정보를 공개했습니다. 미국은 9·11 사태라는 비극 이후 지금까지 전쟁 상태에 놓여 있습니다. 미국은 매일 새로운 적들과 부딪히고, 그래서 우리 삶의 방식도 바꿔야만 했습니다. 저 역시 미국의 전쟁에 동의했고, 나라를 지키기 위해 군에 입대했습니다. 그러나 저는 이라크에서 우리가 어떤 일을 해왔는지 알게 되었습니다. 우리의 노력이 우리 자신의 인간성을 잃게 한다는 것을 깨달았습니다.

어느새 우리는 이라크와 아프간 사람들의 생명을 우습게 생각하고 있었습니다. 우리는 적들과 싸우며 때때로 무고한 사람들을 죽였습니다. 그리고 책임지는 것이 아니라 '국가 안보', '기밀 정보'라는 장막 뒤로 진실을 숨겨왔습니다. 애국심은 권력자들이 불의한 행동을 옹호할 때 강조됩니다. 지나치게 강조된 '애국심의 함정'은 어떤 비판도 집어삼켜 버립니다. 이 상황에서 대부분의 미군 병사들은 잘못된 임무를 받고 '적을 제거해야 한다'는 열정에 넘쳐 있었습니다. 우리는 적법 절차 없이 관타나모 수용소에 무고한 사람들을 가두고 고문했고, 이라크 정부의 끔찍한 처형과 고문을 보고도 눈감았습니다. 그렇게 우리는 '테러와의 전쟁'이라는 범죄를 함께해 왔습니다.

저는 제가 법을 위반했다는 것을 알고 있습니다. 저로 인해 누군가가 상처를 받았다면 이 자리를 빌려 죄송하다는 말씀을 드리고 싶습니다. 그러나 저는 무고하게 희생된 사람들과 함께 미국인들을 돕고 싶었습니다. 저는 저의 사명을 다하고 싶었고, 저는 지금도 이 나라를 사랑합니다. 오바마 대통령님, 당신이 저의 사면을 받아들이지 않아도 저는 기쁜 마음으로 주어진 책임을 다할 것입니다. 저는 저에게 주어진 대가가 모든 사람이 평등한 세상을, 저마다 자유가 실현되는 나라를 위한 것이라고 믿고 있기

김은형의 혁신수업

때문입니다.

이 글은 손바닥 크기의 자료인 《나눔문화》에서 발췌한 것이다. 아시아에서는 최초로 박노해 시인이 이끄는 시민단체인 '나눔문화'가 릴레이 1인 시위로 브래들리 매닝 구명 운동을 시작했다. 매닝은 1971년 미국의 베트남 전쟁 개입의 진실을 폭로해 철수를 이끈 다니엘스버그와 비슷하다. 그는 미국 수정헌법 제1조 "미국 연방의회는 언론과 표현, 출판 자유를 제한하는 어떤 법률도 제정할 수 없다."라는 조항에 의해 무죄를 받았다.

거대한 국가의 폭력에 맞서 미국의 전쟁범죄 진실을 알린 브래들리 매닝. 그는 2010년 22세의 나이에 "나는 행복한 환상보다 쓰라린 진실을 택한 것이다."라고 말했다. 그의 폭로로 '테러와의 전쟁'이라는 구실로 행해졌던 전쟁범죄의 허구성이 드러났다. 세계의 반전 여론이 거세지자 오바마 대통령은 서둘러 이라크 전쟁의 종전을 선언하고 철군했다. 그리고 중동 각국의 민중들은 부패한 독재 정부에 대한 저항을 일으켰다. '아랍의 봄'이 시작된 것이다.

우리는 '매닝은 유죄일까, 무죄일까?'에 대해 토론했다. 매닝의 다음 말이 지닌 의미는 무엇일까?

"나는 가장 나다운 사람이 되고 싶었습니다. 진실에 눈감은 채 살고 싶지 않았습니다."

이 토론에서 놀라운 사실을 발견했는데, 생각보다 브래들리 매닝을 유죄로 본 학생들이 많다는 점이었다. '국가 기밀'이나 '군사 기밀' 유출이라는 말 때문이었을까?

인물에 대한 탐구와 토론이 끝나면 이제 자신의 삶을 탐구할 차례다. 우리는 자기 자신을 잘 안다고 생각하지만 사실은 그렇지 않다. 자신에 대해 성찰하고 탐구한다는 것은 자신을 둘러싼 세계와 사람들을 탐구하는 일이다. 나는 모든 사람, 모든 세계와 연결되어 있으니까.

주제는 자신의 삶의 출발과 지향이다.

'나는 누구이며, 어디서 와서 어디로 가는가?'

한 사람의 삶은 그가 태어나기 이전의 역사가 있고, 앞으로의 미래가 모두 연결되어 있다. 나는 하늘에서 떨어진 존재가 아니다. 내가 태어나기 위해서는 어머니와 아버지의 만남이 있었고, 어머니와 아버지의 시작은 조부모님의 만남에 있다. 그래서 나에 대한 탐구는 우리 집안과 우리나라의 역사를 탐구하는 것과 그 맥을 같이한다.

나는 조부모님과 부모님의 미래라면, 나는 어떻게 펼쳐질지 모르는 나의 미래의 과거다. 그러니까 미래는 지금의 나와 동떨어진 것이 아니라 이 순간과 긴밀히 연결되어 펼쳐지는 역사다.

전기문은 다음과 같은 내용으로 구성한다.

① 내가 태어나기 전 이야기
② 나의 출생에 얽힌 이야기
③ 나의 성장 과정 이야기
④ 나의 미래에 대한 이야기

조금 더 자세히 적어보면 글쓰기의 내용을 잡을 수 있다.

시기	세부 내용의 예	중점 요소
출생 전	할머니와 할아버지의 만남과 삶 어머니와 아버지의 출생과 성장, 만남, 결혼 등	시대적·문화적 특징
출생	어머니의 임신, 출산 영아 시절과 유아 시절, 학령 전 이야기	생명의 탄생
성장	초등학교, 중학교, 고등학교 때 일어난 일들 가장 기억에 남는 일화, 사건들 영향을 준 사람들(부모님, 친구, 선생님 등)	정체성 형성
현재, 미래	나의 현재 삶(고민과 한계) 미래의 꿈, 희망	성찰, 가능성

태어나기 전 이야기는 알기 어렵기 때문에 할머니와 할아버지, 그리고 어머니와 아버지에게 직접 인터뷰를 하는 것이 좋다. 직접 인터뷰가 어렵다면 전화로 해도 된다. 당시 상황을 알 수 있는 사진이나 자료가 있으면 더 좋다. 녹음을 해서 정리하는 것도 괜찮다. 할아버지와 할머니가 겪은 역사적 사건이나 시대적 특징이 들어가면 더 좋다. 나의 탄생 이야기나 갓난아이 때 이야기 역시 부모님께 여쭈어봐야 하는데, 매우 재미있는 일화가 많을 것이다. 부모님과 자신의 관계를 돌아보는 좋은 기회가 된다.

나의 성장 과정은 내가 글을 쓰는 시점 이전의 이야기다. 초·중·고를 나누어 이야기를 써도 좋다. 지난 시절을 돌아보며 정리해 나가다 보면 아마도 자신이 어떻게 성장하며 자기 정체성을 형성해 왔는지 알 수 있을 것이다. 자신의 현재 상황을 파악해 보는 것도 중요한 일이다. 그리고 나의 미래 모습은 20대, 30대, 40대, 50대, 60대로 나누어 쓸 수도 있고, 간단히 기술해도 된다. 글의 어느 부분을 더 많이 할애해서 쓸 것인가는 자신의 선택이다. 더 첨부한다면, 자신의 이야기를 인생 연표나 인생 곡선으로 표현해 보는 것도 좋다. 자서전 쓰기는 수행평가이므로 모든 글은 인터넷 카페에 올리게 하지만, 만약 공개적으로 밝히기 어려운 글이라면 메일로 받을 수도 있다.

자서전 쓰기는 교과에 따라 얼마든지 활용 가능한 수업이다. 역사나 지리, 과학, 영어, 음악, 미술 등 어느 교과든 가능하다. 예컨대, 역사나 지리는 인간을 시간적·공간적 존재로 탐구하는 교과다. 아이들은 조부모나 부모 그리고 자신이 살아온 삶을 시간대별로 기록하여 통사적인 전기를 쓸 수도 있지만, 자신이 살았던 곳을 지도에 표시하고 공간적 이동이 실제 삶에 어떤 영향을 주었는지를 밝혀보는 것으로 지리 공부를 할 수도 있다. 또 나를 둘러싼 환경에서 과학적 지식을 탐구해 내거나, 환경오염과 관련된 것들을 찾아낼 수도 있다. 음악이라면 어린 시절부터 지금까지 좋아했던 음악을 정리해 보거나, 자신의 음악적 취향의 변화와 발전을 성찰해 볼 수도 있다. 중요한 것은 자신의 삶과 학과 공부가 결코 동떨어진 것이 아니며, 공부나 학문이 우리 삶을 더 풍요롭게 해주는 것임을 아는 일이다.

공부의 목적은 자신의 행복과 발전에 있다. 그러기 위해서는 자신이 배움의 주인공이 되어야 한다. 객관적 지식을 배우든, 타인의 삶에서 배우든 배움의 주체는 학생 자신이어야 한다는 말이다. 그런 의미에서 자서전 쓰기는 학생 중심 수업에 매우 적합하다.

❻ 삶을 바꾸는 책 읽기

읽기의 최고 단계는 역시 책 읽기다. 두어 달 정도 짧은 칼럼이나 에세이 등을 충분히 읽고 요약하고 자기 생각을 말하는 훈련이 되었다면, 이제 난도를 좀 더 올릴 필요가 있다. 물론 제한된 수업 시간에 두꺼운 책을 읽을 수는 없기 때문에, 두어 달 전에 공지하고 거의 다 읽었다는 것을 확인한 후에 토론에 들어가는 것이 좋다. 수업 중 독서 시간을 더 확보하기 위해 창의체험 시간으로 운영하고 있는 논술 수업의 담당 교사와 협의하여 독서 시간을 확보하기도 한다. 또 진도가 빠른 시간을 빌리기도 한다.

나는 일 년 동안 몇 권의 책을 읽히는데, 그중 반드시 환경 관련 도서를 한 권 이상 읽힌다. 식품첨가물의 위험성을 다룬《과자, 내 아이를 해치는 달콤한 유혹》,《착한 전기는 가능하다》,《체르노빌 아이들》,《오래된 미래》,《크리스 조던》등을 읽힌다. 책을 권할 때는 교사가 공감하고 감동한 책을 선택해야 한다. 책에 대한 교사의 신뢰와 열정이 학생들에게 영향을 미치기 때문이다.

예전에 조정래의《태백산맥》을 전교생에게 읽힌 국어 선생님을 만난 일이 있다. 그분은 자신이 읽고 크게 감동해서 학생들에게 반드시 읽혀야겠다는 사명감에 불탔다고 한다. 문학적 언어와 역사 학습에 도움이 된다고 생각한 것이다. 10권의 대하소설을 모든 학생에게 읽힌다는 것은 실제로 가능하지 않은 일이다. 그런데도 반복적이고 열정적으로 학생들을 설득해서 거의 모든 학생이 작품을 읽었고, 그로 인해 학생들의 엄청난 성장을 확인할 수 있었다고 한다. 나는 그때, 교사의 열정이 학업에 끼치는 영향은 무한대라는 생각을 했다. 교사가 절실해야 학생들이 배움에 대한 무관심에서 벗어날 수 있다는 것은 우리가 매일 체험하고 있는 일이니까.

최근에는 난도가 조금 높은《(너무 늦기 전에 알아야 할) 물건 이야기》

(애니 레너드)를 읽었다. 이 책은 지금까지 내가 읽은 환경 관련 책 가운데 가장 훌륭한 책이라고 감히 말할 수 있다.

독서를 많이 해야 한다고 아무리 강조해도 의미가 없다. 요즘 학생들은 학원 등으로도 바쁘고, 동아리나 방과후 활동에도 쫓기니까. 그래서 '수업 연계 독서'가 중요하다고 생각한다. 평소에는 가벼운 흥미 위주의 독서를 하더라도, 수업과 연계한 도서는 고전이거나 새로운 관점에서 세상을 볼 수 있는 책을 선정해서 읽히는 것이 좋다. 이런 책이라면 한 학기에 한 권만 읽어도 큰 도움을 주는 공부가 된다. 다른 교과도 일 년에 한 권만이라도 교육과정에 넣어 '교과 연계 독서'를 하면 학생들은 별도의 독서가 필요하지 않을 것이다.

애니 레너드는 학창 시절 숲에서 봉사활동을 하면서 보았던 아름다운 숲이 해가 갈수록 점점 훼손되는 것을 보고 크게 상심하여 환경에 관심을 가졌다고 한다. 어릴 때 생태 감수성을 키워주는 것이 얼마나 중요한지 알 수 있는 사례. 《물건 이야기》는 국어 수업만이 아니라 생물, 사회, 기술 등 어떤 교과와 연계하여 선택해도 좋을 정도로 다양한 측면을 갖고 있다. 맥락을 놓치지 않고 전체를 계통 있게 서술한 점, 수많은 통계와 사례, 그리고 대안을 제시하고 있다는 점에서 사회경제적 측면, 과학적 측면, 윤리적 측면 등 어떤 과목과 연계해도 크게 도움을 줄 수 있는 책이다.

이 책은 500쪽 가까이 되기 때문에 처음에는 두께만 보고 아이들이 무척 놀란다. "우리가 그런 책을 어떻게 읽어요?"라고 겁낸다. 하지만 읽게 하는 방법이 있다.

다섯 명의 학생이 한 팀이 되어 파트를 나눠 읽는 것이다. 이 책은 하나의 물건이 만들어지고 소비되고 버려지는 과정을 총 다섯 단계(추출, 생산, 유통, 소비, 폐기)로 나누어 서술하고 있다. 그 다섯으로 분책하여 나누어 읽고 요약하고 설명하게 한다.

면티셔츠를 예로 들면 이렇다. 면티셔츠는 4.99달러(미국 가격), 우리 돈으로 5000원 정도이다. 하지만 그것을 만드는 과정에서 엄청난 비용이 발생한다.

첫째, 추출 단계의 문제다. 미국 면티셔츠 기업들은 대부분 제3세계의 가난한 나라에 대규모 농장을 두고 있다. 면화를 기르는 과정에는 엄청난 물과 농약이 들어간다. 너무 많은 지하수를 퍼 올린 결과 강이 마르고 농장 주변이 사막화되어 가난한 주변 사람들은 삶의 터전을 잃고 고통을 당한다. 또 면화에는 엄청난 양의 농약이 살포되는데, 세계 농약의 10%, 살충제의 25%가 뿌려진다. 그에 대한 피해 역시 돈으로 계산할 수 없다.

둘째, 생산 단계에서 면 가공을 위해 무수한 단계의 화학 처리가 필요하며, 무지막지한 표백제를 사용한다. 약품들은 폐수가 되어 강으로 흘러 들어가고 강과 새와 물고기를 죽인다. 그리고 방글라데시처럼 가난한 나라의 노동자들이 하루 11시간씩 일하고도 시간당 십 몇 센트를 받는 저임금 장시간 노동을 한다.

셋째, 유통 단계다. 수많은 트럭과 거대한 배들이 산더미같이 생산된 티셔츠를 실어 나른다. 화석에너지를 펑펑 쓰면서 멀고 먼 나라를 향해 몇 달간 이동한다. 그리고 창고형 매장에 쟁이고 매대에 쌓아놓고 저임금 시간제 노동자들이 세일을 한다.

넷째, 소비 단계다. 사람들은 값이 싼 면티를 여러 장 쉽게 산다. 그리고 몇 번 입고 나서 목이 늘어났다고 쓰레기통에 던져 넣는다.

다섯째, 폐기 단계다. 버려진 면티가 사라지는 길은 이제 두 가지밖에 없다. 하나는 태우는 것이고, 다른 하나는 땅에 묻는 것이다. 두 가지 다 오염을 일으킨다. 태우면 공기 중에 유독성 발암물질인 다이옥신을 내뿜고 그 재는 땅을 오염시킨다. 매립 역시 땅을 오염시키며 빗물에 화학물질이 녹아내려 강과 지하수를 오염시킨다.

학생 다섯 명이 각자 자신이 맡은 분야의 내용을 프리젠테이션하고 설명한다. 학급에 다섯 모둠 정도가 나오면, 총 다섯 번씩 듣는 셈이다. 워낙 방대한 내용이라 내용이 중복되는 사례는 별로 없다. 추출 단계를 읽은 학생들이라 해도 각자 자신이 가장 공감이 가거나 중요한 사례를 한두 가지 뽑아서 이야기를 들려주기 때문이다.

그리고 주제를 정해 토론한다. 모두가 자기 분야를 충분히 읽고 발제를 했고, 다른 친구들이 발표하는 다양한 사례를 들었기 때문에 깊이 있는 토론이 가능하다. 토론이 끝나면 다시 두레별로 나와서 토론의 진행과 결과를 보고한다. 마지막으로 이 책을 읽고 난 소감을 말하는데, 학생들은 이렇게 말하곤 한다.

"저는 이제 물건을 쉽게 사거나 함부로 버리지 않을 겁니다."

"전에는 백화점에 가면 사고 싶은 것이 많았는데 이제 모든 것이 쓰레기로 보입니다."

비문학은 실용적인 공부다. 《물건 이야기》를 읽고 우리 생활 주변에서 일어나는 환경문제에 대해 토론했다. 요즘 학교에서 잔반이 너무 많이 나와서 걱정이라는 주장이 있어, 음식물 쓰레기에 대한 문제점을 토론하고 그 해결책을 찾기로 했다.

그동안 음식물 쓰레기는 오래 해양 투기를 해왔는데 바다 오염이 심각해지자 이를 금지하는 법이 만들어졌다. 음식물 쓰레기도 소각 또는 매립해야 한다. 매립은 엄청난 악취와 벌레들을 만들고, 썩어서 나오는 유독가스는 공기를 오염시킨다. 그리고 침출수는 땅과 지하수와 강물을 오염시킨다. 소각 역시 엄청난 다이옥신을 공중에 퍼뜨리고, 그 재는 땅과 지하수를 오염시킨다. 땅과 지하수 오염은 농산물 오염으로 이어진다.

학생들은 음식물 쓰레기를 줄이기 위해 고민했다. 국어 시간에 토론을 하고 표어를 만들고 난 후, 미술 시간에 포스터를 그려 식당에 붙였다. 학생회는 학급별 잔반 체크리스트를 만들고 잔반을 가장 적게 남긴 학급에는 상을 주는 프로그램을 실시했다. 놀랍게도 이 수업을 하고 나서 학생들이 남기는 잔반이 절반 이하로 줄었다.

글이나 책을 읽고 토론을 하는 이유는 내용을 정확하게 파악하기 위함도 있지만, 책에서 얻은 깨달음을 통해 현실을 개선하는 힘을 갖기 위해서다. 함께 문제에 대한 대안을 찾고 실천할 때 죽은 지식이 아니라 살아 있는 실천적 지식이 될 수 있다.

❼ 탐구 보고서 쓰기

읽기, 쓰기의 마지막 단계는 탐구 보고서 또는 소논문을 쓰는 것이다. 예전에는 소논문 쓰기 교내 대회도 하고, 소논문을 묶은 책자도 발간하고, 생기부에 기록도 해주었다. 그런데 일부 지역에서 부풀려 기록하는 일들이 생겨서 생기부에 기록을 못 하게 되었지만, 사실 입시 때문이 아니라 소논문이라는 명칭을 달면서 가벼운 논문 형식을 배워보는 것도 나쁘지는 않다.

학교 소논문 대회에서 1등상을 받고 미술대학에 진학한 학생이 있었다. '학교를 아름답게 바꾸기 위한 연구'를 위해 '게릴라 페인터'라는 자율동아리 활동을 하며 교내에 다양한 벽화를 그린 활동 과정을 쓴 것이었다. 학생들이 스스로 아름다운 학교 환경을 만들어가야 하는 이유를 아주 잘 설명했고, 사례도 훌륭했다. 지금도 그 학교에서는 매년 크고 작은 벽화가 그려진다. 학생들의 그림은 학교를 딱딱한 관공서 같은 곳이 아니라 학생들의 숨결이 느껴지는 친밀한 공간으로 만들어준다.

보고서나 소논문은 읽기·쓰기 훈련의 깊이를 더할 수 있는 좋은 방법이므로 입시와 관계없이 시도할 가치가 있다. "대학에 가서나 하지, 고등학생이 그런 것을 쓸 필요가 있을까?" 하는 분도 있을 것이다. 하지만 이것은 논술 훈련을 끝낸 학생들이 쓸 수 있는 약간 긴 보고서 수준일 뿐이다. 본격적인 논문은 절대 아니다. 오히려 입시에 있으면 하고 없으면 지도하지 않는 것이 더 큰 문제라고 생각한다. 언어능력과 사고력을 오지선다형 객관식 시험으로 평가할 수 있다고 생각하는 것만큼 어리석은 일은 없다.

하지만 논술평가와 함께 탐구 보고서나 소논문 쓰기 수업의 걸림돌은 역시 교사들이 무척 힘들어한다는 점이다. 지도해야 할 것도 많고, 시간도 많이 들기 때문이다. 물론 평가하는 것도 힘들다. 그런데 의외로 논술 쓰기보다 소논문 쓰기가 더 쉬울 수도 있다. 시 창작보다 소설 창작이 더 쉬운 것처럼. 논술은 짧은 글 속에 자신의 지식과 의견을 질서정연하게 제시해야 하기 때문에 생각보다 어렵다. 하지만 소논문 쓰기는 논술보다 더 충분한 시간이 주어지고, 자유롭게 주제를 정할 수 있고, 길게 풀어서 쓸 수도 있어 생각보다 재미있다. 성적이 우수하지 않은 학생들도 자신의 관심 영역을 다루기 때문에 생각보다 열심히 자료를 찾고 글을 쓴다.

학생들에게 먼저 전년도에 선배들이 쓴 소논문들을 보여준다. (다음 카페 '김은형의 국어수업'에 들어가면 '소논문 쓰기방'이 있는데, 학생들이 쓴 많은 소논문 또는 보고서가 있다. 그 자료를 활용해도 된다.) 소논문 대회에서 수상한 논문을 묶은 소논문집을 만들었다. 대상을 받은 논문은 '어두운 청소년 노동'에 관한 연구였다. 금상, 은상, 동상을 받은 논문 중에는 동아리 활동에서 공부한 내용을 구체화한 것이 많았다. 예컨대, 이엠 (Effective Microorganisms, 유용미생물) 공장을 운영했던 학생은 그 경험을 살려 '이엠 발효액을 통한 환경 보전'에 대한 연구를, 그리고 독서카페에서 협동조합에 관한 책을 읽고 공부했던 학생은 '관악구 협동조합의 형태'에 대한 연구를 한 것이다.

소논문은 주로 컴퓨터실에서 쓴다. 먼저 소논문 초록 양식에 따라 소논문 설계를 시작한다. 연구의 동기나 목적이 들어가는 서론과 근거가 제시되는 본론, 그리고 자신의 주장을 정리하는 결론의 핵심을 잡아보는 것이다. 소논문 주제는 아이들 머릿수만큼 존재한다. 자신이 생각하는 진로와 연계하여 연구 주제를 정하기도 하고, 사회문화적 관심 영역을 주제로 정하기도 한다.

소논문 초록을 쓸 때는 제목을 정하고 목차를 뽑는 것이 중요하다. 집을 지을 때 설계도가 분명하고 탄탄해야 집이 제대로 지어지듯이, 소논문을 쓸 때도 계획서가 가장 중요하다. 이 과정을 통해 학생들은 서론과 본론과 결론이 어떻게 다른지 구분해 낼 수 있게 된다.

논술이나 논문은 대체로 어떤 대상에 대한 실체를 밝히거나 문제를 분석해서 대안을 제시하는 글이므로, 항상 '개념 정리, 실태 분석, 사례, 대안' 등이 기본으로 들어가야 한다. 이 글쓰기가 논리적 사고를 기르게 되는 가장 좋은 과정이 되는 이유다.

학생들의 관심사는 무척 다양하다. 미용사가 되고 싶은 학생은 '미용 직업의 실태와 전망'에 대해서 연구하고 싶다며 다음과 같은 계획을 세웠고, 슈퍼히어로와 문화적 현상의 상관성에 관심이 많은 학생은 그것에 대해 설계했다.

	내용
제목	미용업의 실태와 전망
목차	1. 서론: 미용업의 중요성 2. 본론 　2.1. 미용업에 대한 실태 　2.2. 미용 관련 직업의 종류와 취업 방법 　2.3. 미용업의 발전 전망 3. 결론: 미용업에 대한 인식 개선과 발전 방안
서론 논문 소개글 (문제 제기, 호기심)	**무엇을 쓸 것인지 떠오른 생각들을 그림이나 개요표, 나뭇가지 형태 등으로 써보자.** 현대 미용업의 비중이 급격히 늘고 있다. 미용실이 서울만 해도 13,746개나 있고, 전국적으론 66,759개(2009년 말 국세청 통계)가 있다. 이 통계 자료만 보아도 미용업의 비중이 옛날과는 비교가 많이 된다는 걸 볼 수 있다. 그러나 미용업에 대한 인식이 그리 좋은 편만은 아니다. 인식이 안 좋은 이유는 경제력이 없는 사람이나 교육 경력이 짧은 사람들이 많이 직업으로 선호하였고, 또 그 시대에는 서비스업이 천대를 많이 받은 직업이기 때문이다. 이제부터 미용업의 실태와 전망을 알아보자.

	내용
제목	슈퍼히어로: 현대 신화가 반영하고 있는 우리 사회
목차	
서론 논문 소개글 (문제 제기, 호기심)	슈퍼히어로란 DC코믹스와 마블코믹스가 공동으로 소유한 상표로, 초인적인 힘을 갖고 악의 세력에 맞서 싸우는 영웅적 인물을 말한다. 슈퍼히어로는 미국식 신화의 대중적 유통을 가능하게 하는 중요한 장르로서, 대중의 각별한 애정 속에 성장하여 독자적 위치를 차지하는 데 성공한 캐릭터들은 단순히 영화 수익의 일부나 마케팅 도구로만 활용되는 것을 거부한다. 슈퍼히어로는 차츰 패션, 문구, 인형 등의 영역으로 뻗어 나갔고, 캐릭터의 개발 및 활용은 문화 아이덴티티 및 고부가가치의 문화 산업으로 경쟁력을 갖게 되었다. 또한 캐릭터에는 인간의 생활상과 사회적·정신적·문화적 상황이 반영되어 그 나라 혹은 시대의 문화적 상징과 정서가 담기므로, 오락적 측면뿐만이 아니라 이데올로기적 측면에서도 중요한 영향력을 발휘해 오고 있다. 따라서 우리는 〈아이언맨〉, 〈어벤져스〉 등에서 그저 재미뿐만 아니라 그에 반영된 윤리적 가치와 정의, 우리 사회의 모순을 분석하며 비판적으로 생각할 필요가 있는 것이다.

　학생들이 소논문 계획을 세우는 단계에서부터 인터넷이나 도서실을 찾는 일이 많은데, 처음부터 분명히 해야 할 것이 있다. 자신이 정한 주제와 관련된 인터넷 자료나 책을 많이 보는 것은 좋지만, 자칫하면 다

른 사람의 글을 표절할 우려가 있다. 학생들은 다른 사람의 글을 복사해 붙이는 경우가 많은데, 반드시 다른 사람의 글을 인용할 때는 출처를 밝힐 것을 일러주어야 한다.

요즘 우리나라에서 유명 지식인과 정치인, 문학인이 표절 논란에 휘말려 직위와 명성을 잃는 일이 종종 있는데, 따지고 보면 어렸을 때 제대로 배울 기회를 갖지 못한 탓일지도 모른다. 그러므로 이런 수업을 통해서 남의 글을 자기 것인 양 가져다 쓰는 것은 남의 재산을 도둑질하는 것이나 마찬가지라는 것을 분명히 배우게 할 수 있다.

소논문 쓰기는 단기간에 할 수 없는 과제이므로, 1학기에는 계획을 세우고 지속적으로 연구를 위한 자료 찾기와 공부를 하고, 방학 중 집중적으로 쓰게 한다. 그리고 2학기 중에 제출하여 평가하는 방식이 적절하다. 아무리 좋은 수업도 시간에 쫓겨 다그치면 학생들의 고통만 커진다. 깊이 있는 자신만의 공부를 하며 읽기와 쓰기 능력을 기르는 것이 목표이므로, 공부하고 생각하며 쓸 수 있는 여유 있는 시간을 주어야 한다.

이 비문학 수업의 읽기·쓰기 훈련 단계를 정리하면 다음과 같다.

① 흥미 있고 짧고 쉬운 칼럼 스스로 읽기
② 한 문단에서 중요한 문장 찾아 밑줄 치고 요약하기
③ 칼럼의 내용을 친구와 서로 번갈아 말하고 듣기
④ 글의 내용에서 이해가 되지 않는 부분 질문하기
⑤ 전체 앞에서 친구와 함께 내용 설명하기
⑥ 자기 생각 덧붙이기, 자기 생각 말하기

⑦ 난도를 높이기(글의 길이와 내용 수준 높이기)

⑧ 교과서 글 읽고 요약하고 말하기

⑨ 교과서의 심화 자료 읽고 요약하고 말하기

⑩ 주제에 따른 논술 쓰기

⑪ 한 권의 책을 읽고 발제, 토론하기

⑫ 소논문 주제 정하고 초록 쓰기

⑬ 실제 생활과 연계된 활동하기

06

시 쓰기 수업

1. 삶을 위한 시

시골 아침

어머니는
아궁이에 새벽을
태우고 있다.

솥 안엔
아침이 끓는 소리

그제야
잠꾸러기 앞산은
안개빛
커튼을 말아 올리고

울 아래엔
짹짹짹
아침을 쪼아 먹는 참새들

나는 참새 울음을
신나게 쓸어 모으고 있다.

(초등학교 5학년이 쓴 시)

아주 아름답게 시골의 아침을 표현한 시다. '새벽을 태우고', '솥 안엔 아침이 끓는 소리', '안개빛 커튼' 같은 표현이 눈에 확 들어온다. 하지만 이 시를 쓴 어린이는 정말 시골에 살고 있거나 시골의 아침을 겪고 나서 쓴 것일까?

그렇게 말하기가 어렵다. 정말 시골에 사는 어린이라면 이렇게 쓰지 않았을 것이다. 어딘지 인위적이고 도시적인 느낌이 든다. 삶의 이야기는 없고 화려한 말 잔치만 있다. 이런 경향은 우리 현대시에도 많이 나타나는 현상이다. 기교적이고 난해한 시가 더 문학적이라는 생각 때문이었을 것이다. 그래서 지금도 교내 백일장 심사를 할 때 작품에 대한 교사들의 평가가 전혀 달라 다투는 경우가 있다. 바로 삶의 아픔이 담긴 진솔한 시가 더 중요한가, 기교적이고 화려한 표현이 더 문학적인가에서 의견이 달라지는 것이다.

이오덕 선생님은 어려운 생활 속에서 살아가는 아이들의 진솔한 삶이 담긴 시 쓰기의 중요성을 일깨우는 데 많은 힘을 기울였다. 그래서 '글짓기'라는 말을 '글쓰기'로 바꾸었다. 그리고 글쓰기가 어린이들이 자신을 둘러싼 세계를 제대로 이해하고, 진솔하게 살아가는 힘을 기를 수 있도록 해야 한다고 주장했다. 나 역시 이오덕 선생님이 펴낸 《우리글 바로쓰기》나 《일하는 아이들》 등을 통해 많은 것을 깨우쳤다. 그 책들은 글쓰기 교육의 나침판과 같은 역할을 해주었다. 《우리글 바로쓰기》는 외국어 번역 투의 문장 때문에 비문투성이가 된 우리글의 문제를 지적하고 있다. 《일하는 아이들》은 어린이들의 글쓰기 방향을 제시하는 감동적인 글모음집이다. 지금도 가슴에 남아 있는 시들 중 몇 편을 소개한다.

비료 지기

아버지하고 / 동장네 집에 가서 / 비료를 지고 오는데 / 하도 무거워서 / 눈물이 나왔다 / 오다가 쉬는데 / 아이들이 / 창교 비료 지고 간다 한다 / 내가 제비보고 / 제비야 / 비료 져다 우리 집에 / 갖다 다오 하니 / 아무 말 안 한다 / 제비는 푸른 하늘 다 구경하고 / 나는 슬픈 생각이 났다.

(초등학교 3학년)

아기

아기가 남자가 아니라고 집안 식구들은 / 매일 욕을 한다 / 그때마다 어머니께서 수건을 들고 / 우는 모습을 본다 / "어머니 왜 우세요?" 하고 물으면 / "아무것도 아니다. 걱정하지 말아라" / 할머니께서는 아기 얼굴마저도 / 돌아보시지 않는다 / '여자 낳든 남자 낳든 / 엄마 마음대로 낳아' / 나는 속으로 이렇게 중얼거린다 / 차라리 태어나지 말지 / 설움만 받고 크는 아기 / 어째서라도 나는 / 아기를 키우고 말겠다

(초등학교 6학년)

내가 처음 글쓰기의 소중함을 알게 된 것은 여덟 살 때쯤이었다. 서울에서 살던 우리 가족은 직장을 다니는 아버지만 남겨두고 강원도 산골로 이사를 갔다. 결핵에 걸린 어머니의 건강이 매우 나빠져서 물 좋고 산 좋은 산골짜기로 요양을 간 것이다. 전기도 없고 자동차도 아주 드물게 들어오는 오지였다. 나는 초등학교 입학을 놓쳐 학교도 가지 못했다. 어느 날 어머니는 서울에 계신 아버지에게 편지를 썼으면 좋겠다고 했다. 그때 나는 난생처음 편지라는 것을 썼다. 그때 쓴 편지가 지금도

남아 있다면 얼마나 좋을까 하는 생각이 가끔 든다. 왜냐하면 내가 쓴 편지를 읽은 어머니가 크게 감동했고, 주변 사람들도 잘 썼다고 칭찬해 주었기 때문이다. 가족을 멀리 보내고 외롭게 계신 아버지에게도 큰 위로가 된 것은 물론이다. 어머니는 두고두고 가족이나 이웃에게 내 편지를 자랑했는데, 가난하고 외로운 그때, 글이 위로의 힘을 갖고 있음을 처음 알았다.

처음 시를 쓴 일도 기억난다. 초등학교 6학년쯤이었다. 집에서 기르던 개가 쥐약을 먹고 발버둥치며 괴로워하다 죽었다. 나는 그 장면을 지켜보고 큰 충격을 받았다. 슬픔을 견디지 못해 계속 울다가 한 편의 시를 썼다. 아마도 큰 슬픔을 감당하기 어려워 글로 표현했던 것 같다. 다음 날 언니에게 시를 보여주었더니 언니가 이렇게 말했다.

"이건 푸시킨의 시를 베낀 것 같아."

나는 깜짝 놀라 그런 적이 없다고 말했다. 오로지 나의 절실한 감정을 옮겨 적은 것이었기 때문이다.

"거실에 걸려 있는 푸시킨의 시를 한번 읽어봐."

나는 뛰어가 아버지가 사다 걸어둔 액자 속의 시를 읽어보았다. 그런데 놀랍게도 정말 비슷했다. '삶이 그대를 속일지라도 슬퍼하거나 노하지 말라'는 시 구절도 비슷했다. 늘 벽에 걸린 푸시킨의 시를 읽었기 때문에 나도 모르게 영향을 받았던 모양이다. 그 후 문학을 공부하면서 '문학은 문학 속에서 성장한다.'라는 말을 비로소 이해하게 되었다. 즉 모든 창작은 모방에서 시작된다. 음악을 듣고 자라면서 음악 표현 능력이 생기고, 시를 읽고 감동한 사람은 시로 자기 내면을 표현할 수 있는 것이다.

초등학교 4학년 어느 날, 아버지가 '일기'를 써보면 어떻겠냐고 권했다. 그때 우리나라엔 일기 쓰기가 일반화되기 전이었다. 아버지는 이렇게 말씀하셨다.

"애들아, 일기를 꾸준히 쓰면 아주 훌륭한 사람이 된다는구나."

외국의 훌륭한 사람들의 일기에 대해서도 이야기를 해주셨다. 나는 '훌륭한 사람'이 될 수 있다는 말에 일기를 쓰기 시작했다. 처음 한동안은 한 줄 또는 두 줄 쓰기도 어려웠다. 그래서 어떤 특별한 사건이 있어야 한다고 생각했다. 일기를 쓰기 위해 일을 만들기도 했다. '오늘은 목욕탕에 갔다 왔다. 참 재미있었다.'라는 식으로. 동생과 싸운 날은 몇 줄 더 늘어나기도 했다. 그렇게 시간이 흐르면서 글의 양이 늘어갔고, 나도 모르는 사이에 글쓰기 훈련이 꽤 되었다.

그러다가 특별한 결심을 하게 된 것은 중학교 입학을 하면서다. 뭔가 새로운 인생이 시작되는 느낌이 들었다. 그래서 이제부터 평생 일기를 써서 꼭 훌륭한 사람이 되겠다고 마음먹었다. 내가 작가를 꿈꾸고 국어교사가 된 것도 모두 이 일기 쓰기에서 시작된 것인지도 모른다.

중학교 시절 나는 시를 무척 좋아하는 문학소녀였다. 수집한 아름다운 시들이 빼곡히 적힌 시 공책을 만들고 그 시들을 암송했다. 나는 괴로움이나 갈등, 어려움을 겪을 때마다 그것을 시로 쓰거나 일기 또는 편지로 쓰면서 견뎌내는 법을 터득했다. 글은 혼자만의 시간과 사색을 오롯이 담을 수 있다는 점에서 매력적이다. 쓰고 고치고 또다시 고치면서 나의 생각을 다듬을 수 있다는 것도 좋았다. 시와 소설에는 인간의 온갖 삶의 아름답고도 슬픈 이야기들이 담긴다는 것도 알게 되었다. 그리고 글쓰기를 통해 체계적이고 논리적인 생각도 성장해 간다는 것을

김은형의 혁신수업

배웠다.

시와 소설의 다른 점은 무엇일까? 학생들에게 물으면 '시는 길이가 짧고 소설은 길다.'라거나 '시는 운율이 있고 소설은 설명적인 문장이다.' 같은 답이 많이 나온다. 맞는 말이다. 하지만 내가 설명하는 방법이 따로 있다.

칠판에 점 하나를 찍고 그 점을 향한 화살표들을 그린다. 시가 '감정의 응축'임을 보여주기 위해서다. 소설은 길게 펼쳐진 물결무늬로 나타낸다. '이야기의 파노라마'를 표현하는 것이다.

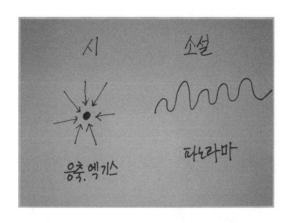

김남주의 〈사랑 1〉과 도스토옙스키의 《죄와 벌》이나 톨스토이의 《부활》을 비교해 보면, 작품의 주제는 모두 '사랑'이다. 그런데 표현 방식이 달라도 너무 다르다.

사랑 1

사랑만이 / 겨울을 이기고 / 봄을 기다릴 줄 안다 // 사랑만이 / 불모의 땅을 갈아엎고 / 제 뼈를 갈아 재로 뿌릴 줄 안다 // 천년을 두고 오늘 / 봄의 언덕에 / 한 그루의 나무를 심을 줄 안다 // 그리고 가실을 끝낸 들에서 / 사랑만이 / 인간의 사랑만이 / 사과 하나 둘로 쪼개 / 나눠 가질 줄 안다

수천 년 동안 인간은 온갖 시련과 고통을 견디며 서로 나누는 힘으로 살아왔다. 그토록 길고 복잡한 인간의 역사를 이렇게 압축적으로 표현한 것이 놀랍다. 천년을 두고, 사과를 둘로 쪼개 나눠 가질 줄 아는, 인간의 '사랑'.

그런데 이 '사랑'이라는 주제를 도스토옙스키는 《죄와 벌》, 톨스토이는 《부활》이라는 장편소설로 그렸다. 김남주 시인이 '상징과 함축'으로 그려낸 것에 비해 도스토옙스키와 톨스토이는 '인물들이 온갖 시련과 고통, 사회적 갈등과 혼란을 겪으면서' 결국은 '사랑의 소중함'을 깨우치도록 긴 이야기로 그린 것이다. 소설은 왜 그렇게 복잡한 과정을 겪은 다음에만 깨달음을 얻을 수 있게 하는 것일까? 그게 인생이기 때문일 것이다. 우리는 인생을 살아가며 갈등과 혼란을 겪으며 진실을 깨닫는다. 그 갈등과 혼란을 사실대로 보여주는 것, 그것이 소설의 형식미다. 그리고 어느 순간에 깨달은 바를 압축적으로 엑기스만 보여주는 것이 '시'의 형식미다.

그러면 슬픔과 기쁨 중 어느 것이 더 응집력이 있을까? 나는 슬픔과 기쁨을 그림으로 그린다면 어떤 모습일지 생각해 보았다. 슬픔은 안으로 안으로 응축되는 모양을 갖지 않을까? 물방울로 표현한다면 표면장력으로 인해 동그랗게 오그라든 모양이 슬픔에 가깝고, 물방울이 떨어

김은형의 혁신수업

져 왕관 모양으로 튀는 모양은 기쁨의 속성과 비슷한 것 같다. 기쁨은 확산되어 버리기 때문에 문학적으로 승화하여 작품으로 구성하기 어렵다. 슬픔은 안으로 응축되고 고여 문학적 표현이 가능하다. 즉 시는 감정의 응축이라 할 수 있다.

모든 문학은 삶의 고통과 시련을 그린다. 비참하고 견디기 어려운 고통과 슬픔을 당하는 인간, 그것이 개인적 원인이든 사회적 원인이든 자연적 원인이든 그것을 견디고 승화하려는 몸부림이 인간의 삶이다. 물론 기쁨이나 환희가 소재가 되는 경우도 있지만, 그래도 역시 사람들에게 가장 큰 감동을 안기는 것은 '비장미'다. 서정시는 감정의 응축을 표현한 것이므로 이성이나 논리가 아니라 감각과 직관으로 가슴을 파고든다. 그래서 위로를 주는 것이다. 내가 겪고 있는 고통이나 슬픔이 나만의 것이 아니라 보편적인 것이며, 견뎌내야만 한다는 무의식의 메시지를 주기 때문이다.

2. 삶을 위한 시 쓰기 수업

오늘날 시는 우리 아이들로부터 너무 멀어져 있다. 교과서에 실린 시들이 감동이 별로 없기 때문이기도 하고, 해부학이라도 하듯 샅샅이 가르고 잘라 따져보는 분석 수업 때문이기도 하다. 게다가 시험을 볼 때 까다로운 문제들을 내서 학생들을 괴롭게 만든다. 이런 상황에서 시가 좋아질 리가 없다. 삶을 위한 시 쓰기 수업을 위해서는 일련의 시 수업 과정이 필요하다. 나는 입체적이고 다양한 시 수업을 진행한 후에 마지막으로 시 쓰기를 했다.

　시 수업에 들어가기 전, 먼저 초등학생들의 시를 읽게 한다. 어린이들의 직관력은 매우 뛰어나서, 시가 우리 삶에서 지니는 의미를 바로 알려주기 때문이다.

딱지 따먹기

딱지 따먹기 할 때 / 딴 아이가 / 내 것을 치려고 할 때 / 가슴이 조마조마하다 // 딱지가 홀딱 넘어갈 때 / 나는 내가 넘어가는 것 같다

(초등학교 2학년)

내복 장사 굶어 죽겠네

우리 아버지 구두쇠 구두쇠 / 내복을 서의 6년째 입지요 / 이 세상의 사람들이 / 우리 아버지 같으면 / 내복 장사 굶어 죽겠네

(초등학교 6학년)

　삶이 담긴 시는 결코 어렵지 않다. 일부러 꾸며내야 하는 것이 아니고, 자신의 생생한 삶의 경험과 감정을 그대로 표현하기만 해도 살아 있는 시가 될 수 있다. 이렇게 삶이 담긴 동시를 먼저 읽으면 시가 어렵다는 고정관념을 깨고 쉽게 다가갈 수 있다. 그러니까 이렇게 시를 정리하고 들어간다.

　재미있다 - 쉽다 - 나도 시인이다

　수업의 단계는 '감상 – 분석 – 창작' 이렇게 3단계로 진행한다.

단계	영역	수업
1	감상	시 낭송회
2	분석	탐구, 발표
3	창작	시 쓰기, 시화, 자작시 낭송

❶ 시와 친해지기

① 시 읽고 느낌 쓰기

시와 친해지려면 앞에서 얘기한 것처럼 교과서에 실려 있는 시들이나 유명한 작가의 난해한 시보다는 어린이나 또래 학생들의 시를 먼저 감상하는 것이 좋다. 정서적 공감대가 있으면 시가 더욱 친근해진다. '김은형의 국어수업' 카페에 들어가면 '학생 창작 시방'이 있다. 거기에 수많은 학생 창작시들이 있는데, 가능하다면 컴퓨터실에서(스마트폰도 가능) 한 시간 정도 마음에 드는 시를 골라보고, 가장 마음에 드는 시를 공책에 옮겨 쓴 후 돌아가며 낭송하고 자신이 그 시를 고른 이유를 말해보는 것도 좋다.

또래들의 시는 명시보다 더 공감도가 높다. 시뿐만 아니라 소설도 그렇고 논술도 그렇다. 또 글쓰기나 창작 직전에 학생들의 글을 읽으면 참여도나 수업 효과를 높일 수 있다. 내 경험으로는 학생들이 쓴 글이 가장 좋은 교과서다. 물론 점점 난도를 높여 다양한 주제나 형식의 시를 감상할 수 있다.

다음은 시인들 시 가운데 마음에 드는 시를 골라 적고 감상을 쓴 후 발표한 내용이다.

김남주의 〈사랑 1〉을 읽고

며칠 전 여자친구와 헤어졌다. 나는 그 애가 싫어져서 (그 이유는 너무 많다.) 그만 만나자고 했더니 그 애는 막 울고불고했다. 그 애는 나를 무척이나 좋아했나 보다. 그런데 이 시를 읽고 나는 느꼈다. 사랑이라는 것은 서로 아끼고 나누고 기다리는 것임을 말이다.

(중학교 2학년)

김춘수의 〈꽃〉을 읽고

내 마음에 와닿는 느낌이 든다. 이 시에서 '꽃'이란 시어는 '무척 사랑하는 소중한 존재'인 것 같다. 만약 내가 어떤 사람을 좋아하여 소중한 존재로 만들고 싶을 때 그 사람을 꽃이라고 생각할 것이다. 나 역시 잊히지 않는 의미 있는 사람이 되고 싶다. 그래서 이 시를 좋아하게 되었다. 중1 때까지만 해도 그에게 꽃이 되고 싶었고 그 아이도 나의 '꽃'이라고 생각하는 친구가 있었지만, 헤어져야 하는 아픔을 겪었다. 남에게 '꽃'이 된다는 것은 아름다운 일이라고 생각한다.

(중학교 2학년)

② 시 편지 쓰기

5월은 기념일이 많다. 뭔가 선물이 필요한데 적당한 게 없을 때 시를 선물하면 좋다. 나는 주로 '어린이날과 어버이날, 스승의 날'을 묶어 수업 중 학급별 '선물 마련 바자회'를 열고 편지 쓰기를 했는데, 시로 편지 쓰기를 하면 좋다.

시 편지는 다른 선생님이 인터넷에 올린 것을 보고 좋아서 따라 한 것이다. 두 가지 방식으로 했는데, 하나는 선물하고 싶은 시를 골라서 쓰고 그림을 그린 후 짧게 편지를 쓰는 방식이다. 이런 것이 진짜 국어 공부다. 시 공부를 하는 목적은 시험을 보기 위해서가 아니다. 적어도 시를 배워서 일상생활 속에서 즐기며 삶을 풍요롭게 만드는 게 궁극의 목적이 아닐까?

이 수업은 자기도 모르게 시 공부를 하게 한다. 학생들은 선물로 보내고 싶은 시를 고르느라 다양한 시를 읽는다. 저절로 시 공부도 되고, 색깔이나 그림을 그리며 표현력도 기르고, 편지를 쓰면서 문장 훈련도 하게 된다.

'스승의 날' 시 편지 쓰기를 예로 들면 다음과 같다.

① 편지 쓸 대상(초 · 중 · 고 선생님 중 자유롭게 선택) 정하기
② 편지 대상에게 어울리는 시 고르기
③ 명시 또는 창작시를 쓰고 그림 그리고 색칠하기, 편지 덧붙이기
④ 봉투에 넣어 직접 전달하거나 우편으로 보내기

나는 A4용지 크기로 다양한 종이를 준비해서 골라 쓰도록 했다. 손글씨로 써도 되고, 워드로 작업해서 인쇄해도 된다. 한 사람당 3편 정도 쓰도록 했다. 초등학교나 중학교 선생님은 물론 현재 선생님도 있으니까. 또 학생들과 직접 접촉이 적은 교장 선생님, 교감 선생님, 행정실 주무관들 명단을 준비해서 나눠주고 시 편지를 쓰게 했다. 시 편지를 받은 분들은 모두 감동하고 아주 좋아했다. 우리를 위해 수고하는 분들에 대한 감사의 인사를 할 줄 아는 사람이 되도록 돕는 일도 된다. 어쨌든 시

를 통해 행복을 만드는 일이다.

③ 시 낭송(암송)회

시는 원래 노래와 하나였다. 시는 소리 내어 읽거나 노래로 부르거나 하면 더 맛이 난다. 가수 마야가 부른 김소월의 〈진달래꽃〉을 듣거나, 박인수와 이동원이 부른 정지용의 〈향수〉를 음악으로 듣는 것은 행복한 시간이다. 시를 읽고 자신의 느낌을 말하는 것도 좋지만, 음악과 함께 불러보거나 낭송해 보는 것은 더없이 좋다.

나는 문학적 가치와 문학사적 가치가 있으면서도 학생들이 좋아할 만한 명시 30여 편을 뽑아 자료로 만들었다. 시의 재미를 위해 다른 나라 시도 좀 섞었다. 교과서에 실린 시 두세 편을 해석하는 것으로는 시의 멋과 맛을 알기에 부족하다. 수업의 목표는 시를 좋아하고 즐기는 데 있다.

시는 그때그때 바뀌기도 하지만 김소월부터 정호승까지, 1920년대에서 2000년대까지 포괄하는 다양한 시들을 대상으로 했다. 이 시들을 스스로 탐구해야 하는데, 일단 아래 제시한 시들 가운데 마음에 드는 시를 골라 암송한 다음 시 낭송회를 한다. 자신이 좋아하는 다른 시를 골라도 괜찮다. 긴 시는 두세 명이 나누어 암송해도 된다.

김소월(진달래꽃, 산유화, 못 잊어, 초혼), 정지용(향수, 고향), 백석(수라, 나타샤와 흰 당나귀), 한용운(님의 침묵, 복종), 윤동주(서시, 별 헤는 밤, 참회록), 이육사(청포도, 절정, 광야), 김춘수(꽃), 김수영(풀), 유치환(깃발, 바위, 행복), 고정희(우리 동네 구자명씨, 지울 수 없는 얼굴), 김남주

(사랑 1), 기형도(빈집), 정호승(수선화, 봄길, 슬픔이 기쁨에게), 도종환
(담쟁이), 안도현(우리가 눈발이라면), 함민복(텔레비전, 눈물은 왜 짠가),
신영복(처음처럼)

우선 한 시간은 야외 수업으로 암송을 위주로 한다. 교사는 완전히
암송했는지 확인하는데, 이때 낭송법을 지도해 준다. 낭송은 노래를 부
르는 원리와 같다. 노래를 부를 때 먼저 음에 맞게 소리를 내야 한다. 그
리고 노래를 잘하려면 음정과 가사를 외워야 한다. 그리고 노래에 자신
의 감정을 넣어 불러야 한다. 노래할 때처럼 발음, 속도, 호흡, 리듬감,
감정 등이 중요하다. 요즘 '시 낭송대회'도 많으니, 시 낭송대회 수상자
의 낭송 영상을 미리 보여주고 설명을 해도 좋을 듯하다. 시 낭송도 시
에 따라 달라진다. 슬픈 시는 슬픈 감정으로, 담담한 시는 담담하게, 의
지적인 시는 웅변조로 낭송할 수도 있다.

야외 수업에서 암송이 어느 정도 끝나면 교실에 들어와 컴퓨터에서
잔잔한 배경음악을 골라 틀고 정식으로 시 낭송회를 연다. 이때 마이크
와 스피커를 사용하면 훨씬 더 풍부한 낭송회가 된다. 학생들의 목소리
가 작으면 시적인 맛을 느끼기 어려울 수도 있기 때문이다. 물론 낭송의
수준을 수행평가에 반영할 수도 있다.

그러나 수업의 목적이 시를 즐기는 것이 중심이 되어야지, 평가가 중
심이어서는 안 된다. 평가에 중점이 놓이면 과도한 긴장을 불러올 수 있
다. 아무래도 시를 암송하여 낭송하다 보니, 처음에는 길이가 짧은 시만
선택하려는 경향이 있다. 그래서 긴 시는 2~4명이 나누어서 암송할 수
있게 한다. 시 암송은 부담스럽지만 낭송회가 끝나면 성취감이 매우 크

다. 시 낭송회를 더 역동적으로 할 수도 있다. 몸짓이나 춤, 색깔이나 그림을 곁들이는 것이다. 시간적 여유가 있으면 소설이나 연극으로 갈래 바꾸기를 해보는 것도 가능하다.

❷ 시 탐구하기

시 낭송회를 통해 시에 대한 친근감과 멋을 충분히 느꼈다면, 이제 탐구수업에 들어간다. 탐구 수업도 다양한 방식으로 할 수 있다.

첫째 방법은, 컴퓨터실에 가서 자신이 탐구하고 싶은 시를 골라 인터넷으로 자료를 찾아 공책에 적는다. 블록 수업에서 한 시간은 시인의 삶, 시대적 배경, 시의 주제, 구성이나 표현의 특징 같은 내용을 탐구한다. 그리고 그다음 시간에는 원으로 둘러앉아서 자신이 탐구한 내용을 이야기한다. 시를 낭송하고 시인과 시에 대해 친구들에게 가르쳐주는 것이다. 질의응답도 가능하다. 학생들이 다양한 시에 대해 설명하는데, 동일한 시인이나 같은 시를 탐구한 사람은 앞의 발표자에 이어 보조 설명을 한다.

시에 대한 탐구는 수업 중에만 하지 않고 집에 가서도 계속 혼자 공부하게 한다. 공책에 일주일에 3편씩 시를 탐구하게 한다. 탐구한 공책의 쪽수는 수행평가에 반영하면 된다. 시를 탐구할 때 주의할 점은, 반드시 시를 공책에 옮겨 쓰고 탐구한 내용을 적게 하는데, 이때 참고서 내용을 그대로 옮기지 않도록 해야 한다. 대체로 시에 대해서 조사하라고 하면 '종류, 운율, 주제, 소재, 특징' 등을 기계적으로 적는 경우가 있다. 그것보다는 시인의 삶과 시대, 시의 맥락 등을 종합적으로 파악하고 서술식 문장으로 글을 쓰도록 한다. 중학생은 감상문 중심으로 쓰는 것이 좋고, 고등학생은 평론 쓰기와 같은 방식이 좋다.

맥락을 파악할 때는 시에 대한 다양한 질문을 던져보고, 그에 대한 답을 찾아보도록 한다.

- 시인은 왜 이 시를 썼을까?
- 시인은 우리에게 무엇을 말하고 싶었을까?
- 시인은 어떤 처지와 상황에 있는가?
- 시의 시대적 배경은 언제며, 어떤 특징이 있는가?
- 시인은 어떤 방식으로 표현하고 있는가?

시를 탐구할 때는 마치 숨겨진 보물을 찾는 것처럼 세심하게 다가가는 것이 좋다. '왜?'라는 질문을 마음껏 쏟아내고, 서로 질문하고 답을 찾아가는 수업이 되어야 한다. 그리고 교사는 학생들이 답하지 못하는 경우나 전체를 아울러 계통을 잡아줄 때만 개입하는 것이 좋다.

두 번째 방법은 모둠별 탐구 수업이다. 서너 명씩 모둠을 지어 자신들이 탐구할 시인을 정한다. 일종의 공동 탐구다. 예컨대, 기형도 시인을 탐구한다면 시인을 탐구할 사람과 대표 시 중 몇 편을 탐구할 사람을 나누어 맡는다. 그리고 나서 함께 탐구하고 토론한 내용을 정리해서 PPT를 만들어 같이 발표하는 방식이다. 앞의 방식보다 조금 더 학구적으로 깊이 탐구할 수 있다. 그래서 1학년은 앞의 방법으로, 2학년은 두 번째 방법으로 수업을 진행했다. 탐구의 마지막에 각자 그 시인의 대표작을 골라 모방시를 쓰거나 독자적으로 시 창작을 하여 PPT에 넣어 같이 발표하기도 한다.

❸ 시 쓰기

이제 드디어 시 창작 수업이다. 시 수업에서 창작의 과정이 꼭 필요할까? 고개를 젓는 사람도 있을 것이고, 고개를 끄떡이는 사람도 있을 것이다. 나는 시 수업에서 창작은 꼭 필요한 과정이라고 생각한다. 왜냐하면 국어 수업에서 읽기만 하고 쓰기를 하지 않는다면 그것은 반쪽일 수밖에 없기 때문이다. 시를 읽고 분석했으면 시를 써야 하고, 수필을 읽고 분석했으면 수필을 써야 한다. 물론 소설을 읽고 소설을 분석해 보았으면 소설을 써봐야 한다. 그래야 글의 장르적 특징을 완전히 이해할 수 있기 때문이다.

학생들은 시의 구성에 대해서 피상적으로 알고 있다. 삼단 구성은 '기-서-결', 사단 구성은 '기-승-전-결' 이렇게 외우기만 한다. 하지만 직접 시를 써보면 왜 구성이 나뉘는지 알 수 있다. 사실 학생들은 본능적으로 완벽한 구성의 시를 쓰는데, 자신이 쓴 시를 놓고 시의 구성을 이해시키면 정말 효과적이다. 아무리 시가 길어도 '기-서-결(처음, 중간, 끝)' 3단 구성의 시가 있고, 아무리 짧아도 '기-승-전-결'로 나뉘는 시가 있는데, 그것은 '전환(반전)'이 있는가 없는가에 따라 달라진다. 그뿐이 아니다. 연과 행을 나누는 이유, 비유의 중요성, 서정성 등 시의 이론을 구현해 가는 과정에서 시라는 장르의 특징을 확실히 이해하게 된다.

시를 쓰는 과정을 조금 세밀하게 나눠보면 다음과 같다.

① 무엇에 대해 쓸까? (소재 찾기)
② 무슨 얘기를 할까? (주제 정하기)
③ 하고 싶은 이야기를 자세히 쓰기 (산문 또는 줄글로 쓰기)

④ 다듬기, 다른 말로 바꾸어보기 (퇴고하기)

⑤ 연과 행을 나눠보고 완성하기

⑥ 그림을 넣어 시화 만들기 (또는 사진을 넣어 PPT로 영상시 만들기)

⑦ 배경음악과 함께 자작시 낭송하기

가장 먼저 해야 할 일은 무엇에 대해 써야 할지 찾는 것이다. 서사문이나 일기 등을 쓸 때도 마찬가지다. 소재를 쉽게 찾을 수 있도록 지도하는 일은 중요하다. 우선 감정의 응축을 찾는 것이 좋다. 최근 또는 예전에 있었던 일, 사람에 대한 슬픔이나 아픔을 생각해 본다. 고민을 찾을 수도 있다. 서정시는 감정이 담긴다는 것을 확인하는 과정이다. 정서는 '사랑, 그리움, 외로움, 슬픔, 아픔, 분노' 등 희로애락의 감정이 담길 수 있다. 물론 사회적인 문제나 자신이 주장하고 싶은 것도 좋다.

가장 절실한 감정을 찾았다면, 그 일을 통해 자신이 말하고 싶은 것이 무엇인지를 결정해야 한다. 그것이 주제다. 처음부터 주제를 정하는 일은 어려울 수 있다. 그래서 먼저 자신이 말하고 싶은 내용을 찾는 게 우선이다.

시를 쓸 때는 처음에는 있었던 일이나 느낀 바를 순서대로 자세히 쓰는 과정이 필요하다. 단숨에 시를 써내는 천재적 시인들도 있지만, 그래도 시의 내용을 풍부하게 표현하게 하기 위해서는 줄글(산문)로 먼저 쓰게 하는 것이 좋다. 그 일이 있게 된 배경이나 상황, 대화, 느낌 등을 세밀하게 표현한 뒤에 그것을 줄이고 바꾸어가며 다듬는다.

시는 쓰기보다 다듬기가 더 중요하다. 초고에서 완성된 시를 쓸 때까지, 공책에 여러 차례 새로 옮겨 쓰는 과정을 수행한다. 그 과정 자체를 공책 수행평가에 반영할 수 있다. 시가 다 완성되면 교사의 사인이나 도장을 찍어주고 깨끗한 종이에 옮겨 쓰도록 한다. 이때 시의 분위기나 내용을 그림이나 색으로 표현한 시화를 곁들이면 좋다.

시를 쓰는 속도도 개인차가 크다. 먼저 쓴 학생부터 개별 지도를 해준다. 처음에는 주제나 구성이 빈약하고 표현도 어색할 수 있다. 교사는 시적 정서가 어떻게 흘러가야 하는지, 구성의 단계에서 부족한 것은 없는지, 표현을 다듬어야 할 곳은 어딘지 등에 대해 대화를 하면서 스스로 찾도록 도와준다. 여기서 중요한 것은 반드시 학생 스스로 찾아서 고쳐 쓸 수 있도록 지도해야 한다는 것이다. 적어도 한 학생의 시를 서너 번 이상 개별 지도하면 어느 정도 완성된 시를 얻을 수 있다.

다음은 중학교에 근무할 때 지도했던 자료다. 시를 쓰는 과정을 자세히 볼 수 있다.

나   ①

2-1 원형중

나는 맨날 걸린다.
나도 외걸리는지 모르겠다

수학시간, 사회시간,
국어시간, 몽상시간.

이처럼 많은 시간에 걸린다.

나는 공부와 인연이 없나보다.
공부를 안 했으면 좋겠다.

시의 초고인데, 순박하고 단순미가 느껴진다. 처음 이 시를 보고 선생님들에 대한 불만을 말하는 시인 줄 알고, 시간마다 혼나는 모습을 구체적으로 묘사해 보라고 했다. 그리고 물었다.

"공부가 싫다는 말이니?"

그런데 그게 아니라고 했다. 그래서 자신이 말하고자 하는 것을 구체적으로 담아보라고 했더니 뒷부분에 자신의 소망을 적었다.

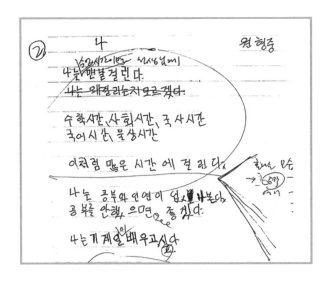

대화하면서 함께 수정해 나갔다. 두 번째 수정할 때 주제가 살짝 등장했다. '기계 일을 배우고 싶다는 것'이었다. 나는 기계 일이 무엇을 의미하는지 물었다. 세 번째 시에 조금 더 구체적인 내용이 들어갔다. '기계 일'이 구체적으로 무엇을 말하는지 물었더니, 주유소에서 일하고 싶다고 썼다. 그래서 다시 '주유소와 관련된 기술'을 배우고 싶은지 물었다. 그런데 그건 아니라고 했다. '자동차 기술자'가 되고 싶다는 것이었다.

③ 나   원형중

나는 수업시간이면 맨낯선생님계 린다.
수학시간에 학번천성면 도전의다 ...
사회 || ...공부 가 하기싫어 서...
...시간에는... 선생님이 따로 훌내다...
|| 눈선생님여 눈처요주다. 은 눈치를 슬다
물 상시간에는 교실밖에서 가다
영어 || 어눈 한번 걸엇면손역 맞는다
나는공부와 연역이 없4 본다.
공부를 안했으면 즐겟다.

나는 기계 일이 배우고 싶다.
나는 기계익연 성 여히 배 엇어서
가속라기 싶다
주요소의 누고 사다.

나.   원형중 ④

나는수업시간이면 맨 낯선 생법게 린다.

수학시간에 걸러서 허벅 지를 맞는다.
사회 || 눈 공부 가 하기 싫어 하다 직지람을 듣고
물상 || 눈 교실 밖으로 쫓 여나간다.
영어 || 눈 걸려서 손바당 을 맞는다.
국사 || 눈 선생님 이은말로 훌내고
국어 || 눈선생님 은 눈처 를 준다.

나는 공부 와연연이 없나 본다.
공부를 안 했으면 즐겟다.

나는기계일이 배우고싶다.
나는 기계일을되고 싶어...
... 기술자가 대게다.

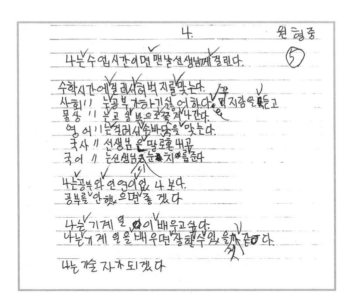

　　언어 표현에 능숙하지 않은 학생의 경우, 자신의 내면에 있는 언어를 꺼내는 과정이 쉽지 않을 수도 있다. 그러므로 교사가 계속 질문을 던질 필요가 있다. 이 시를 보면 수업 시간마다 내용이 다르다. 자세히 쓰면 쓸수록 이 학생이 학교에서, 수업에서 처한 상황이 구체적으로 드러난다. 얼마나 고통스러운 나날일지 상상할 수 있다. 이런 생활 속에서 이 학생은 자신은 도대체 어떻게 살아가야 할지에 대해 고민했을 것이다. 공부는 부족하지만 기술자가 되어 미래의 행복을 만들고 싶다는 것이다. 초고만으로도 충분히 완성도를 갖추었다고 볼 수도 있다. 하지만 초고에서 끝냈다면 이 학생이 정말 표현하고 싶었던 것이 무엇인지 알기 어려웠을 것이다. 자신의 소망을 최종 표현한 것은 그림을 그렸을 때 드러났다. 자신이 일하고 싶은 회사는 '기아자동차'라고 말했다. 그러니

까 '자동차를 만드는 기술자가 되고 싶다'가 이 시의 주제였다. 만약 일
대일로 대화를 나누며 시를 다듬는 과정을 진행하지 않았다면, 이 시는
'수업 시간의 불만'이라는 주제로 왜곡될 뻔했다.

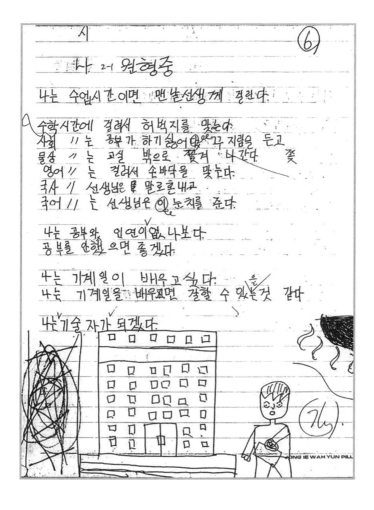

김은형의 혁신수업

다시 정리해 보면 이렇다.

나

나는 수업 시간이면 매일 선생님께 걸린다

수학 시간에 걸려 허벅지를 맞는다
사회 시간에는 공부가 하기 싫어 꾸지람을 듣고
물상 시간에는 교실 밖으로 쫓겨나간다
영어 시간에는 걸려서 손바닥을 맞는다
국사 선생님은 말로 혼내고
국어 선생님은 눈치를 준다

나는 공부와 인연이 없나 보다
공부를 안 했으면 좋겠다

나는 기계 일이 배우고 싶다
나는 기계 일을 배우면 잘할 수 있을 것 같다

나는 기술자가 되겠다

(중학교 2학년)

조금 슬프기도 하지만 재미있기도 하다. 맞춤법도 잘 모르는 학생이

한 편의 시를 완성한다는 것은 결코 쉬운 일이 아니다. 교사와 학생 모두 상당한 인내심이 필요하다. 하지만 그 학생의 내면에 숨어 있는 언어를 끌어내는 것이 교사의 역할이다. 사람의 삶과 생각과 행동은 모두 서로 얽혀 있다. 이 시를 완성하고 칭찬을 받고 자랑스러워하던 소년의 모습이 눈에 선하다. 이 학생은 아마도 지금쯤은 중년의 기술자가 되어 사회 어디선가 열심히 일하고 있을 것이다.

① 모방시 쓰기

시 창작 지도에 자신이 없을 때 쉽게 접근할 수 있는 것이 모방시다. 어떤 시를 모방할지는 학생이 정해야 한다. 나는 시인과 시에 대한 탐구 수업을 하고 나서 자신이 탐구한 시인의 시 중에서 가장 마음에 드는 시를 한 편 골라서 모방시를 쓰도록 했다. 물론 이 수업에서는 시 창작이 중점이 아니다. 시인과 시 세계를 탐구 발표의 일환으로 붙여서 한 것으로, 시 창작에 별도의 시간을 투자하기 어려울 때 쉽게 하기 위한 방법이었다. 다음은 김소월 시인을 탐구한 후 김소월의 시들 중 한 편을 골라 모방시를 쓴 것이다.

작가의 시	모방시
바리운 몸 (김소월) 꿈에 울고 일어나 들에 나와라. 들에는 소슬비 머구리는 울어라	**그리움 (강아연, 고1)** 꿈에서 울다가 깨어나 거실로 나와라 밖에 내리는 소나기 번개는 울어라

풀 그늘 어두운데	집 안 드리운 그림자
뒷짐 지고 땅 보며 머뭇거릴 때	빗방울 떨어지는 모습 멍하니 볼 때
누가 반딧불 꾀어드는 수풀 속에서	빗소리만 가득한 집에서
'간다 잘 살아라' 하며, 노래 불러라	'이젠, 안녕' 하며, 노래 불러라

그런데 다음 학생의 경우는 모방시가 너무 짧다고 보완하라 했더니 주제를 살려 새롭게 창작을 하겠다고 하면서 다음과 같은 시를 완성했다.

탐구 시	모방시	창작시
절정 (이육사) 매운 계절의 채찍에 갈겨 마침내 북방으로 휩쓸려 오다 하늘도 그만 지쳐 끝난 고원 서릿발 칼날 진 그 위에 서다 어데다 무릎을 꿇어야 하나 한 발 재겨 디딜 곳조차 없다 이러매 눈 감아 생각해 볼밖에 겨울은 강철로 된 무지갠가 보다	**절정 (서진명, 고1)** 힘들지만 나는 이 고난을 절정으로 헤쳐 나갈 것이다	**물고기 (서진명, 고1)** 나의 삶은 마치 한 마리의 물고기 같았다 자신이 사는 물만 하염없이 헤엄치는 물고기 나의 삶은 그렇게 반복의 일상이었다 인생은 그런 거라 그냥 살자고 나는 나를 타박했다 내가 물고기라면 연어가 되고 싶다 강을 거슬러 오르는 힘찬 연어처럼

중학교에서 선생님이 분석해 주는 것을 교과서에다 빼곡히 적는 것이 시 수업이라고 생각하던 학생들은, 시는 '읽는 사람에 따라 다르게 해석

될 수 있다'는 사실을 배우게 된다. 시험을 위해 '주제, 소재, 운율, 구성, 표현' 등을 달달 외웠던 것과는 차원이 다르다. 시험을 위해 시를 공부하다 보면, 새로운 시를 만나면 스스로 해석해 내는 힘을 기르기 어렵다. 다양한 시인과 그들의 대표 시를 탐구하면서 시의 특징과 원리를 스스로 터득하게 하는 것이 중요하다.

경미는 자신은 시를 쓸 수 없다고 끝까지 버텼다. 어떻게 자신이 시를 쓸 수 있냐고 했다. 자신은 시를 모른다는 것이다. 그래서 나는 모르면 모른다고 써도 된다고 했다. 그랬더니 다음과 같은 시를 완성했다.

모르겠다

모르겠다
아무것도 모르겠다
무엇을 모르는지도 모르겠다
무엇을 해야 할지도
어디로 가야 할지도
어떻게 살아야 할지도

모르겠다
아무것도 모르겠다

나는 이 시는 '완벽한 구성을 갖춘 시'라고 칭찬했다. 그랬더니 "선생님, 시의 구성이 뭐예요?"라고 물었다. '기-서-결, 즉 처음-중간-끝'이라는 형태로 나눌 수 있으면 삼단 구성이라 했다. 그리고 자신의 시를 처음, 중간, 끝으로 나누어보라고 했더니 쉽게 나누었다. 또 친구가 쓴 시를 읽어보고 세 부분으로 나눠보라고 했다.

꽃

온통 네 생각

내 머릿속에
깊이 뿌리 내려

아무리 줄기를 꺾는대도
비바람 불어서 흔들어대도
넌 이미 활짝 펴버린 나의 꽃

어둠에 숨은 꽃
가시가 돋아서
날 찌른대도

너는 나만의 꽃
영원히 네가 내 맘에 핀다면

친구의 시를 읽더니 고개를 갸우뚱했다. 그래서 삼단 구성에서 변형된,

반전이 있는 사단 구성을 설명해 주었다. 그랬더니 "이 시는 제 시와 구성이 다르네요. '어둠에 숨은 꽃 / 가시가 돋아서 / 날 찌른대도'는 반전인데요."라고 말하며, 친구의 시를 바로 '기-승-전-결'로 나누었다.

사실 이 두 학생은 놀랍게도 완벽한 구성을 갖춘 시를 썼는데, 사실 구성을 생각하거나 알고 쓴 것은 아니다. 시의 구성은 이처럼 자연스럽게 호흡으로 형성된다. 마치 우리가 겪었던 일을 얘기할 때 '시작-중간-끝'으로 저절로 완벽한 구성을 갖춰서 얘기하듯이 말이다. 그래서 시를 이야기 들려주듯이 줄글로 먼저 쓰게 하는 것이다. 물론 중언부언해서 구성이 혼란스러운 시들도 있다. 그런 경우는 다시 다듬으면서 흐름을 잡으면 된다.

시 창작을 할 때 자주 겪는 일은, 공부에 무관심하거나 성적이 부진한 학생들이 순수하고 직관성이 뛰어난 좋은 시를 쓰곤 한다는 것이다. 모범생들 가운데 시를 쓰지 못해 고통스러워하는 경우도 종종 있다. 교사를 잘 따르고 순응적인 모범생들은 정답이 없는 것에 적응하지 못하는 것이다. 외우거나 해석하는 일과 달리 느낌과 감정을 솔직하게 그대로 드러내는 일에 익숙하지 않은 탓이다.

② 시는 치유다

시 쓰기는 치유의 과정이다. 오랜 세월 나는 시 쓰기 과정을 통해 아이들의 내면을 읽을 수 있었다. 아이들의 내면엔 수많은 슬픈 이야기가 있지만, 힘든 일일수록 드러내지 못한 채 속에서 곪아 있는 경우가 많다. 오래전 일인데, 기억에 남는 학생이 있다.

ㅅ은 쉽게 시를 쓰긴 했지만, 마음이 없는 형식적인 시였다. 자전거를

타고 달리니 시원하고 재미있다는 뭐 그냥 그런 내용이었다. 시를 다듬으면서 좀 더 구체적인 경험이나 정서를 넣어보자고 했지만, 아무것도 달라지지 않았다. 그래서 나는 뭔가가 있음을 알았다.

"자전거와 관련된 너만의 특별한 경험이나 정서가 있는 거지?"

"아뇨, 없어요."

"그러면 너만의 이야기가 담긴 다른 소재로 바꾸면 어떨까?"

하지만 싫다고 고집을 부렸다. 자신은 자전거 외에 어떤 이야기도 쓰고 싶지 않다고 했다. 시가 통과돼야 시화를 만드는데, 끝까지 그 학생만 교사의 오케이 사인을 받지 못했다. 그래서 어쩔 수 없이 방과후에 남겨서 시 쓰기를 지도해야 했다.

"자전거에 얽힌 말 못 할 아픔이 있구나."

이 말에, 늦은 시간까지 빈 공책 앞에서 시간을 끌던 그 학생은 고개를 푹 숙였다.

"비밀이면 말하지 않아도 돼. 하지만 너는 그 이야기를 하고 싶은 거야. 어쩌면 이야기를 하고 나면 괴로움에서 벗어날 수도 있어."

결국 다음과 같은 시를 썼다.

자전거

집에 있으면 마음속에 쌓이는 건
지루함뿐이다
지루함이 겹겹이 쌓여 마음이 무거울 때
나는 자전거를 탄다

속도를 내어 달리다 보면
무거운 기분이 씻어짐과 동시에 지난날의 과거가 떠오른다
자전거에 얽힌 잘못
그리고 참회와 반성이 이어진다
남의 것에 손을 댔다는 것
참 미련한 짓이었다
가치 판단 미숙에서 나온
무지의 소산이었다

그리고 이어진 경찰서의
차디찬 유치장 바닥
갈 데까지 갔다 온
그때의 기억이
크디큰 쇳덩이와 같이
엄청난 중압감으로
나의 정신세계를 짓누른다

지워버릴 수가 없다
지우려 해도 자책감만이
마음속에서 일 뿐이다

고통스럽다
너무나도 고통스럽다

김은형의 혁신수업

하지만 털어버리고 싶다
이 일을 거울삼아
하루하루의 충실한 삶을 꾸리기 위해
정진해야겠다
자전거!
나에게 더 이상의 큰 교훈은 없다

그 학생의 아버지는 교도관이었다. 재소자들을 다루는 아버지는 늘 '범죄와 감옥에 대한 두려움'을 심어주었다. 교도소에서 교도관들의 가족에게 교도소 견학 기회를 주는데, 초등학교 시절 안양교도소를 가보았다고 했다. 어린 마음에 교도소는 무서운 기억으로 남았다. 그런데 좋은 자전거를 타고 싶다는 욕심에 누군가가 세워둔 자전거를 가져와 탔고, 그때문에 경찰서에 붙잡혀 갔던 것이다. 죄책감과 교도소에 대한 두려움, 부모님의 질책과 도덕적 수치심 등이 얽혀 너무도 큰 고통에 사로잡혀 있었던 것이다. 나는 누구나 실수할 수 있는 거라고 위로했다. 그런 일을 반복할 사람은 부끄러워하거나 고통스러워하지도 않을 것이라며, 솔직하게 인정하고 당당해져야 한다고 말해주었다. 이렇게 해서 시 쓰는 과정을 통해 그 학생은 정신적 트라우마에서 벗어날 수 있었다.

시 쓰기를 통해 내면을 치유한 사례는 너무 많아서 일일이 다 열거할 수 없을 정도다. 최근에 ㅁ 역시 시 쓰기를 거부했다. 사실 ㅁ은 수업의 방관자로 아무런 의욕도 없고 얼굴은 늘 무의미함으로 가득했다. 교사들이 하는 말에는 아예 반응이 없었다. 그래도 나는 포기하지 않고 계속 시를 써보자고 했더니, ㅁ은 짜증스럽게 한마디 던졌다.

"저는 지난 한 달간 학교에 나오지도 않았단 말이에요."

학교에 다닐 생각조차 없는 학생에게 시 창작이라니, 얼토당토않다는 태도였다. 하지만 나는 이 한마디에서 단초를 발견했다.

"왜 한 달간 학교에 나오지 않았는지 그 내용을 시로 쓰면 되겠구나."

ㅁ은 계속 내 말을 거부했지만, 결국은 귀찮다는 듯이 공책에 단숨에 이런 시를 썼다.

선

12년 고생이 한순간에 결정되는 순간
중간을 끊어버렸다
더 이상 선은 길어지지 않는다
주변이 선을 잡아당기면서 줄다리기를 한다
팽팽한 선
비참한 삶
가족의 얼굴을 보고
다시 시작한다
선 잇기

그의 고뇌와 방황이 어떤 것인지, 그리고 학업 중단에 대한 위기의식이 얼마나 큰 것인지 충분히 짐작할 수 있었다. 더 이상 늘어나지 않는 '선'이 팽팽하게 당겨지고 끊어질 듯한 긴장감을 시적으로 표현한 것에 감탄했다. 자신의 내면의 고통을 문학적으로 표현한 것이다. 원래 사람은 자

김은형의 혁신수업

신의 이야기를 할 때 가장 확실하게 표현할 수 있다. 왜냐하면 자신의 감정과 생각은 자신밖에 모르기 때문이다.

"'선 잇기'라는 은유법이 정말 좋구나. 아주 문학적 표현이야. 어디 하나 고칠 데 없이 완벽한 시를 썼구나."

시 구절 하나하나를 짚어가며 진심 어린 칭찬을 하니 살며시 웃음을 머금었다. 터무니없는 칭찬이 아니고 구체적이며 사실적인 칭찬을 듣고 자신감을 회복하는 모습이었다. 몇 달 만에 처음으로 수업에 발을 들여놓은 것이다.

"자, 이 자체로 훌륭하지만 더 완벽한 시를 위해 아주 조금만 다듬어보면 어떨까?"

한달음에 써 내려간 시를 보며, 나는 연을 나누어보면 어떻겠냐고 제안했다.

"시는 노래를 부를 때처럼 호흡이라는 게 있지. 시는 엄청난 사연을 압축하고 있기 때문에, 천천히 내용을 음미할 시간을 주어야 한단다. 그래서 연과 행을 나누어 호흡을 주는 거지. 소중한 네 시를 너무 빨리 읽어버리면 아깝지 않을까?"

그래서 스스로 연과 행을 나눈 후 다시 깨끗하게 옮겨 썼다. 나는 소리 내서 읽어보라고 했다.

선

12년 고생이
한순간에 결정되는 순간

중간을 끊어버렸다
더 이상 선은 길어지지 않는다

주변이 선을 잡아당기면서
줄다리기를 한다

팽팽한 선
비참한 삶

가족의 얼굴을 보고
다시 시작한다

선 잇기

그렇다. 행과 연을 나누는 이유는 시 속 화자의 감정을 따라가며 천천히 숨어 있는 의미를 발견하고 느낌을 공유하기 위해서다. 시의 호흡을 가다듬고 나서 오케이 사인을 해주자 얼굴이 환하게 밝아졌다.

③ 고쳐쓰기

시를 쓰는 방법은 매우 다양하다. 자유연상 기법이나 패러디로 쓰는 방법도 재미있다. 또는 비문학과 문학을 연결하여 지식이나 사회적 주제로 시를 쓸 수도 있다. 하지만 내가 가장 강조하는 것은 바로 이것이다.

'시는 쓰는 것이 아니라 고치는 것이다.'

"여러분, 한비야 씨는 자신이 쓴 여행기를 40번 이상 고친다고 하더군요. 그런데 놀라지 마십시오. 헤밍웨이는 《노인과 바다》를 400번 고쳤다고 합니다."

이렇게 말하면 아이들은 깜짝 놀란다. 아무렇게나 써서 휙 던지고 자신은 시 쓰기나 글쓰기는 잘 못한다며 무관심하게 말하는 경우가 허다하니까.

"프로 작가들도 좋은 글을 쓰기 위해 고치고 또 고치는데, 우리는 몇 번이나 고쳐야 할까요?"

"천 번이요!"

"그렇습니다. 천 번은 바라지 않고, 백 번도 바라지 않습니다. 열 번 정도면 어떨까요? 너무 많나요? 그럼 다섯 번은 가능할까요?"

"네, 좋습니다."

학생들에게 미리 동의를 받아두는 것은 매우 중요하다. 왜냐하면 자신이 쓴 시를 반복해서 고쳐야 하는 길고 힘든 과정이 전개될 테니까. 이런 사전 과정이 있으면 학생들은 자신의 시를 다듬고 선생님과 대화하기 위해 길게 줄을 서서 기다리는 것에 불평하지 않는다. 그리고 주제를 검토하고, 시의 구성을 확인하고, 표현을 다듬고, 연과 행을 다시 나누는 과정에서 자신의 시가 얼마나 문학적이고 세련된 시로 바뀌는지를 알면 더욱 글다듬기의 소중함을 깨닫게 된다.

하루는 고1 남학생들을 데리고 6월의 산에 올랐다. 달콤한 밤꽃 냄새가 코를 찔렀다. 상록이가 나에게 말했다.

"선생님, 밤꽃 냄새에 대해서 시를 써도 되나요?"

"물론이지. 세상의 모든 것이 다 시의 소재가 된단다."

창조적인 수업을 위해서 교사는 어떤 경우에도 '안 된다'거나 부정적인 말을 하지 않아야 한다. 주변 친구들이 낄낄거렸다. 상록이가 어떤 의도로 그런 얘기를 하는지 아니까. 물론 나도 알았지만 모른 척했다. 잠시 뒤 상록이는 시를 다 썼다며 봐달라고 공책을 보여주는데 아주 가관이었다. 제목부터 성적인 행위를 속되게 표현한 '떡'이었다. '떡떡떡떡 쿵떡, 으악, 헉헉, 퍽퍽, 찍, 풀썩' 뭐 그런 식이다.

나는 아무렇지도 않게 말했다.

"음, 재미있네. 내용을 보니 사랑하고 싶다는 정서를 표현한 것 같은데, 맞니?"

나의 진지한 반응에 머쓱해진 상록이는 "네. 그런 거죠."라고 답했다.

"주제는 좋은데, 의성어와 의태어만 나열하는 것으로는 좋은 시가 되기 어렵단다. 이왕이면 좀 고상한 비유법을 찾아보면 어떨까?"

"어떻게요?"

드디어 나의 그물에 걸렸다.

"처음부터 시로 표현하는 일은 어려우니까, 네가 말하고 싶은 것을 줄글로 먼저 써보면 어떨까?"

상록이는 선생님이 흥분하는 모습을 예상하며 즐기려고 했지만, 예상밖의 진지한 지도에 경중경중 뛰어갔다. 그리고 잠시 후 다시 공책을 내밀었다.

나는 이번에는 아주 잘 썼다고 칭찬을 아끼지 않았다.

"너는 시를 쓰는 특별한 재능이 있는 것 같구나. 고칠 데도 별로 없고 완벽한데……."

상록이가 매우 흐뭇해했다.

"그러면 이제 표현을 조금만 더 다듬고, 연과 행을 나누어 흐름과 리듬감을 살려보면 어떨까?"

상록이는 공책을 들고 다시 뛰어갔다. 그리고 금세 또 돌아왔다.

나비

나비는
자유롭게 꽃을 찾아가는데

왜 나는
찾아갈 사람이 없을까?

나는
나비보다 못한 존재인가

나도
나비이고 싶다.

이번에는 정말 제대로 시답게 정리가 되었다. 나는 오케이 사인을 해주고 컴퓨터실로 가서 영상시를 만들라고 허락해 주었다. 그 반에서 가장 먼저 시를 완성한 모범생이 된 것이다. 상록이는 컴퓨터실로 가서 역시 가장 먼저 이미지를 편집해 PPT로 영상시를 만들었다.

다음 시간에는 자작시 낭송회를 열었다. 모든 학생이 카페에 올려둔 영상시를 다운받아 배경음악과 함께 멋진 시 낭송을 했는데, 상록이 역시 자신의 영상시를 낭송했다. 친구들은 상록이의 시를 듣고 감탄사를 연발했다.

나비에 비유한 사춘기 소년의 솔직한 시는 사랑을 그리워하는 모든 사람의 보편적 정서로 아름답게 승화되었고, 적절한 이미지를 사용함으로써 영상미 또한 뛰어났다.

④ 어디서 시를 쓸까?

시를 어디서 쓰느냐에 따라 시가 달라지기도 한다. 그러면 어디서 가장 편안하고 아름다운 시가 많이 나올까? 오랫동안 했던 시 수업 결과, 교실에서 쓴 시와 운동장에서 쓴 시, 자연 속에서 쓴 시는 큰 차이가 있었다. 교실에서 쓴 시들은 현실의 답답함과 고통을 호소하고 벗어나고 싶다며 자유를 그리워하는 시가 많다. 그런데 자연 속에서 쓴 시는 오감으로 느끼는 자연의 아름다움을 담은 감수성 높은 시가 많았다.

다음 현우와 동민이, 유진이의 시를 읽어보면 어디서 쓴 시일지 짐작할 수 있을 것이다.

공부하기 싫은 날 (현우)

공부가 너무 싫다
그런데 해야 된다

너무 속상하다

공부를 못해서

진로가 걱정돼
잠도 못 이루고

어머니의 공부 소리는
점점 더 커지고

공부, 공부가 뭐길래……
나는 대한민국이 너무 밉다

그래도 어쩌나, 내가 태어났는데
그냥 되는대로 살아가야지

삶 (동민)

아침에 일어나는 게 귀찮다
일어나서 씻는 게 귀찮다
씻고 밥 먹는 것도 귀찮다

아, 이제 학교 가야 하는데……
정말 귀찮다

수업을 듣는 것도 귀찮고
잠자는 것도 귀찮다
점심시간에 밥도 귀찮지만
그래도 밥은 먹자

학교가 끝나고 집에 가는 것도 귀찮다
집에 가서 잔다
오늘도 귀찮은 하루를 보냈다

서러운 열여덟 (유진)

열여섯, 철없는 나이
열일곱, 즐거운 나이
열여덟, 서러운 나이

아무것도 이루지 못하고
그저 누워서
꿈속을 헤매는 기분

비 오는 날
진흙탕에 서 있는 기분
열여덟, 소나기가 내리네

서럽다

진짜 서럽다

열여덟이라 서럽다

하지만 어쩌겠나

소나기 그칠 때까지

기다려야지

　학교가 관악산과 면해 있어 운동장만 벗어나면 바로 산길로 올라갈
수 있었다. 두 시간 블록 수업이므로 한 시간은 자연을 느끼기 위해 산
책을 하고 한 시간은 시를 쓴다. 해마다 5월이면 시 수업을 한 후 시를
쓰러 산에 올라갔다. 물론 날씨가 좋지 않거나 비가 올 때도 있다. 또
어떤 해는 시간이 부족하기도 하고, 어떤 해는 날씨가 너무 더워 아이들
이 산에 올라가는 일을 거부하기도 했다.

　어쨌든 시기가 언제이며, 날씨가 어떤지, 신록이 우거졌는지에 따라 시
들이 달라진다. 자연의 아름다움을 오감으로 느낀 날의 시들은 아름답고
신선하다. 다음은 산에 다녀온 직후에 세웅이가 쓴 시다.

자연

나는 오늘 산에 올랐다

맑은 공기가

나를 반기고
그윽한 꽃향기에
나는 취했다

새들의 지저귐은
최고의 음악 소리
산은 엄마처럼
나를 포근히 안아준다

도시의 탁한 공기에서 벗어나
산에서 잠깐의 자유를 찾았다

만약 산으로 올라가기에 적합하지 않은 조건이라면 운동장 등나무 그늘도 좋다. 자유롭게 상상할 시간을 주면 더 좋다. 나중에 수업 평가를 해보면 학생들은 야외 수업이 좋았다고 입을 모아 말한다. 운동장 등나무 그늘에서 시 암송을 하고 창작한 것이 좋았던 이유는 무엇일까? 몸의 자유로움은 상상력을 풍부하게 해준다. 수업 중에 자유롭게 산책하고, 잔디에 누워보고, 벤치에 앉아 바람을 느껴보는 일은 해방감을 맛보며 생각할 시간을 준다.

⑤ 비문학으로 시 쓰기

시는 감정의 응축이라고 했다. 그것은 단순한 감상의 나열이 아니다. 사실 시는 매우 논리적이며 체계적으로 쌓아 올린 언어의 구조물이다. 사회적이고 과학적인 문제들을 탐구하여 인식을 확장하는 수업을 한 후, 그 수업의 마무리를 시 쓰기로 할 수도 있다.

먼저 시사 칼럼을 읽고 요약하고 토론한 후 논술 쓰기를 하고, 이어서 시를 쓰는 방식이다. 둘째는 주제 탐구 후 시를 쓰고, 탐구 발표(프레젠테이션)를 하는 방식이다. 이것은 비문학과 문학을 연결하는 프로젝트 수업 방식으로, 사고력 훈련과 발표 능력, 요약하기와 논리적 글쓰기 능력 등 다양한 목적을 동시에 만족할 수 있는 수업이다.

첫째 방식의 수업은 '현상과 본질'이라는 철학적 주제 하에 다양한 소주제의 칼럼을 읽고 요약하고 논술을 쓰는 활동이었다.

소주제 칼럼들은 다음에 관한 내용들이었다.

- 눈에 보이는 것과 보이지 않는 것 (시몬과 페로, 레이디 고다이바 이야기)
- 에너지 (스마트폰과 핵에너지의 문제)
- 사회 (피로사회의 원인 분석과 해결책)
- 역사 (위안부 문제와 베트남 양민 학살에 대한 이중적 시선)
- 경제 (정의로운 자본주의는 가능한가?)
- 삶 (스티브 잡스는 행복했나?)
- 용기 (이라크전 미군 범죄 폭로한 매닝은 유죄인가 무죄인가?)

칼럼은 자료를 찾아 내가 직접 썼다. 분량은 A4 2쪽 내외였다. 요약하기, 토론하기, 논술 쓰기로 진행하고 마지막으로 시를 쓰게 했다.

다음은 '피로사회'에 관한 글을 읽고 난 다음 논술을 쓰고 마지막에 시를 덧붙여 쓴 것이다.

피로사회 - 김홍륜(고2)

특정한 시기에 처한 사람이나 특별히 어려운 업무를 하는 사람만이 아니라 대부분의 사람이 상시적으로 피로감을 느낀다면 그것을 개인이 아닌 사회의 문제로 보아야 한다.

한국은 OECD 주요 국가 중 노동 시간이 가장 길다. 한국 학생들 학습 시간 역시 세계 최장이다. 노동 시간이나 학습 시간은 사회적 분위기나 요구와 긴밀하게 맞물려 있다.

사람은 피로감이 계속 누적되면 무력감과 좌절감, 자기혐오와 같은 정신적·육체적 에너지가 소진되는 현상을 미국의 정신분석 의사 H. 프뤼덴버그는 '번아웃 증후군'이라고 이름을 붙였다.

철학자 한병철은 현 세기는 무한경쟁과 과잉 성과주의로 인한 신경증적 질병 시대라는 것이다. 그는 《피로사회》에서 "지난 세기의 특징은 금기와 부정이 중시되는 '규율 사회'였다. 그러나 현 세기는 '긍정'을 특징으로 하는 '성과 사회'로 변모했다. 노력에 의해 최고가 될 수 있다는 무한긍정 사회인 것이다. 이 사회에서 가장 중요한 일은 자신의 능력을 입증하는 일이므로 무한정보와 무한경쟁 속에서 스스로가 스스로를 착취하는 현상이 일어난다. 자신이 착취자이며 동시에 피착취자인 셈이다. 성과를 향한 압박 속에서 탈진한 영혼의 모습이 소진증후군이며 우울증이다."라고 말했다.

니체는 《우상의 황혼》에서 다음과 같이 말했다. "사색과 성찰하는 힘을 길러야 한다. 이를 위해 인간은 보는 법을 배워야 하고, 생각하는 것을 배워야 하며, 말하고 쓰는 것을 배워야 한다. 천천히 오래 바라보고 느끼며, 평온과 인내심을 갖고 시선을 주체적으로 유지하는 일이 중요하다. 중단이나 쉼이 없는, 막간의 시간이 적은 삶은 자극에 저항하지 못하고, 즉각 반응하며, 충동에 따라 행동하도록 한다. 외부의 시선에 자신을 내맡기고 조종당하는 것은 일종의 질병이다."라고 말했다.

니체의 말에 나는 찬성한다. 사색과 성찰 능력을 기르기 위해선 우선 내면의 세계부터 가꾸어야 한다. 자신이 누구인지 알아야 한다. 내가 좋아하는 것과 싫어하는 것, 장단점, 하고 싶은 일 등을 스스로에게 질문해야 한다. 니체의 말대로 '막간의 시간'이 필요하다. 에너지를 축적하고 스트레스를 해소하거나 잠시 자신의 세계에 몸담을 수 있어야 한다. 즉 막간의 시간은 내면의 세계를 가꾸는 데 필수적인 요소다. 그래서 우리는 휴식이 필요하다.

나는 여기서 독서의 중요성에 대해 강조하고 싶다. 독서는 인간의 뇌를 변화시킨다. 숙련된 독서가들은 시각 정보, 음운론적 정보, 의미론적 정보를 빠르게 인출해 내는 방법을 터득했다고 한다. 문자 해독 또한 빠르게 처리하는 능력이 생겼고, 은유·추론·유추·감정·기억·경험적 배경을 통합하는 활동도 가능하다. 그러나 현재의 가정들은 그러하지 못하고 있다. 학교가 대체를 해준다면 너무나도 좋겠지만, 학교도 그러한 상황이 되지 못한다. 학생들은 과도한 입시 경쟁에 지쳐 있고 부모 또한 마찬가지다. 주변의 사소한 반응에도 과민 반응을 하게 된다. 이러한 상황이 지속되다 보니 내면 세상은 당연히 엉망진창이 될 수밖에 없다. 그러다 보니 자신이 뭘 하고 싶은지, 진정으로 되고 싶은 게 무엇인지도 모른 상태에서 경쟁만 하는 학생들이 늘고 있다. 그러므로 우리에게는 독서와 토론 그리고 글쓰기가 필요하다. 우리에게는 저항하기 위한 힘이 필요하다.

(하략)

Burn Out

우리는 피곤하다

We are tired

우리의 에너지는 바닥났다

We run out of energy

우리는 자신을 혐오한다

We don't like ourselves

우리의 정신은 파괴된다

Our mind is broken down

우리는 휴식이 필요하다

We need a rest

두 번째는 주제 탐구 수업 후 시 쓰기다. 약간 무거운 내용인 '핵과 방사능의 위험성'을 중심 주제로 삼았다. 매우 전문성을 요구하는 분야지만 후쿠시마 사고 이후 핵발전의 위험성에 대한 공부는 꼭 필요한 영역이 되었다.

나는 어떤 것도 미리 설명하지 않았다. 이 대주제와 관련된 소주제는 매우 다양했다. 체르노빌과 후쿠시마 원전 사고에서부터 북한 핵무기에

이르기까지. 학생들은 자신이 정한 소주제를 컴퓨터실에서 탐구한 후 프
레젠테이션을 만들어 발표했다. 그리고 논술을 쓰고 시로 창작했다. 물
론 그대로 중간고사 논술시험을 출제했다. 서론(문제 제기), 본론(논거),
결론(주장)이 각 20점씩, 그리고 마지막 시 창작은 40점으로 배점했다.

방사능 피폭 5주 (김광현)

어느 날 난 방사능에 피폭됐다

하루가 지났다
구토를 시작했다
몸이 너무 아프다

2주가 지났다
일어나기도 힘들다
앞이 잘 안 보인다
눈이 흰색으로 변했다

3주가 되었다
병원에 갔다
암이란다

4주가 되었다

피부가 전부 녹아내렸다

5주가 되었다
난 죽었다.

탐구 수업 후 '탈핵의 노래'라는 시집을 펴내기도 했다.

❹ 자작시 낭송회

거의 모든 학생이 일정한 수준에 다다른 시를 썼고, 시화를 만들고 사진을 찍어 카페에 올렸다. 마지막은 자신의 시를 발표하는 시간이다. 학생들은 자신이 수준 있는 시를 썼다는 것에 자부심을 갖기도 하지만, 친구들이 쓴 시에 감탄을 금치 못한다. 우리 모두의 내면에 시심이 있고, 그것을 단련하는 과정을 거쳐 언어의 보석이 탄생한다는 것을 깨닫는 시간이기도 하다.

처음에는 선생님이 있어 가능하다고 생각하지만, 점차 스스로 시를 감상하고 분석하고 창작할 수 있는 힘이 붙는다. 여기서 가장 중요한 것은 시는 삶의 이야기고 누구나 즐길 수 있으며, 모든 사람은 시인이 될 수 있다는 것이다.

한 학생이 시 낭송을 마치자 누군가가 이렇게 외쳤다.

"우리 효정이 문학소녀구만." 모두 까르르 웃었다.

시들을 모아 시집을 묶기도 하고, 액자에 넣어 시화 전시회를 하기도 했다. 액자는 비닐이나 플라스틱 같은 값싸고 가벼운 것으로 했다. 그래도 종이만 붙이는 것보다는 좀 있어 보인다. 학생들도 좋아하고 다른 교과 선생님들도 칭찬해 주었다. 다른 학급 친구들의 시도 읽어볼 수 있어서 더 좋다. 가끔은 부끄러워 자신의 시화를 살짝 뒤집어 놓는 친구들도 있긴 하다. 그렇게 복도가 갤러리가 되면 학교가 더 환해진다.

지금은 예전보다 창의적인 수업을 할 수 있는 환경과 도구가 많아졌다. 다양한 매체들을 활용하면 더 쉽게 목표에 닿을 수 있다.

아이들은 지하철역에서 시를 읽을 때마다 새삼 시가 더 친근하게 느껴진다고 말한다. 자신의 시와 그림이 있는 학교에서 아이들은 조금 더 만족감을 느낄 수 있다. 이렇게 시를 읽고 쓰는 일은 우리의 삶을 더 풍부하게 해준다.

시 수업을 마친 후 학생들의 평가를 보면 정말 제대로 시 수업이 되었는지를 확인할 수 있다. 가장 의미 있게 생각하는 평가들은 이런 것이다.

- 시가 좋아졌다.
- 시에 인생이 담긴다는 것을 알았다.
- 나도 시를 쓸 수 있다는 것이 놀랍다.
- 친구들도 모두 시인이다.
- 이제 시집을 사서 더 많이 읽겠다.

김은형의 혁신수업

07

소설 창작 수업

1. 이야기 유전자

인류는 문자가 없던 수십만 년 동안 '옛날이야기'를 즐겨왔다. 사람에게는 이야기 본능, 즉 이야기 유전자가 존재한다. 이것이 서사문학의 근원이다. 요즘 우리가 즐기는 드라마, 영화, 연극, 뮤지컬, 만화, 웹툰 등은 모두 서사문학의 범주에 들어간다. 설화나 소설 등 1차 서사문학은 점점 더 다양한 매체와 결합하면서 더욱더 입체적인 대중예술로 발전하고 있다. 이 대중예술의 바탕이 되는 가장 중요한 요소가 탄탄한 이야기 구조다.

소설은 사람들이 살아가는 이야기다. 문학 자체가 바로 사람들의 이야기다. 시, 소설, 희곡, 수필이 모두 삶의 이야기인데 표현 방식이 다를 뿐이다. 예컨대, 시는 삶의 고비고비에서 느끼는 슬픔과 고통과 외로움과 기다림 같은 감정들을 하나의 점으로 응축시킨 것이라면, 소설은 삶의 진상들을 파노라마처럼 길게 펼쳐놓은 것이다. 삶의 굴곡들(고단하고 복잡한 갈등과 다툼, 아픔과 슬픔, 사랑과 미움 등)을 긴 이야기로 그려낸 것이 소설이다. 그러나 소설은 삶 그 자체를 말하는 것은 아니다. 온갖 사건과 상황 속에서 필요한 것만 가져와 새롭게 구축한 이야기다. 그래서 소설을 허구라고 한다. 하지만 허구란 거짓말이 아니고 인생에서 일어났거나 일어날 수 있는 진실한 이야기를 새롭게 엮었다는 뜻이다. 그러므로 소설은 언어의 미학적 건축물이다. 다시 말하면, 소설은 어떤 의도에 따라 설계된 이야기인 것이다.

소설은 삶과 사회와 시대를 반영하면서도 일정한 주제와 일정한 형식을 갖춘 글이다. 구전문학이 오랜 세월 자연스럽게 다듬어진 다수에 의

한 창작물이라면, 현대소설은 인간 존재와 시대와 사회문제를 통찰할 수 있도록 작가가 재구성한 창작물이다. 소설은 아주 적나라하게 인간의 삶을 펼쳐 보인다. 한 인간이 그 사회와 문화와 역사적 요인들과 얽혀 신음하고 고통받는 모습을 자세히 보여준다. 그래서 문학을 인문학의 핵심으로 보는 것이다. 그러므로 소설 읽기는 인간 존재와 삶, 사회를 이해하는 행위며, 소설 쓰기는 삶과 사회에 대해 상상하고 창조하는 행위다.

2. 쉽고 재미있는 소설 쓰기

국어 수업에서 문학 수업은 아직도 대체로 읽기 중심이다. 읽기가 모든 지적 활동의 시작이기는 하지만, 지필평가 때문에 그렇기도 하다. 소설 읽기라도 많이 하면 좋겠지만, 문제는 읽기도 제대로 하지 않는다는 것이다. 그러니 쓰기는 더욱 열외가 될 수밖에 없다.

쓰기는 언어활동 가운데 가장 어려운 단계다. 비문학 쓰기와 문학의 쓰기는 다른 영역이라 초점을 둬야 하는 부분이 다르긴 하지만, 결국은 가장 높은 단계의 언어활동이다.

쓰기는 읽기와 긴밀한 관계에 있다. 많이 읽으면 쓰기 능력이 향상될 수 있고, 당연히 글을 쓰려면 많은 글을 읽어야 한다. 우리가 어떤 주제의 글을 쓰려고 할 때 자료를 찾는데, 자료를 찾는 과정이 곧 읽기 과정이다. 평소에는 칼럼이나 논술을 전혀 읽지 않았다 해도, 만약 칼럼이나 논술을 쓰게 하면 다른 칼럼이나 논술을 읽어야 한다. 물론 그 주제와 관련 있는 글을 많이 찾아 읽게 된다. 소설도 똑같다. 평소에 소설에 흥미가 없거나 읽지 않던 학생들도 '소설 창작'을 하게 하면 일반 소설이든 학생 창작소설이든 열심히 읽어본다. 그냥 읽는 것이 아니라 아주 유심히 읽는다. 바로 쓰기를 위한 읽기 교육이다.

그런데 수업 현장에서는 교사가 문학이든 비문학이든 독해 중심으로 수업을 하면서 교사 혼자 언어 훈련을 하는 경우가 많다. 그리고 글쓰기는 시간이 부족하다며 거의 하지 않는다. 시나 수필, 논술 쓰기도 하지 않는데 소설 쓰기를 한다는 것은 조금 지나치지 않나 하는 생각을 하는 분들이 있을 것이다. 쓰기를 하는 경우도 한 학기에 한두 번 정도다. 그런데 사실 한두 번 쓰는 정도로 쓰기 능력을 향상하는 것은 거의 불가능하다.

국어 교사들 중에도 시나 소설 창작은 전문적 영역이라고 여기고, '작가가 될 것도 아닌데 소설 창작을 할 필요가 있을까?' 하고 생각하는 사람이 많을 것이다. 그것은 '음악 시간에 자작곡을 만들어볼 필요가 있을까?'라거나, 지리나 역사를 공부하는 학생이 '자신이 사는 지역의 지도를 그려보거나 집안의 역사를 써볼 필요가 있을까?' 같은 질문과 비슷하다. '축구선수가 되지 않는 학생이 축구 시합을 위해 연습을 할 필요가 있을까?'라는 말과도 같다.

솔직히 말하면 나도 처음에는 학생들에게 소설 창작을 시키는 건 필요하지 않을 거라고 생각했다. 하지만 한 학생 덕분에 그 생각이 깨졌다. 학급문집 편집을 맡은 한 학생이 초등학교 때 문집으로 만들었다는 《초등학생 소설창작집》을 가져온 적이 있었다. 초등학생들도 소설 창작 수업을 했다는 것이 놀라웠다. 읽어보니 만화 수준의 고만고만한 이야기들이었지만, 그중에서 〈생라면 이야기〉라는 놀라운 작품을 발견했다. 〈생라면 이야기〉는 초등학교 2학년 주인공이 라면을 사러 가는 과정에서 부딪히는 과정을 그린 것인데, 모험소설이나 성장소설이 갖는 형식적 요소들(시련과 장애에 부딪혀 극복하는 과정)을 제대로 갖추고 있었다. 인물의 성격 창조, 구성의 치밀성 역시 놀라웠다.

그 소설을 발견 후 나는 용기를 내서 소설 창작 수업을 시도했다. 그런데 의외로 소설을 쓰기 위해서는 소설 이론을 정확히 알아야 한다는 것을 알게 되었다. 소설을 쓰려면 인물의 성격을 창조해야 하는데, 이때 인물의 시점이나 주인공의 나이와 처지, 조건, 관계 등을 고려해야 한다. 인물의 성격에 따라 갈등 관계가 생기거나 사건이 발생하고 전개와 절정, 마무리 등 구성이 생긴다. 반전을 넣을 수도 있고, 비극적 결말로 할지 해피엔딩으로 할지 정해야 한다. 또 배경과 문체를 창조할 수도 있다. 이 모든 요소는 소설을 분석할 때 쓰는 조건인데, 이제 그것들을 적용해서 소설을 써야 한다. 그러다 보니 소설의 요소들을 정확하게 숙지해야 한다.

실제로 소설 쓰기는 시나 수필을 쓰는 것보다 더 쉽다. 왜냐하면 허구이기 때문이다. 시는 짧지만 고도의 응축이나 상징을 사용한다는 측면에서 사실은 가장 어려운 문학 영역이다. 또 수필도 쉬워 보이지만 삶에 대한 철학적 성찰을 담아야 한다는 점에서 학생이나 젊은 사람에게 결코 쉽지 않은 장르다. 그런데 소설은 인물, 사건, 배경 등을 마음대로 상상해서 쓸 수 있다. 판타지를 쓰라고 하면 학생들은 열광할 것이다. 물론 판타지가 아니어도 학생들의 내면에는 하고 싶은 무궁무진한 이야기가 있다. 다만 그 이야기를 풀어내도록 유도하는 교사의 역할이 중요한 것이다.

처음은 조금 어렵지만 일단 이야기를 시작하면 교사가 상상하지 못한 많은 것들이 쏟아져 나온다. 그리고 이야기 속에서 자신을 재발견하고 때로는 치유받기도 하면서 언어능력은 물론 정신적 성장을 이루는 교육 효과를 기대할 수 있다.

물론 중·고등학생이 쓴 소설에서 일반 작가가 쓴 작품과 같은 문학성을 기대할 수는 없다. 그러나 분명 학생들이 쓴 소설에는 성인 작가의 작품과는 다른 순수하고 소박한 문학성이 존재한다. 매년 소설 창작 수업을 하면서 나는 '청소년문학'이라는 장르가 필요하다고 생각하게 되었다. 왜냐하면 학생들이 쓴 작품들에는 성인 작가가 쓰지 못하는 어떤 특별함이 있었기 때문이다.

성인 작가들도 청소년을 주인공으로 한 성장소설을 많이 쓴다. 하지만 그것은 성인이 된 작가의 입장에서 이미 지나온 시절을 현재의 감상으로 덧칠한 과거 회상적 이야기인 경우가 대부분이다. 그러나 학생들이 창작한 소설은 그런 덧칠한 과거 회상이 아니다. 현재 자신에게 일어나고 있는 어떤 절박한 이야기, 고뇌와 외침이 담긴다. 소년답고 소녀다운 순수한 언어가 고스란히 살아 있어 생생하고 현장성이 뛰어나다. 문장 표현에서도 문학적 수사는 찾아볼 수 없고, 직설적이고 진실한 표현들이 살아 있다.

학생 창작소설은 학생 독자들에게 인기가 높다. 소설 창작에 들어가기 전에 학생 창작소설을 읽혀보면, 학생들이 무척 재미있어 하고 열심히 읽는다. 유명 작가가 쓴 소설보다 열독율이 높다. 자기들의 이야기가 들어 있기 때문에 더 빠져들 수 있는 것이다.

소설 창작 수업의 효과는 언어능력과 상상력을 키워주는 것 이상의 의미가 있다. 허구라는 특징이 있지만 사실성이나 진실성이 중요하므로 자신이 겪은 구체적인 사실들과 연결할 수밖에 없다. 자신이 부딪히고 있는 문제 상황이나 갈등, 고뇌, 일상의 체험들을 저절로 드러낼 수밖에 없기 때문에 저절로 자아 성찰이 이루어지고 치유와 성장 효과를 가져오는 것이다.

　예를 들면, 태훈이는 〈소설가〉라는 소설을 썼다. 소설의 주인공은 소심하고 친구들과 원만하게 지내지 못하는 인물이다. 주인공은 소설대회에 출품할 소설 속에 그런 자신의 고민과 갈등을 그대로 썼다. 소설 속 인물이 '소설 창작대회'에서 상을 타면서 자신감을 회복하고 친구들과 잘 어울리게 된다는 액자소설 형식으로, 소설 속에 자신의 희망을 그대로 실현한 것이다. 소설 속 인물처럼 실제로 태훈이는 소설을 잘 썼다는 평가와 함께 자신감을 가질 수 있게 되었고, 친구들과 원만하게 지내는 바람도 이루었다.

　동생만을 아껴주는 할아버지를 원망하던 찬우는 암 투병 중인 자신의 친할아버지 이야기를 〈사랑해요, 할아버지〉라는 소설로 쓰면서, 할아버지를 이해하고 할아버지에 대한 뜨겁고 진정한 사랑을 되찾게 된다. 소설의 마지막은 동생을 질투했던 자신을 부끄러워하며 할아버지의 완쾌를 눈물로 기도하는 내용으로 마무리했다.

　아무 생각 없이 친구를 괴롭히던 규필이는 〈애늙은이〉라는 소설 속에 숨겨두었던 과거 자신의 부끄러운 이야기를 썼다. 행동하는 것도 말하는 것도 느릿느릿하며 몸도 구부정하여 '애늙은이'라는 놀림을 받던 친구에게 큰 상처를 안겨주었던 일이 있었다. 결국 전학을 갔는데, 몇 년이 흐르고 자신을 친구로 생각하고 SNS에서 찾는다는 말을 듣는다. 그리고 자신이 얼마나 형편없는 인간이었는지를 고백한다. 치기 어린 소년기의 실수와 사고를 돌이켜보며 깨달음을 얻는 성장소설의 가장 일반적인 형식이다.

소설 창작은 시 창작과 마찬가지로 고정관념을 뛰어넘곤 한다. 의외로 맞춤법이나 띄어쓰기는 물론 몇 줄의 글도 쓰기 어려워하는 학생들이 놀라운 작품을 써내는 경우가 있다. 물론 교사의 독려와 지도가 없다면 불가능하지만, 그런 학생을 볼 때마다 기적을 발견하는 기쁨을 맛본다. 하지만 반대로 성적이 매우 우수한 학생들 가운데 시나 소설 창작에 곤란을 겪는 경우도 꽤 있다. 정답만을 찾는 데 익숙한 학생들은 창조하는 일에 어려움을 느낄 수 있다.

요즈음 학생들은 만화나 영화, 인터넷 소설 등을 통해 다양한 이야기들을 접하고 있다. 그리고 공상과학이나 판타지 등에 대한 강한 호기심을 갖고 있다. 따지고 보면 《해리포터》 이후 정통 문학을 한다는 사람들조차 판타지소설에 도전하겠다고 공공연히 말하는 현실을 생각해 보면 학생들이 관심을 가지는 비현실적 이야기들을 무조건 나쁘다고 할수는 없다. 오히려 한 발 더 나가서 '판타지소설 창작대회'를 열어보는건 어떨까? 어떤 작품이 좋은지 구별하기 어렵다면 학생들에게 평가를 맡기면 된다. 교사는 그저 기회를 주기만 하면 된다.

중요한 것은 학생들의 표현 욕구에 문학적 진실성을 어떻게 담아내게 할 것인가 하는 것이다. 경험이나 사실이 모두 소설이 되는 것은 아니지만, 자신의 경험을 문학적으로 형상화할 수 있도록 지도하는 일, 그것이바로 교사가 해야 할 일이다. 감성이 살아 있고 개성 있는 학생들은 자신이 겪은 고통과 괴로움, 고뇌와 갈등을 적극적으로 표현한다.

3. 소설 창작 수업의 실제

❶ 학생 창작소설 읽기

좋은 시를 쓰려면 우선 좋은 시를 많이 읽어야 하듯이, 좋은 소설을 쓰려면 좋은 소설을 많이 읽는 것이 좋다. 나는 《국어시간에 소설쓰기 1, 2》를 가지고 운동장에 가서 야외 수업을 했다. 자유롭게 앉거나 누워서 학생 창작소설을 읽는다. 자유롭게 읽으면서 자신이 쓸 소설을 구상해보게 한다. 앞에서 말한 대로, 소설 쓰기를 전제로 하고 소설을 읽으면 아주 관심 있게 소설을 읽게 된다. 인물, 사건, 배경, 문체, 주제 등을 어떻게 그리고 있는지 살피며 읽게 되는 것이다. 그리고 '나라면 이야기를 이렇게 전개했을 텐데.' 하는 상상을 하면서 읽을 수 있다.

이미 짧은 단편소설들을 읽었고, 교과서 소설도 분석을 끝낸 뒤에 소설 창작 수업에 들어가는데, 이 창작 직전에 학생 소설을 읽게 하는 것이다. 물론 창작부터 하고 기존 작가의 소설을 읽고 교과서 소설을 분석하는 방법도 있겠지만, 전자가 진도 조절하기가 더 쉽다.

여러 편을 읽고 자신의 마음에 드는 작품을 골라 소개하기도 하고, 모둠별로 작품에 대한 토론을 해보는 것도 좋다. 뛰어난 작품이 아니어도 괜찮다. 학생 창작소설에서 부족한 점이 무엇인지를 찾아보는 것도 문학비평 연습이 된다. 그것이 더 좋은 소설을 쓸 수도 있다는 자신감을 갖게 해줄 수 있다.

❷ 소설 분석

소설 쓰기 전에 학생 창작소설을 놓고 분석을 해보는 것도 좋다. 소설의 3요소와 구성의 3요소를 기본으로 따져보는 것이다. '인물, 사건, 배경'을 먼저 분석할 때는 다음과 같은 부분을 염두에 둔다.

- 어떤 인물이 등장했나?
  (인물의 성격, 특징, 조건과 환경을 어떻게 설정했나?)
- 어떤 사건이 일어났나?
  (사건은 언제, 어디서, 왜 일어나고, 그 전개와 결말은 어떤가?)
- 어떤 문장으로 쓰였나?
  (문장은 긴가 짧은가? 잘 표현한 곳은 어느 부분이며, 글쓴이만의 개성이 드러나 있나?)
- 주제는 무엇인가?
  (이야기의 목적, 소설이 준 감동과 깨달음은 무엇인가?)

❸ 소설 창작

① 소설 창작 계획서

소설 쓰기 수업 방법은 무척 많다. 어떤 상황을 주고 소설을 쓰게 할 수도 있고, 몇 단락의 소설을 제시하고 이어쓰기도 할 수 있고, 시나 수필의 갈래를 바꾸어 소설로 쓰게 할 수도 있다. 또는 완성된 소설을 전혀 새롭게 바꿔서 쓸 수도 있다.

그런 방법들을 모두 해보고 나서 나는 나만의 소설 쓰기 수업을 조직

화했다. 소설은 언어의 구조물(건축물)이므로 먼저 설계도, 즉 '소설 창작 계획서'를 만들어보게 했다. 소설의 구성 요소를 먼저 짜보는 것이다. 어떤 성격을 가진 인물을 주인공으로 할지, 나이나 환경은 어떻게 할지 미리 정한다. 또 계절적 배경이나 공간적 배경도 정해본다. 그리고 사건을 중심으로 간단한 전체 줄거리도 짜보게 한다.

내 경험으로는 구상 단계가 가장 중요하다. 그래서 이 단계는 한 명 한 명 개별 지도를 해야 한다. 소설 창작 계획서를 보면 소설다운 소설이 될 것인지 아니면 황당한 소설이 될지 예측할 수 있다. 만약 소설로서 적당하지 않은 계획이라면 인물의 성격이나 사건을 바꿔보게 한다. 또는 아예 처음부터 새로 계획서를 작성하게 할 수도 있다. 제목이나 주제, 문체 등은 나중에 결정해도 되지만 구성과 줄거리는 반드시 먼저 잡아주어야 한다. 시 창작 때와 마찬가지로 이 과정은 한 사람당 서너 차례의 개별적 지도가 필요하다.

〈소설 창작 계획서〉

10821 전○○

제목: 이중생활

인물: 나(고1), 엄마, 친구들

시점: 1인칭 주인공 시점

사건: 나는 엄마의 눈을 속이고 일탈한다.

배경: 시간 – 2000년대, 공간 – 도시

줄거리: 나는 집에서는 예의 바르고 바른길만 찾아가는 것처럼 행동하지만, 도서실에서 공부한다며 사실은 친구들과 노는 데만 열중한다.

---

② 소설 쓰기 요령

소설 창작 계획서를 완성한 학생은 소설 쓰기에 들어간다. 소설 창작
계획서는 공책에 쓰게 하고, 본격적인 소설 창작은 컴퓨터실에서 워드
로 작업하는 것이 좋다. 수정도 쉽고, 입력 속도도 빠르고, 글씨도 깨끗
해서 읽기 좋기 때문이다. 수업 중에 소설을 완성하려면 적어도 4~6시
간 정도가 걸린다. 수업 중 쓴 내용은 자기 메일에 담아두었다가 집에
가서 이어 쓰고, 다시 메일에 올려두었다가 학교에서 찾아 쓰는 게 좋
다. 시간이 부족하면 시작만 하고 과제로 쓰게 하는 방법도 있다. 하지
만 구상 단계와 소설 창작 시작 단계는 수업 중에 하는 게 좋다. 첫 단

계에서 교사의 지도가 가장 중요하기 때문이다. 소설을 고치고 다듬는 과정은 스스로 하게 하고, 완성된 소설은 교사의 메일로 보내거나 인터넷 카페에 올리게 한다.

다음은 소설 창작 수업을 할 때 학생들이 가장 많이 하는 질문과 그에 대한 답이다.

소설은 '허구'라고 하는데, 거짓말로 쓴다는 뜻인가요?

소설의 허구성이란 '황당한 거짓말'이란 뜻이 아닙니다. 허구성이란 '현실의 재구성'이란 뜻이지요. 현실의 재구성이란 주제를 가장 잘 드러내기 위해 불필요한 이야기나 사건은 제거하고 꼭 필요한 부분만 선택하여 새로 엮는다는 뜻입니다. 그러므로 이것은 '거짓말'이란 뜻과는 전혀 다릅니다. 오히려 소설의 생명은 '사실성' 또는 '진실성'에 있습니다. 사실성과 진실성이 없는 소설은 문학적 가치가 없습니다.

소설의 '사실성과 진실성, 구체성'을 확보하기 위해서는 자신이 체험한 일에서부터 시작하여 그것을 확장하거나 변형하는 것이 무난합니다. 자신이 겪지 않은 이야기를 쓰면 구체적인 알맹이가 없어 상황 묘사나 심리 묘사 등을 쓰지 못한 채 대강의 사건만 나열하게 됩니다. 그런 소설은 작품성이 떨어질 수밖에 없습니다.

판타지소설로 써도 되나요?

남학생들은 판타지소설이나 추리소설을 쓰고 싶어 하고 여학생들은 순정소설을 쓰고 싶어 하는 경향이 있죠. 소설의 오락성도 중요하지만 주제에 대한 고민 없이 시중에 나와 있는 소설들을 모방하는 것은 좋지 않습니다. 판타지소설이나 순정소설을 쓸 때도 자신의 체험을 바탕으로 하고 거기에 상상력을 덧붙이는 것이 좋습니다.

예를 들면, 현우는 게임 스토리를 소설로 쓸 계획이었습니다. 황당무계한 내용이 되지 않도록 함께 고민하여 줄거리를 확정했죠. 게임에 몰두하다가 게임 속으로 빨려 들어간 주인공은 실제로 전쟁 상황에 놓이게 됩니다. 게임으로는 알지 못했던 죽음의 공포와 굶주림으로 고통 받으면서, 실제 전쟁과 게임의 차이를 알게 된다는 이야기로 만든 거죠.

또 유령이 나오는 판타지소설을 쓰겠다는 장열이 역시 스토리 전개의 사실성을 살리는 방향으로 이야기를 만들었습니다. 주인공은 친구가 없는 외톨이에 소극적인 성격입니다. 주인공은 어느 날, 일찍 교실에 들어오다가 교탁에 앉아 있는 한 친구를 만나 친해집니다. 주인공은 그 친구와 사귀면서 점점 적극적인 성격으로 바뀝니다. 그런데 사실 그 친구는 교실에서 오랜 세월 살아온 유령, 즉 고스트입니다. 주인공이 좋아하는 여자친구에게 고백하는 데 자신감을 갖게 도와주고, 일이 성사되자 유령 친구는 사라집니다. 여기서 유령 친구는 주인공 내면에 존재하는 또 다른 자아의 개념으로까지 해석할 수 있습니다. 비록 고스트 소설이지만 상징성을 높인 작품으로 완성되었죠.

수필과 소설의 차이점은 무엇인가요?

경험을 사실 그대로 옮겨 쓰면 수필입니다. 수필은 자신이 겪은 일화나 체험을 통해 얻은 깨달음을 쓴 글이지요. 수필 속의 '나'는 주로 글쓴이 자신입니다. 그러나 소설은 가상의 인물을 등장시켜 사건을 전개합니다. 소설 속의 '나'는 실제 글쓴이(작가)를 의미하지 않습니다. 설사 작가가

김은형의 혁신수업

자신의 이야기를 썼다 해도 소설이라는 이름이 붙는 순간, 그것은 창조된 인물이지 글쓴이는 아니라는 말입니다. 3인칭도 마찬가지입니다. 나의 이야기를 쓰더라도 3인칭으로 바꿔서 객관적으로 이야기를 전개할 수 있습니다. 소설 속 인물을 만들어가는 것이 바로 형상화의 과정입니다.

수필은 꾸며내거나 사실과 다른 이야기를 섞으면 절대 안 됩니다. 하지만 소설은 실제 이야기(자신의 부끄러운 내면의 상처나 갈등)조차도 객관화시킬 수 있으며, 자신의 이야기라 할지라도 다른 이야기들과 섞을 수 있습니다. 또 등장인물의 이름이나 시점 등도 자유롭게 바꿈으로써 새로운 인물로 객관화시킬 수 있죠. 시공간적 배경을 바꿀 수 있는 점도 매력적입니다. 물론 수필과 비슷한 소설도 많습니다. 기존의 작가들 중에도 겪은 일을 중심으로 하는 '사실주의 문학'을 강조하는 작가들이 있습니다. 그러나 소설이라는 이름으로 발표하는 이상, 그것은 허구적인 이야기로 보는 게 맞습니다.

실제 겪은 일은 어떻게 소설적 구성을 갖게 되나요?

아끼던 새 자전거를 잃어버린 정준이는 자신이 겪은 이 경험을 소설로 쓰고 싶어 했습니다. 정준이는 자전거를 잃어버리고 속이 상해서 자전거를 찾기 위해 온 동네를 돌아다닙니다. 하지만 자전거는 끝내 찾을 수 없었죠. 여기까지가 사실이고 사건의 전부입니다. 이대로 소설을 써도 되지요. 소중한 물건을 잃어버린 사람의 심리 묘사를 중심으로 쓸 수도 있으니까요. 하지만 소설을 재미있게 만들기 위해 이야기를 바꿔보았습니다.

소설 속 주인공이 자전거를 찾으러 동네를 돌아다니다가 자신의 자전거와 비슷한 자전거를 보고 자기 것으로 확신하고 그 자전거를 가져옵니다. 그런데 자전거 주인이 나타나고, 급기야 자전거 도둑으로 몰리게 되는 이야기로 확대해서 썼습니다. 이렇게 쓴다면 '경솔한 판단'을 주제로 한 단순한 이야기가 될 수도 있었죠. 그런데 조금 더 이야기를 확장해 보았습니다. 주인공은 자전거를 찾으러 돌아다니다가 자신의 자전거를 타고 있는 꼬마를 만납니다. 그런데 알고 보니 그 꼬마는 남의 자전거를 훔쳐다 판매하는 학생 도둑에게서 자전거를 샀다는 것입니다. 그래서 주인공은 꼬마의 도움으로 진짜 자전거 도둑을 잡게 됩니다. 그런데 알고 보니 자전거 도둑은 자기 학급에 전학 온 친구였습니다. 전학생은 가정 형편이 어려워 자전거를 훔쳐서 팔았다는 사실을 알게 됩니다. 주인공은 다시는 안 그러겠다고 약속을 받고, 두 사람은 좋은 친구로 지내게 된다는 새로운 이야기로 완성했습니다.

이렇게 소설이란 작가가 자신의 경험을 바탕으로 쓰더라도 전혀 다른 이야기를 만들 수 있습니다. '자전거 분실'이라는 사건을 통해 '진정한 우정'을 말하고자 한 것. 그것이 바로 '소설의 형상화'라는 것이죠. 그래서 소설에서 어디가 사실이고 어디가 허구냐고 묻는 것은 의미 없습니다. 중요한 것은 이야기의 구성이 작가가 말하고자 하는 바(주제)를 표현하기 위해 얼마나 치밀하게 짜여 있는가 하는 것입니다.

소설의 길이는 어느 정도가 적당한가요?

길이에 제한을 둘 필요는 없습니다. 가장 짧은 소설인 콩트는 A4 한쪽 이내인 경우도 있습니다. 하지만 수업 중에 쓰는 소설은 중학생이라면 적어도 A4로 4~5쪽, 고등학생이라면 7~8쪽은 되어야 한다고 생각합니다. 필력에 따라 A4 20장을 넘는 소설도 종종 있지요. 하지만 학생들의 필력으

김은형의 혁신수업

로는 너무 길어지면 구성력이나 응집력이 떨어져 작품 수준이 낮아질 염려가 있습니다.

일반적으로 짧은 소설인 콩트나 단편소설은 반전이 매력입니다. 허버트 릴리오가 쓴 단편은 겨우 250자 정도지만 세계적으로 인정받는 작품입니다. 최근 세계는 물론 우리나라 문학계에서도 '손바닥소설', '엽편(葉片)소설' 같은 압축적이며 상징적인 짧은 소설에 대한 관심이 높아지며 소설의 길이에 대한 고정관념이 바뀌어가고 있습니다. 이런 소설들은 앉은 자리에서 한번에 읽어냄으로써 소설의 내용과 주제를 파악하는 데 목적이 있습니다.

단편소설의 특징은 '단일한 사건과 단일한 주제'입니다. 예컨대, 사과를 소설로 쓴다면 장편소설은 사과가 열매로 맺어지는 과정은 물론이고 사과의 겉과 속, 나무와의 관계 등을 모두 쓰는 것이고, 단편소설은 사과를 잘랐을 때 보이는 단면에 대해서만 쓰는 것입니다.

그래서 단편소설은 압축과 긴장, 통일성과 일관성이 생명입니다. 당연히 길이는 제한적입니다.

인물의 나이는 어떻게 설정해야 하나요?

원칙적으로 소설 주인공의 나이는 제한이 없습니다. 하지만 학생 창작소설의 경우 자신의 현재 나이보다 많은 주인공을 설정하는 것은 좋지 않습니다. 청년이나 대학생, 어른이나 노인을 주인공으로 설정하는 경우, 그 세계를 겪어보지 못한 탓에 이야기 내용이 세밀하지 못하고 사실성과 진정성이 떨어질 가능성이 큽니다.

그러므로 자기 나이 또래거나 자신보다 어린 사람으로 주인공을 삼는 것이 적절합니다. 소설의 재미는 등장인물의 심리 묘사나 행동 묘사의 섬세함, 그리고 상황 묘사와 배경 설명 등에 있는데, 자신의 경험이나 아주 잘 아는 이야기를 쓸 때 문학성이 높아질 수 있습니다.

1인칭 시점이 좋은가요, 3인칭 시점이 좋은가요?

1인칭과 3인칭은 각각의 특징이 있습니다. 학생들은 1인칭 주인공 시점을 가장 선호하는데, 이유는 마치 소설 속의 인물이 자기 이야기를 하는 친근한 느낌을 받기 때문입니다. 즉 읽는 사람에게 더 사실(진실)적으로 받아들이게 하는 힘을 갖지요. 실제로 소설 중에는 '자전적 소설'이 많으며, 자신의 경험을 얘기할 때 독자를 더 이야기 속으로 빠져들게 합니다. 그러나 1인칭 소설은 1인칭 주인공의 시선만을 따라가며 서술하기 때문에 복잡한 사건이나 상황을 쓸 때는 한계가 있을 수 있습니다.

3인칭의 경우는 자신의 이야기를 하더라도 거리두기가 가능하고, 더 객관적으로 보입니다. 3인칭 시점도 주인공의 시선을 따라가는 방식이 있고, 다양한 사람의 시점으로 기술하는 방법도 있습니다. 만약 시점을 결정하기 어려운 경우는 한 문단 또는 두 문단을 1인칭 또는 3인칭 시점으로 써 본 후 자기에게 맞는 시점으로 쓰는 것도 괜찮습니다.

소설은 어떻게 시작해야 하나요?

소설의 첫 문장을 쓰는 일은 어렵습니다. 영화의 첫 장면을 먼저 떠올려 보는 것도 좋은 방법입니다. 소설 구성의 발단(사건이 시작되는 단계) 부분을 생각하면서 쓰되, 작품 전체를 상징하는 문장이나 독자가 흥미를 가질 수 있는 문장이면 더욱 좋습니다. 그래도 자신이 없다면 다른 사람

김은형의 혁신수업

의 소설 시작을 유심히 관찰해 봅니다.

집을 지을 때 단 한 장의 벽돌도 쓸데없이 들어가는 일이 없듯이, 영화의 한 장면 장면이 모여 한 편의 영화가 만들어지듯이, 소설도 역시 모든 문장은 주제를 드러내기 위해 존재합니다. 그러나 다행히도 소설은 얼마든지 새롭게 다시 고칠 수 있는 언어의 집입니다. 첫 문장도 첫 단락도 다시 바꿔 쓸 수 있지요. 사건의 결말을 소설의 시작에 배치할 수도 있고요. 그러므로 아무런 걱정을 할 필요가 없습니다. 일단 마음 내키는 대로 써보는 게 중요합니다. 쓰면서 점점 자기만의 소설을 만들기 위한 좋은 생각이 떠오르기 마련입니다. 소설을 포함한 모든 글은 쓰는 것보다 고치는 것이 중요하다는 점을 명심할 필요가 있습니다. 단숨에 완벽한 소설을 쓰는 일은 불가능하니까요.

서사와 묘사, 대화는 어떻게 써나요?

소설을 쓰면서 가장 확실하게 공부하게 되는 것이 바로 소설의 서술 방식입니다. 서사, 묘사, 대화가 어떻게 다르며 어떻게 사용할 수 있는지를 분명히 알아야만 합니다. 서사와 묘사의 개념에 대해 혼동을 많이 하는 편이지만, 쓰다 보면 자신도 모르게 서사와 묘사를 섞어 쓰고 있음을 발견할 겁니다. 그러나 간혹 묘사는 전혀 없이 사건의 전개만을 설명하는 경우도 있고, 인터넷 소설들의 영향으로 대화만을 줄줄이 이어놓고 소설을 썼다고 하는 경우가 있지요. 그런 경우는 문학성이 떨어집니다. 그러므로 소설 속에서 서사와 묘사의 차이점을 먼저 구분해 비교하는 공부를 하는 것이 좋습니다. 소설의 문학적 수준은 묘사에 있기 때문입니다. 서사는 사건의 전개를 설명하는 문장입니다. 사건의 전개를 설명하는 서사는 움직임과 관련이 깊기 때문에 소설의 뼈대를 이룬다고 할 수 있습니다. 즉 소설의 속도와 시간을 조절하는 힘을 갖습니다. 빠른 서사는 사건 전개로 긴장감을 높일 때 사용합니다.

묘사는 인물의 동작이나 심리, 상황, 배경 등을 그림 그리듯이 보여주는 것입니다. 움직임이 없는 정적인 표현이며 소설의 분위기를 좌우합니다. 묘사가 뛰어난 작품은 소설 읽는 재미를 한층 더해주며, 뛰어난 묘사 문장들은 문학성을 높여줍니다.

대화는 인물 간의 직접적인 의사소통을 인용문으로 표현합니다. 요즘 인터넷 소설이나 만화의 영향을 받아 설명이나 묘사 없이 희곡처럼 대화로만 소설을 쓰는 학생들도 꽤 있습니다. 희곡이나 시나리오처럼 지문(지시문)을 구분하고 대사 중심으로 쓰는 경우도 있는데, 역시 그것도 적합하지 않습니다.

희곡이나 시나리오는 무대 상연 또는 영화 촬영을 위한 대본으로 지시문(지문)을 사용하여 동작과 표정, 심리 등을 제시하지만 소설은 서사와 묘사가 대화보다 더 주된 표현법입니다. 대화는 적절하게 필요할 때 현장감이나 생동감을 주기 위해 사용해야 하며, 대화의 사이에도 적절한 서사와 묘사를 같이 써야 소설의 문학적 품위를 유지할 수 있습니다.

또 문장 표현력이 부족한 경우 단정적인 설명을 쓰는 경향이 있는데 그것도 좋은 소설 문장 표현이 아닙니다. 예를 들어, '나는 왕따다.'라든가 '우리 집은 가난하다.' 같은 문장보다는 '아무도 나에게 얘기를 걸어주는 사람이 없다.'라든가, '오늘도 식탁에는 콩나물국에 김치밖에 없다.'와 같이 간접적인 묘사로 표현하는 것이 더 좋습니다.

김은형의 혁신수업

제목이나 주제를 먼저 결정해야 하나요?

제목은 작품의 전체를 상징하거나 주제를 담은 것이 좋습니다. 제목은 상점의 간판과도 같은 역할이므로 이왕이면 다른 사람의 관심을 끌 수 있는 개성이 있으면 더 좋겠지요. 하지만 제목을 미리 정하고 쓰지 않아도 괜찮습니다. 그런데 주제는 글 쓰는 이의 중심 생각이므로 미리 생각해 보는 것도 좋습니다. 하지만 역시 주제를 정하기 어렵다면 줄거리나 사건, 갈등을 먼저 써도 괜찮습니다. 때로는 핵심 사건이 제목이 되기도 하고, 그 사건의 결과로 인한 깨달음이 주로 주제가 되기도 하니까요. 간혹 인물이나 사건을 정하고 써나가면서도 소설을 통해 주고자 하는 생각이 정리되지 않는 경우가 있는데, 그런 경우에는 소설의 소재로 적합하지 않습니다. 물론 소설은 교훈을 주는 것이 목적은 아닙니다. 그러나 우리 앞에 벌어지고 있는 현실, 현상적인 문제점 뒤에 숨어 있는 진실을 말할 수 있어야 합니다. 만약 그것이 불가능한 사건이라면 빨리 전면적으로 소설의 내용을 바꿀 필요가 있습니다.

욕이나 은어를 사용해도 되나요? 극단적 사건의 설정도 가능한가요?

소설의 내용 전개상 사실성을 살리기 위해 반드시 욕설이 필요하다면 넣어도 됩니다. 그러나 모든 현실이 다 소설이 되는 것이 아니듯, 일상 속에서 욕을 많이 사용한다고 소설 속에 욕을 쓸 필요는 없습니다. 소설의 분위기를 살리기 위해 꼭 필요한 경우만 사용하되, 불필요하게 많이 넣으면 소설의 작품성을 떨어뜨릴 염려가 있습니다.

또 자살이나 살인과 같은 극단적인 사건을 설정하는 경우도 있지요. 소설 속에서 설정 불가능한 사건이나 상황이란 없지만, 어떤 사건이나 내용은 필연적인 인과관계가 있어야 합니다. 단지 재미를 위해 극단적인 상황을 설정하면 진실성이나 보편성이 떨어질 수 있습니다.

극단적인 사건이 주는 무게는 진실성과 사실성을 바탕으로 할 때만 의미 있으며, 그 사건의 결말과 주제와의 관계 등을 깊이 고려해야 합니다. 학생 소설은 돈을 벌기 위해 쓰는 것이 아니며, 또 사회와 삶의 거대한 파노라마를 다루는 소설을 목표로 하는 것도 아닙니다. 일상의 작은 사건을 통해서 얻을 수 있는 소박한 진실과 아름다움을 표현하는 것이 좋습니다.

③ 다듬기

모든 글이 다 그렇지만 소설 역시 다듬는 과정이 매우 중요하다. 나는 늘 "글은 쓰는 것이 아니라 다듬는 것이다."라고 말한다. 앞서 말한 것처럼 헤밍웨이는 《노인과 바다》를 쓸 때 400번을 고쳤다는 이야기를 상기시켜 줄 필요가 있다.

다만 소설을 쓰다가 어떻게 해야 할지 막힐 때 선생님의 도움이 매우 중요하다. 다 완성되고 나면 고쳐쓰기가 쉽지 않기 때문이다. 소설의 흐름은 창작 계획서와 일치해야 한다. 그래야 내용 파악이 쉽고 지도도 쉽다. 소설 내용이 바뀌었다면 창작 계획서의 줄거리도 바꿔두어야 한다. 선생님은 지도할 때 계획서의 줄거리를 보고 전개 과정을 빨리 파악할 수 있어야 하기 때문이다.

학생 작품들은 대개 짧은 단편이고 일화 중심으로 이야기가 전개되기 때문에 쉽게 이해할 수 있는 내용이 대부분이다. 좋은 소설은 인물의 성격이 분명히 드러나고, 절정과 결말이 긴밀하게 연결되어 있으며, 무엇을 말하고자 하는지 주제의식이 분명하게 나타난다. 만약 다 썼는데 사건 구성이 너무 밋밋해 재미가 없다면 극적인 요소들을 더 넣어주거나 결말을 바꾸어보는 것도 괜찮다. 만약 너무 극단적인 사건이 일어나는 경우는 마무리를 꿈으로 처리할 수도 있다. 전체 전개와 구성이 무난하다면 각 부분을 촘촘히 묘사로 채우는 일이 중요하다. 예를 들면 다음과 같은 것들이다.

- 사건의 중간중간에 더 구체적인 내용 끼워 넣기
- 인물의 심리 묘사, 배경 묘사, 상황 묘사 첨가하기
- 상황에 맞는 사실적이고 구체적인 대화 넣기

문장을 잘 쓰려면 짧게 쓰는 것이 좋다. 문장이 길어지면 주어와 술어의 호응이 되지 않아 비문이 될 가능성이 크기 때문이다. 그다음에는 먼저 올 문장과 뒤에 올 문장이 뒤죽박죽으로 섞여 있는 경우가 없는지 확인해야 한다. 한 문단 안에서도 문장의 통일성을 기하기 위해서는 같은 내용을 말하는 문장끼리는 반드시 묶어주어야 한다. 그리고 중언부언 반복된 표현도 없어야 한다.

마지막에 해야 할 일은 문단 들여쓰기와 맞춤법 다듬기다. 요즘은 한글 프로그램으로 문서 작업을 할 때 맞춤법에 어긋나면 빨간 밑줄이 나오기 때문에 외래어나 고유명사를 제외하고는 쉽게 맞춤법을 수정할 수 있다. 오히려 많이 틀리는 것이 대화에 쓰는 따옴표다. 큰따옴표와 작은따옴표 사용법, 물음표나 느낌표 등을 중복해서 사용하는 것도 수정해야 한다. 문장 수정은 짝이나 친구와 돌려보며 고쳐주는 것도 한 방법이 될 수 있다.

④ 프레젠테이션으로 소설 쓰기

학생 창작소설집을 묶는 것도 좋은데, 요즘은 빔프로젝트나 대형 모니터가 교실 안에 있어서 이미지나 그림을 넣어 영상소설로 만들어보는 것도 좋다. 영상소설은 문자로 된 소설에 이미지(그림, 사진)와 음악적 요소를 가미하여 만드는 입체 소설인 셈이다. 문자로만 이루어진 소설에 비해 더 풍부하고 감성적이고 재미있다. 시간이 부족하다면 이미지나 그림을 소설 사이사이에 넣어 연출하는 정도로도 풍부한 느낌을 살릴 수 있다.

또 PPT로 제작할 수도 있다. 사진을 직접 찍어서 편집하고 그림을 직접 그려서 만들 수도 있다. 저작권 문제가 발생하지 않는 범위에서 다른 사람의 사진이나 그림을 빌려올 수도 있다. 소설은 1차 예술이다. 영상소설이라는 입체적인 예술로 변화시킬 수도 있지만, 완전히 새로운 갈래로 발전시켜 보는 것도 의미가 있다. 소설 수업 뒤에 모둠별 연극, 뮤지컬, 영화 수업을 배치하면 창작소설 중 선택하여 갈래 바꾸기를 해볼 수 있다. 이것은 문학 장르의 차이를 정확하게 이해하게 하며, 새로운 장르 수업의 시간을 절약해 주기도 한다.

⑤ 초·중·고 창작소설 비교

소설 창작은 발달 단계에 따라 차이가 있다. 언어의 수준이 다르기 때문이다. 하지만 어떤 특정한 나이에만 소설을 쓸 수 있는 것은 아니다. 앞에서 얘기한 것처럼 〈생라면 이야기〉는 내가 가진 유일한 초등학생 소설이다. 오래전에 학급 문집에서 읽은 것이라 지금은 아마도 30대 성인이 되었을 것이다. 연락처를 몰라 허락을 받지 못하고 실었다. 나머지

중학생, 고등학생 창작소설은 내가 수업 중에 지도한 작품들이다.

초등학생 소설의 특징이 재미라면, 중학생 소설은 새로운 의미에 눈뜨는 과정에서 일어나는 갈등이 핵심이다. 고등학교 소설은 이제 본격적으로 자기 정체성을 찾아가며 사회적 문제에도 관심을 갖는 단계다.

초등학생 창작소설

생라면에 얽힌 나의 이야기

지금 내 앞에는 라면이 하나 놓여 있다. 안성탕면V…… 생라면으로 먹기에 이처럼 맛좋은 것은 드물다. 물론 사람에 따라 기호가 다르겠지만, 어쨌든 안성탕면V가 나에겐 최고의 생라면이다. 배는 고프다. 간단하게 무언가 먹으면 좋겠다. 라면 끓이기가 귀찮다. 뭔가 새로운 맛을 지금 원한다. 이럴 때면 난 늘 라면을 생으로 그냥 먹는다. 매운 입을 허, 허 거려가면서 옆에는 냉수 한 사발을 떠다 놓은 채…… 난 이렇게 라면 대신 생라면을 먹는다.

그러니까 내가 처음으로 생라면을 먹은 때가 아마 초등학교 2학년 때일 것이다. 그때까지 나에게 라면은 너무나도 귀한 음식이었다. 어쩌다 어머니께서 "라면 끓여줄까?" 하면 좋아서 입을 헤벌레 벌리며 고개를 끄덕였는데, 그런 말이 없을 땐 내가 감히 라면을 끓여달란 소리를 입 밖에 못 냈다. 하루는 학교에 갔다가 왔더니 내 친구가 다가와서 내게 말했다.

"나는 어제 이 세상에서 가장 맛있는 그것을 먹고 말았어."

난 눈이 휘둥그레졌다. 이 세상에서 가장 맛있는 것?

"하하하. 넌 아직 어린애로군. 그 맛있는 걸 못 먹었다니."

난 이마에 핏줄이 섰다. 지도 어린 건 똑같으면서 말하는 싸가지 하고는. 난 졸라서 물어봤다. 그게 도대체 무엇인지. 나도 그 무엇을 먹고 싶다고. 결국 내 지우개 5개와 연필 3자루와 아끼던 볼펜 하나와 한 달 동안 그 아이에게 뽑기(일명 달고나)를 사주겠다는 증서를 주고 알아낸 것은 바로…… '생라면'이었다. "그게 뭐지?" 하고 물어보자 나에게 자세히 설명해 주었다.

일단은 130원짜리 안성탕면을 가까운 슈퍼마켓이나 구멍가게에서 구입한다. 분말스프를 꺼내기 전에 일단 봉지를 뜯지 말고 보신탕집에서 국으로 나올 개 패듯이 팬다. 라면이 어느 정도 자잘해지면 그다음에 봉지를 뜯고 분말스프를 꺼낸다. 자기의 양껏 분말스프를 봉지 안에 집어넣고 봉지 아가리를 꼭 잡고 흔들어댄다. 이때 흥겨워하며 흔들어야 한다. 만약 짜증을 내면 잡고 있는 손에 힘이 가해져 봉지 옆구리가 김밥 터지듯이 '뽕' 하구 터져버려 내용물이 밖으로 나오기 때문이다. 그리고 봉지를 뜯은 부분이 위로 오게 해서만 흔들면 안 된다. 분말스프는 고루 섞여야 제맛이다. 있는 대로 위아래, 왼쪽, 오른쪽(이때 몸도 같이 흔들어주면 군살이 빠진다고 내게 말했다. 사실 난 말랐지만, 그 녀석은 알아주는 뚱땡이였다.)으로 흔들어준다. 적당히 됐다고 생각했을 때 꺼내서 맛을 본 후 정식으로 먹는다.

난 집에 와서 그 생라면을 먹고 싶었다. 도대체 얼마나 맛나길래…….

하루에 용돈이 100원이었던 내게, 그 1.3배인 130원은 너무나도 큰돈이었다. 집에 라면은 없었다. 그때 당시 우리 집에서 라면이란 것은 상당히 맛있는 음식이었다(나에겐). 후에 생라면에 맛 들인 내가 어머니께서 사 오신 라면을 몰래 뜯어 먹으려다 들켜서 라면으로 라면 봉지가 터지도록 얻어맞았다. (라면이 참 되게 아프더군.)

'그 맛있는 생라면을 사 먹자.'

그 생라면은 나에게 있어서 아주 고귀했기 때문에, 나는 그 예를 갖추었다. 우선 이틀 동안 돈을 모은 후 내가 아끼던 스타짱가 나시(스타짱가가 주먹을 내뻗고 날아가는 모습이 앞에 새겨져 있는 옷)랑 알록달록한 이쁜이 반바지하고, 아주 귀여운 메칸더V 샌들을 신고 나갔다. (집을 나서면서 거울에 비친 내 모습을 봤을 때 난 나 자신에 대해 감탄했었다.) 집을 나선 나에게 주위 사람들의 눈빛이 느껴졌다.

'후훗, 저 사람들은 생라면의 맛을 알까? 난 지금 그것을 먹으러 가는데…… 하하하.' 난 속으로 이렇게 생각했었다. 확실히 그 맛있는 생라면을 먹는 데는 여러 난관이 있었다.

내가 살던 동네의 무법자, 언제 어디서 나타날지 모르는 모든 어린이들의 두려움, 그것은…… 똥개였다. 우리는 그 개를 '발광견'이라고 불렀다. 내가 신나게 가는데 그 발광견과 마주친 것이다. 입 언저리에 거품을 동반한 침을 질질 흘리고 날 노려보고 있었다. 난 그 자리에서 얼었다. 반바지여서 오줌을 참느라고 고생했다. 이놈은 도망가거나 하면 더 쫓아오는 놈이어서 한번 마주치면 놈이 갈 때까지 가만있는 게 최선이었다. 나랑 그놈은 한참을 서로 바라보았다. 실제 시간은 약 몇 분 정도였던 거 같은데, 나에게는 영원같이 느껴졌었다. 한참을 바라보던 나에게 '맛있는 생라면'이라는 단어가 떠올랐다. 그것을 위해서 나는 달리기 시작했다. 숏다리였던 내가 네 발자국을 뛸 때 그 녀석은 한 걸음이었다. 나는 죽어라 달렸다. 정신없이 달리던 난 그만 자빠지고 말았는데, 하필이면 똥물이 고여 있는 웅덩이였다. 결국 내가 아끼던 스타짱가 티셔츠, 바지, 샌들은 다 엉망이 되었다. 어쨌든 난 울먹이며 가게로 다시 걸어갔다. 근데 두 번째 관문…… '광명파!'

광명파는 우리 동네(우리 동네가 광명4동이었다.)를 주름 잡고 있는 무서운 조직(?)이다. 난 이 깡패 형들을 어떻게 피해 갈까 하고 많은 생각을 하였다. 이렇게 생각하면서 걸어가는 동안 깡패 형들 앞에 도착하였다. 깡패 형들 중 한 형이 내게 다가왔다.

"야! 일루 와봐!"

난 너무나 무서웠다. 그래서 나도 모르게 그 형의 얼굴을 향하여 나의 필살기인 '회오리 펀치'를 날렸다. 그러나 쌈만 하는 그 깡패 형들이 나의 필살기인 '회오리 펀치'를 맞을 리가 없었다. 그 형은 나의 펀치를 가볍게 피하고 날 향해 더 강력한 펀치를 날렸다. 난 그 펀치를 한 방 맞고 뻗어버렸다. 정신이 오락가락했다. 그래서 광명파에게 끌려가서 고문(?)을 당하고 남아 있는 150원을 빼앗기려는 찰라…… 난 나의 구세주를 내 눈으로 보았다. 그것은 바로 '발광견'이었다.

아까 내가 도망 온 뒤에 나의 냄새를 맡고 따라온 것이다. 깡패 형들은 순식간에 얼굴에 미소가 사라지고 두려움이 가득 찼다. 형들 중 한 사람이 입을 열었다.

"애들아! 이게 뭐냐? 어떻게 하지?"

"야! 우린 광명파야! 두려울 게 없다. 덤비자!"

"그래! 광명파의 명예를 걸고 싸우자!"

난 그 틈을 타서 발에 불이 나도록 달렸다. 한 100미터 달린 뒤 뒤를 돌아보았다. 과연 명장면이 연출되고 있었다. 광명파와 발광견이 사투를 벌이고 있었다. 난 '더 볼까?' 하다가 머릿속에 '생라면'이라는 단어가 순간적으로 생각났다. 그래서 가게를 향해 뛰었다.

여유를 부리며 걸어가던 난 세 번째 관문을 만났다. 바로…… 술주정뱅이 할아버지. 일명 '루돌프 할아버지(코가 언제나 빨갛다.)'였는데, 지나가는 애들을 붙잡고 뽀뽀하고 비비고 핥고…… 거기다가 더 심한 건 남자들의 보물인 그것을 만지작거리는 것이다. 한번 걸리면 진짜 세상의 온갖 더러운 것은 다 경험해야지만 그 과정이 끝난다. 이쁘다, 이쁘다 그러면서 만지작대는데…… 그것은 정말이지 동네 아이들에겐 고통이었다. (이상한 것은, 왜 남자애들만 건드렸을까?) 또다시 난 그 할아버지와 눈이 마주쳤다. 할아버지에게 몇 번 당한 난 더 이상은 싫어서 또 막 달렸다. 설마 쫓아오진 않겠지 하고 돌아본 내 눈앞에 보인 것은 코가 빨간 할아버지가 혀를 날름거리며 "꼬마야 할아버지한테 온나." 그러면서 달려오는 모습이었다.

난 기겁을 했다. 동네를 한 바퀴 돌 정도로 뛰었지만 난 결국 붙잡혀서 성고문(?)을 당하고 말았다. 찝찝한 기분을 느끼며 100미터 정도 앞에 보이는 가게로 다가갔다. (정말이지 우리 집이랑 가게는 너무 멀었다.) 그러나…… 마지막 관문이 날 기다리고 있었다. 사팔뜨기 깡패 형. 이 형은 어른들 사이에서도 유명했다. 《아기와 나》라는 만화책을 보면 태일인가 하는 사람이 어렸을 적에 자판기 구멍에 오줌 쌌다는 얘기가 나오는데, 이 형은 진짜로 그 일을 해냈고 여자 화장실에 몰래 들어가서 콩알탄과 불꽃놀이 화약을 터뜨리고, 빵집에 들어가서 막 나온 뜨끈뜨끈한 빵을 주물럭거리고 심지어는 코 안에 있는 덩어리를 묻히기까지 했다. 그 외에도 많지만, 그 모든 사건의 주범인 그가 내 앞에 있는 것이었다. 내 친구는 그

형한테 걸려서 길거리에서 콧구멍에 오징어 땅콩(그 녀석은 콧구멍이 상당히 커서 그랬던 것 같다.)을 끼고, 귀에다가는 빨래집게를 달고, 깡패 형이 친히 그린 그림을 그린 채 개구리 흉내를 내야 했다. 나는 못 본 척하고 지나치려 했으나…… "야! 너 이리 와봐!" 하는 소리를 듣고 말았다.

그 소리마저 못 들은 척할 용기가 내겐 없었다. 최대한 불쌍한 표정을 지으며 난 뒤돌아봤다. 과연 사팔뜨기라서 양쪽 눈이 따로 놀고 있었다. 내가 다가가자 그 형은 나에게 또 무슨 장난을 할까 하는 생각을 하는 듯했다. 얼굴은 날 보고 있었는데 눈만은 날 보지 않는 게, 정말이지 섬찟하고 꺼림칙했다. 드디어 입을 열었다.

"야! 지금부터 내가 하는 말 잘 들어. 내 눈을 봐."

그 말은 나에게 청천벽력과 같은 말이었다. 어느 쪽을 봐야 제대로 눈을 보는 건지…… 서로 따로 노는 눈을 정상인 안구를 가진 나에게 어떻게 제대로 보란 건지……. 난 한쪽 눈만 뚫어져라 쳐다봤다. 퍽! 난 한 대 맞고 말았다.

"얌마, 난 이쪽에 있어!"

그 형의 말이었다. 도대체 나보고 어쩌라는 건지……. 난 다른 기합(?)을 받았다. 차라리 그게 편했다.

드디어 난 가게에 도착했다. 자그마하고 땅딸한 아저씨가 있었다.

"아저씨 안성탕면 주세요."

그 아저씬 날 보지도 않고 뒤적였다. 난 혼자 지껄였다.

"근데요, 저기 앞에 있는 형이요…… 아저씨가 좀 쫓아주세요. 너무 무서워요. 정말 못됐어요. 맨날 약한 애들 괴롭히구요…… 정말이지 저 형 때문에 이 동네 발전이 안……."

난 말을 멈출 수밖에 없었다. 라면을 건네는 그 아저씨의 눈을 보았기 때문이었다. 내 눈과 마주치지 않는 그 눈…… 그 아저씨도 사팔뜨기였다. 그 형은 이 아저씨의 아들이었다는 걸 며칠 뒤 알게 되었다. 난 도망치듯이 나왔다. 그리고 한 초등학교 앞으로 갔다. 그것은 정말 기쁨이었다. 비록 내가 아끼는 스타짱가 옷과 바지, 메칸더V 샌들이 걸레가 되긴 했지만. 난 일단 친구가 말해준 대로 라면을 패기 시작했다. 입에선 군침이 돌았다. 대강 부순 뒤 난 봉지를 열었다. 분말스프가 그 아름다운 자태를 드리우고 있었다. 분말스프를 뿌리고 난 다음에 봉지 아가리를 움켜쥐고 흔들었다. 친구의 말처럼 춤도 췄다. 주위의 시선은 아랑곳하지 않은 채. 드디어 생라면이 내 눈앞에 있었다. 꼬불꼬불하게 딱딱한 라면이 분말스프를 머금어 뻘겋게 돼 있었다. 한 조각을 꺼내서 입에 넣었다. 우와…… 맛있다. 난 이것을 사기까지의 과정을 생각하면서 눈물을 흘렸다. 그것은 정말이지 그 무엇과 비교할 수 없는 맛이었다. 반 정도 먹은 뒤 나는 분말스프를 더욱 골고루 섞기 위해서 다시 흔들었다.

그러나 너무 세게 흔들어서인지 옆구리가 '퍽' 하고 터지면서 라면이 흘러나왔다. 너무너무 아까워서 난 떨어져 있는 라면 중 땅바닥에 닿지 않은 부분을 골라 후후 불면서 입에 넣었다.

그때…… 누군가의 시선이 느껴졌다. 그녀였다. 내가 좋아했던 그녀! 그녀 역시 아끼는 옷이었는지 샐리 티셔츠와 예쁜 밍키 샌들을 신고 있었다. 그렇다, 그녀는 나의 모든 행동을 지켜보고 있던 것이었다. 너무 놀란 나머지 내가 입에 넣었던 라면이 헤벌리고 있는 내 입에서 탈출해 나와 내 나시 속으로 쏙 들어가 버렸다.

이게 웬 쪽팔림이란 말인가. 입가에는 뻘건 분말스프를 묻힌 채…… 구정물에 구질구질해진 내 옷과 구정물 때문에 때가 낀 것처럼 보이는 발. 나에게 그것은 사상 최대의 쪽팔림이었다. 그것도 내가 좋아하던 그녀 앞에서……. 허겁지겁 나시 속으로 들어간 라면을 꺼내려고 손을 집어넣은 나. 또다시 실수를 저질렀다. 엉겁결에 서두르느라 라면을 잡고 손을 확 올리려는데 나시까지 딸려 올라왔다. 반동인지 뭔지 그 바람에 바지도 같이 내려가 버리고 말았다. (그 바지는 고무줄이 끊어진 바지였다. 그러나 내가 너무 좋아서 입고 다녔다.) 내 시야를 가리며 올라와 버린 나시를 내렸을 때, 그녀는 이미 내 곁에 없었다.

나는 터덜터덜 집으로 돌아왔다. 그리고……

집으로 돌아와 난 어머니께 옷을 더럽혔다고 빨래방망이로 맞았다.

(김경진, 초6)

〈생라면 이야기〉는 코믹소설이자 모험소설, 심리소설, 성장소설이다. 주인공은 생라면이 맛있다는 이야기를 듣고 생라면을 사러 간다. 단순한 소재로 이렇게 놀랍도록 재미있게 이야기를 창조했다는 것이 믿어지지 않을 정도다. 생라면을 사러 가는 길에서 만나는 무서운 개, 광명파, 술주정뱅이 할아버지, 사팔뜨기 깡패 형. 그리고 천신만고 끝에 산 생라면을 먹다가 좋아하던 소녀에게 너절해진 자신을 들켜버리고 집에 와서 옷을 더럽힌 죄로 어머니께 매를 맞는다. 이런 구성은 성장소설이나 성장영화에서 가장 많이 쓰는 구성법(목표를 설정한 주인공이 과정에서 겪는 엄청난 시련과 장애)이다. 또 문체 역시 놀랍도록 간결하면서도 재치가 넘친다. 인물의 개성 창조에서 사건의 구성, 재치와 속도를 자랑하는 문체, 로드무비 같은 배경 설정 등 어느 하나도 범상한 것이 없는 수작이다.

중학생 창작소설

사랑을 알 때까지

땡! 땡! 땡!

난 학교 수업이 끝나고 집으로 가는 길이었다.

"야, 준호. 우리 오늘 미팅 있는데 너도 끼워줄까? 짜샤, 다 너를 위한 거야. 자, 우리 형님들 따라와라!" 친구들이 말했다.

"야, 웬 미팅? 난 그런 거 몰라. 얼른 집에 가봐야 해."

"짜샤, 튕기지 말고 따라와! 괜히 좋으면서……. 자식 수줍음 타기는!"

"싫다니까 왜 이래?"

"후회 안 하지?"

"그으래."

"알았다. 잘 있어라, 바보. 우--우--"

'흥! 미팅? 그게 뭐라고. 여자가 뭐가 좋다고 하는지, 쯧쯧.'

나는 조금 늦되는 소년이었다. 사실 막내기 때문에 응석받이로 자라난 까닭도 있고, 부모님 말씀으로는 아마 내가 유전적으로 성장이 더딘 편이라고 하였다.

중학교 2학년이 끝나갈 무렵이었다. 다른 아이들은 대게 사춘기를 겪고 있었다. 친구들은 목소리가 컬컬해지고 코밑 솜털에 검은빛이 돌기 시작했으며, 갑자기 말수가 줄어들고 무게를 잡기도 하였다. 그러는 한편 빵집이나 어느 공원에서 여자 친구를 만나는 일에 정성을 들이는 아이도 있었다. 하지만 나는 도무지 그런 아이들을 이해할 수 없었다.

'도대체 무슨 재미가 있어 계집애들을 만나는 걸까? 계집애들이 뭐길래? 아이 참나!'

그때 나는 계집애라면 보기도 싫고 옆에 있기도 싫었다. 어제도 어떤 여자애가 내 옆에 와서 자꾸 찝쩍거리다가 창피만 당하고 갔었다.

나에게 있어서 여자는 '괴물'이었다. 그러니까 빵집이나 공원에서 여자 친구를 만나는 따위의 일은 '미친 짓'으로밖에 보이지 않았던 것이다. 오늘도 '만남공원 근처'를 오다가 한 쌍의 연인이 붙어 있는 것을 보고 "정신병자들!"이라고 소리치며 뛰어왔다.

이제 겨울이 가고 봄이 왔다. 한마디로 나도 이제 3학년이 되었다.

"이야호, 가자!"

수업이 끝나고 아이들은 제각기 자기 집이나 학원으로 갔다. 난 집으로 곧장 가서 학원 가방을 챙겨 들고 집에서 나왔다. 시간을 보니 늦을 것 같아 막 뛰었다.

'쿵!' "아이고." 난 서두르다가 머리가 그만 벽에 부딪혔다. 그 벽 옆은 두 사람이 어깨를 스치면서 지나갈 만한 좁은 골목길이었다.

'아, 배고프다! 빨리 가서 밥 먹어야지!'

나는 일주일에 두세 번 정도 수업을 마치고 학교도서관에 남아 공부를 하다가 하늘이 해님을 꿀꺽 삼키면 집에 왔다. 1학년을 거치고 2학년이 지나가고 있자 걱정이 되었다. 그래서 매일같이 늦은 시간까지 남아 있었다. 그런데 오늘은 웬일인지 버스가 오지 않았다.

"에이, 그냥 걸어서 가자. 좀 늦으면 어때."

집에 거의 도착할 무렵, 골목길이었다. 난 가벼운 발걸음으로 그 골목길로 들어섰다. 골목길을 나오기 직전에 "저……." 뒤편에서 소리가 들렸다.

김은형의 혁신수업

난 아무 거리낌 없이 고개를 소리 나는 쪽으로 돌렸다. 낯익은 얼굴이었다. 옷차림을 보니 치마에 흰 남방을 입고 있었다. 여자 교복이었다. 난 당황했다.

그래서 뒷걸음질을 쳤는데 그 계집애가 내게 다가와 무엇인가를 손에 얹어주고 얼굴이 빨개지면서 막 뛰어갔다. 난 엉겁결에 받은 것을 보았다. 예쁜 꽃무늬로 싼 선물이었다.

'휙, 휙' 난 너무 창피해서 주위를 둘러보고는 선물꾸러미를 가방 속에 넣고 쏜살같이 뛰었다.

"헉, 헉" 땀이 줄줄 내렸다. 부엌에 들어가 물 한 사발을 꿀꺽 들이키고 호흡을 가다듬었다. 그리고 장롱에서 이불을 꺼내어 뒤집어쓰고 그 선물꾸러미를 펴보았다.

'뿌득뿌득, 찌찍 쓱싹' 그 선물꾸러미 안에는 하트 모양의 초콜릿과 사탕이 들어 있었다.

'이얏! 쿵!' 난 얼른 초콜릿과 사탕을 방바닥에 내동댕이쳤다. 초콜릿과 사탕을 버리려고 일어서는 순간 눈에 탁 뜨이는 게 있었다. 그것은 예쁘고 귀여운, 어찌 보면 이상하듯 하게 접힌 흰 쪽지가 있었다. 그것은 바로 편지였다.

"에잇! 이까짓 거 그냥 버리자!"

그러자 어찌나 궁금한지 그냥은 못 버릴 것 같았다.

"뭐 어때? 한번 보고 버려둬 손해 볼 건 없잖아."

난 그 편지를 똑바로 펴서 처음부터 쭉 읽어보았다.

'덜덜 덜덜' 그 편지가 내 손에서 떨어졌다.

"세…… 세상에."

너무 황당했다.

"이런, 젠장!"

처음부터 본 게 잘못이었다. 정말 어처구니가 없었다. 추신 한마디가 문제였다.

'오빠를 좋아합니다.'

내 얼굴은 벌써 맛이 간 상태였고 눈이 뒤집혔다.

"이…… 이 망할 놈의 계집애."

난 너무도 화가 나서 그 편지를 들고 밖에 나갔다. 그리고 그 편지를 '빡빡' 찢은 후 라이터로 태워버렸다. 화는 이 정도로 그치지 않았다. 화가 나 머리가 빠개질 정도였다.

"아ᅳ악!"

난 소리를 꽥 질렀다. 목이 터져라 소리를 지르고 나서 난 잠시 쉬었다. 야간은 내 마음이 진정된 것 같았다. 그래도 아직이었다. 그러나 시간이 너무 늦어서 그냥 잠자리에 들었다. 그런데 잠을 자려고 하니 자꾸 그 생각이 났다. 또다시 얼굴이 벌게지고 말았다. 난 할 수 없이 일어나서 세수를 하고 다시 잠자리에 들었지만 결국 난 잠을 설치고 말았다.

사실 그 계집아이는 못생기지도 촌스럽지도 않았으며 멍청하지도 않았다. 하지만 나의 눈에는 우스꽝스럽고 바보스럽게만 보였다. 이번 일로 난 여자를 더더욱 증오하게 되었다.

"헉 헉. 아직 수업 시작은 안 했겠지?"

"야, 준호! 너 이리 와서 손들어. 지각을 했으면 벌을 받아야지!"

'딩동댕' 수업이 끝났다. 난 기분이 별로 안 좋았다. 난 투덜거리면서 버스 정류장에 가 앉았다. 5분 정도 기다려도 버스는 오지 않았다. 이상하게 생각한 나는 그 옆에 계시는 아저씨에게 여쭈어보았다.

"아저씨, 303번 버스 무슨 이상 있나요?"

"허허, 자네 아직도 모르나? 303번 파업했다지!"

오늘은 완전히 엎친 데 덮친 날이었다. 그래서 난 할 수 없이 투덜거리며 걸어서 집에 갔다. 골목길에 도착한 난 그냥 아무 생각 없이 들어갔다. 그런데 골목길을 빠져나올 무렵, 검은 그림자 하나가 내 앞에 서 있었다. 그 그림자는 치마를 입고 있었다. 그것의 정체는 그 계집애였다. 그 계집애는 웃는 얼굴로 내게 다가왔다. 난 소름이 '쫙' 끼쳤다. 난 과감하게 그 계집애 어깨에 손을 갖다 댔다. 그 계집은 얼굴이 금세 빨개졌다. 그리고 난 그 계집애에게 소리를 질렀다.

"야, 너 뭐 하는 년이야? 다시는 이런 장난 하지 마. 알았어, 고릴라? 그럼 알아들은 걸로 알겠어. 잘 가, 고릴라."

나는 그 계집애에게 최대한 모욕을 주고자 했다. 난 오늘 기분이 나빴고, 오늘 학교 생물 시간에 원숭이를 공부해서 그것을 빗대어 말한 거였다. 그 계집아이는 얼굴이 굳어 있다가 끝내 울음을 터트리며 손에 쥐고 있던 조그만 물건을 내던지며 막 뛰어갔다. 그 계집애가 뛰어가면서 내 어깨를 스칠 때 그 계집애의 얼굴에 모욕, 경멸, 배신 등의 모습이 나타난 것 같았다. 하지만 난 그런 것에 신경을 쓰지 않았다. 다만 오직 복수했다는 마음에 나는 무조건 기분이 좋았다.

추운 겨울이 지나고 따뜻한 봄이 다가왔다. 쉽게 말하자면 이제 3학년이 되었다는 것이다. 난 더욱 공부를 열심히 했다. 그러던 어느 날 내가 변하게 된 것을 알았다. 처음에는 별 이상하게 생각 안 했는데 목이 잠기더니 아무리 소리를 질러도 도무지 큰 소리가 나지 않았다. 오히려 허스키한 목소리만 흘러나왔다. 그것뿐만이 아니었다. 몸에 털이 많이 나고 목에 복숭아씨가 조금 튀어나왔다. 하지만 제일 신기하고 놀라운 것은 이젠 더 이상 여자가 싫지 않게 된 것이다. 여자를 봐도 피하고 싶다는 생각이 없고, 더 이상 여자가 증오스럽지도 않았다. 이젠 오히려 여자들이 그리워졌다. 그러나 지금은 여름방학이라서 난 고등학교 대비를 위해 공부를 열심히 하고 있었다. 그러던 중 친구에게 전화가 왔다. 오늘이 동창회라고 하면서 '제비 노래방'으로 오라고 했다.

"이야호! 드디어 친구들과 만날 수 있겠구나! 빨리 가야지."

난 너무나 기쁜 마음에 들뜬 마음으로 '제비 노래방'으로 막 뛰어갔다.

'끼이익-' 난 잠시 멈췄다. 내가 멈춘 자리는 바로 옛날 그 골목길이었다. 난 잠시 머물러 생각에 잠겼다. 난 아무 생각 없이 그냥 골목길에 접어들었다. 그런데 앞쪽에서 검은 그림자가 오고 있었다. 그리고 그 검은 그림자가 내 앞에 섰다. 그 모습을 보니 옛날 내가 '고릴라'라고 놀렸던 소녀였다. 바로 그때 비로소 난 알게 되었다. 그 소녀의 얼굴은 '고릴라'가 아니라 '예쁜 소녀'였다는 걸 말이다. 그런데 갑자기 내 가슴이 뛰기 시작하였고, 그 소녀에게 이름을 물어보고 싶고 말도 하고 싶었다. 난 용기를 내어 그 소녀에게 다가갔다.

"저어……."

난 그 소녀에게 옛날 일을 사과도 할 겸 말을 걸려고 하였다.

"흥!"

그 순간 그 소녀는 내 얼굴을 보고는 고개를 돌리며 내 어깨를 스치면서 쌀쌀맞은 표정으로 날 흘겨보며 지나갔다.

(김민욱, 중2)

김은형의 혁신수업

벚꽃 가득한 등굣길

'4월이라……'

좋은 기억 하나 생긴 것 같다. 얼굴에 저절로 미소가 생겨난다.

4월이라…… 머리카락을 제외하고는 전부 평범함의 극을 달리는 나 강회윤이 중학교에 입학한 지도 벌써 한 달이 되었다. 지난 한 달간의 중학교 생활을 쭉 회상해 봤지만 재밌는 일은 없었던 걸로 기억한다. 생각해 보니 좋은 기억조차 없었다. 중학교에서의 첫 기억은 촌스러운 교복을 입고 왼쪽 눈을 완전히 가린 머리를 입학식 때 교장에게 직접 잘릴 뻔했다는 거다.

입학할 때는 이팔청춘이 되는 중학교 3학년이 되기를 기대했지만, 3학년 선배들의 얼굴의 검은 오오라(수심 깊은 얼굴)를 보고 '저게 어딜 봐서 청춘이야.'라는 생각을 가진 채 절망하고 말았다.

오늘은 7교시인 데다 주번이다. 늦게야 청소를 끝내고 집으로 가고 있었다. 계단 난간을 내려갈 때 아래쪽에서 어떤 여자애가 앞서가고 있었다. 그 애 옆을 지나갈 때 얼른 따라잡았다. 그리고 다시 천천히 뒤처져서 따라갔다. 얼핏 보인 이름표 색을 봐선 나랑 같은 1학년인 것 같았다. 그 여자아이는 운동장을 향해 내려가더니, 천천히 조깅을 하기 시작했다. 나는 멈춰 서서 그걸 귀신 들린 듯 보고 있었다. 어느새 나는 운동장 벤치에 앉아서 이유 없이 그걸 보고 있었다. 마치 시간의 경과대로 흘러가는 다큐를 보는 것 같다. 아무 변화도 없는 동작이 이어졌다. 하지만 재미없지는 않았다.

핸드폰을 봤더니 어느새 다섯 시가 되었다. 의도한 건 아니지만 학원 땡땡이치고 말았다. 어차피 지금 가면 맞고 밖에 나가 있어야 하니 수업은 듣지도 못한다. 그래서 그냥 집으로 가려고 일어나는데 이게 웬일인가? 흙먼지를 일으키며 여자아이가 넘어졌다. 그냥 엎어져서 아무 움직임도 않는다. 아무래도 저 여자애 우는 것 같다.

"아, 이런……."

저절로 탄식이 나온다. 저놈은 중학생이 돼가지고 4월에 운동장에서 넘어져 지금 뭐 하는 짓인가. 그냥 외면하고 가려 했지만 양심이 심문하고 있었다. 심지어 운동장에는 인적도 없고 바람만이 떠돌아다니고 있지 않은가?

"아이 씨발!"

되는 일 하나도 없다. 나는 여자애한테 뛰어갔다. 하필이면 내가 있는 반대편 쪽에서 넘어져 있다. 왼쪽 눈을 완전히 덮어버리게 기른 내 머리가 흔들린다. 이 머리 엄청 간질이는 것이 이럴 땐 정말 거슬리는군. 이런 단순한 달리기에도 약간 힘들어하는 내 체력을 저주해 가며 겨우 도착했다.

"후- 괜찮냐?"

나는 속으로 말했다. '제발 훌쩍거리다가 '살려주세요' 같은 얼굴로 보지 말아줘.'

"다리가……."

다리를 보았더니 왼쪽 다리가 심하게 깨져 있다. 이젠 그 이상의 말도 이하의 말도 필요 없다. '다리가 말을 안 듣는다', '타박상이 심하다' 정도로 인식해 두었다. 그래서 주저하지 않고 업은 뒤 전력으로 아는 종합병원으로 뛰어갔다. 다섯 시의 거리는 오늘따라 사람이 더욱 많아 보인다. 사람을 업고 달려본 기억이 있는가? 있다면 내 말에 공감할 것이다. 괴물 같은 체력이 아니고는 곧 지쳐버리고 말 거다. 그러나 오기로 지친 와중에도 계속 달리고 있다.

하지만 걷는 게 더 빠르겠다. 아이들과 노는 일이 거의 없는 나에게 체력이란 단어는 이미 버린 체스 말이었다. 사람들 사이로 지나가는데 사람들이 나를 세 번 네 번 곁눈질했다. 굉장히…… 뭐가 팔린다.

"누구세요?"

힘든 와중에 생각했다. 이런 상황에서 이렇게 물을 수 있는 녀석을 바보라 하는 건지 순진하다 하는 건지. 저기 멀리에 종합병원 간판이 보인다. 너무 지친 나머지 간판 양옆에 천사 미카엘의 가호가 보이는 것 같기도 하다. 병원에서 기진맥진한 채로 알아낸 여자애의 이름은 '신유화'. 물감 같은 이름이다. 유화의 아버지가 애가 임종 직전이라는 소식이라도 들은 듯 달려왔다. 고맙다는 인사도 받기 전에 나는 병원을 나왔다.

저녁 일곱 시. 집에 가니 문이 잠겨 있다. 옆에 메모가 있다.

'학원 안 갈 거면 집에도 오지 마.'

짧지만 무서운 메모다. 안에는 아무도 없다.

이건 좀 심하지 않은가! 하루의 십 분의 일이나 바치는, 매일 맞기나 하고 배우는 건 쥐꼬리도 안 되는 학원을 단 한 번 땡땡이 쳤다고 지금 엄마가 나한테 이러는 거면 난 정말 분개하지 않을 수 없다.

반에서 8등이면 그런대로 잘한다고 인정해 달라고 빌고 싶다. 엄마는 아무래도 내가 전교 1등 되기를 바라는 것 같다. 성경에 나오는 표현을 빌리자면 그건 낙타가 바늘구멍 통과하기보다 어려운 일이다. 우리 반에는 최상위 성적들이 둘이나 있기 때문이다. 나는 주저앉아 버렸다.

'최상위 성적 녀석들도 도대체 똑같이 24시간 생활하고, 학교에선 공부하는 것 같지도 않은데 어디 숨어서 공부하는가?'

그런 종류의 잡념에 사로잡혀 한 시간쯤 지났을까, 엄마가 나타나서 잠시 주춤하더니 집으로 들어가자마자 빗자루를 가지고 나와 나를 사정없이 두드려 패기 시작했다. 피할까 맞을까 아니면 오늘 있었던 일을 말할까 고민했지만, 결론을 내리지 못했다.

엄마가 혼내면서 하는 말은 참으로 식상했다.

"커서 뭐가 될래?"

내가 널 어떻게 키웠고 어떤 일을 내가 다 처리하고…… 우리 집 '역사' 다 나왔다. 그리고 또 '개새끼', '미친놈' 등등 온갖 부정적인 말들이 다 튀어나왔다. 근데 난 뭘 어떻게 할 수 없다. 엄마는 내가 불량해진다고 믿고 이러는 거다. 하지만 나 상회윤은 예전 그대로다. 머리를 조금 기른 거 빼고는. 그러나 이 상황에서 엄마한테 대들었다간 매만 더 벌거나 드라마처럼 뒷목 잡고 넘어가시겠고…… 설명하자니 쥐뿔도 안 통하겠고…… 그냥 맞자니 너무 아프다.

'빌어먹을!'

나도 어떻게 해야 할지 모르겠다. 그래서 그냥 아무 행동도 안 하고 밤새도록 몽둥이찜질 '풀코스'를 충분히 즐겼다.

다음 날 아침엔 정말 몇 분 동안 못 일어날 정도로 심하게 몸이 아팠다. 숙취가 이런 기분인가. 온몸의 뼈와 근육의 저질스러운 하모니를 충분히 느끼며 일어난 나는 엄마와 아침밥이 동시 행방불명된 사건을 목격했다. 가끔씩 이러는 거, '엄마…… 정말 싫다.' 밥통이 비어 있으므로 아침밥은 포기하고 교복을 입고 등굣길에 올랐다. 불행하다.

그런데 학교로 올라가는 언덕 앞에 도착했을 때, 멀리서도 목발을 짚고 올라가는 낯익은 뒷모습이 보인다. 신유화다.

"야!"

여자가 뒤를 돌아본다. 포니테일로 묶은 머리가 조금 흔들린다.

"…… 아, 안녕하세요."

이 말을 하는데 3초나 걸렸다. 은인을 그렇게 쉽게 잊은 건가. 그리고 또 하나의 생각 '학년 같으니까 존댓말 쓸 필요는 없지 않나?'

말 그대로 학년이 같으니까 존댓말 쓸 필요는 없었다. 아니 오히려 이쪽이 부담스럽다.

"아, 네. 이름도 아직 모르네요. 실례지만 이름을 물어보고 싶은데."

그렇지만 이놈은 우리나라가 동방예의지국이라는 것에 자부심을 가지는 건지, 아니면 어제 생각한 대로 그냥 바보인 건지. 어쨌든 인연도 있는 것 같으니 이름 정돈 말해도 상관없을 것 같다.

"내 이름은 강회윤, 1학년 4반."

"제 이름은 신유화, 1학년 1반이에요. 잘 부탁드립니다."

"빨리 안 올라가면 지각할 거야."

이름보다도 다리 상태가 어떤지 물어보고 싶었지만, 정말로 엄마한테 맞은 데가 아팠지만 아무 말도 하지 않고 계단을 걸어 올라갔다.

유화가 올라가기 힘든 것 같아 업어주고 싶었지만, 아무래도 어제와는 비교도 안 될 만큼 많은 학생들이 있다. 그래서 절룩거리는 그 애를 부축해 주었다.

부축해 주느라 계단 길을 평소보다 천천히 올라가는 내내, 빠르게 지나가는 아이들 머리 사이로 벚꽃이 활짝 피어 있었다.

'4월이라……'

좋은 기억 하나 생긴 것 같다. 얼굴에 저절로 미소가 생겨난다.

(강희윤, 중1)

〈사랑을 알 때까지〉와 〈벚꽃 가득한 등굣길〉은 이성에 눈뜨기 시작한 사춘기 소년의 심리를 다룬 성장소설이다. 〈사랑을 알 때까지〉는 주인공 소년이 이성에 눈뜨기 전과 후의 차이를 재미있게 다루고 있으며, 〈벚꽃 가득한 등굣길〉은 우연히 도움을 주고 사랑을 발견하는 순수한 소년의 감성을 잘 표현했다. 전에는 알지 못했던 것들을 새롭게 알고 새롭게 느끼는 것, 그것이 성장이다. 두 작품 모두 인물의 개성은 물론 사건의 설정, 문장 표현 등이 개성적이다. 〈사랑을 알 때까지〉는 사춘기의 변화에 스스로 놀라워하는 소년의 심리 묘사가 뛰어나다면, 〈벚꽃 가득한 등굣길〉은 사랑의 감성과 벚꽃 피는 계절적 배경을 아주 아름답게 설정한 점과 문체의 아름다움에서 문학적으로 더 성숙한 작품이라고 할 수 있다. 이런 지점 때문에 학생 창작소설이 '청소년문학'이라는 독자적인 장르로 독립될 수 있는 것이다.

고등학생 창작소설

이중생활

엄마는 학교 근처의 마트에서 늦게까지 일을 하신다. 오늘도 피곤하실 엄마를 생각하며 설거지와 방 청소를 해놓고 모자를 푹 눌러쓴 채로 마중을 나갔다. 신호등 맞은편에는 무거운 장바구니를 들고 서 계신 엄마가 보였다. 신호가 초록불로 바뀌자마자 달려가 짐을 들어드렸다.

"힘드시죠? 집 대충 치워놨어요."

"밥 안 먹었지? 밖에서 뭐 먹고 들어갈까?"

"집 가서 밥 먹어요."

이런 식의 행복한 대화가 오고 가는 사이 집에 도착했다. 오자마자 엄만 씻으러 들어가시고 나는 그동안 냉장고의 반찬을 꺼내 밥 먹을 준비를 했다. 마지막으로 수저까지 얹어놓고 앉아 있었다. 곧 엄마가 나오시고 먼저 밥 한 숟갈을 드신 후에야 난 수저를 들었다. 밥을 먹으면서 대화는 다시 시작되었다.

"오늘 너희 학교 애들 왔어. 고것들 치마두 짧구 얼굴은 귀신처럼 허옇드라. 도깨빈 줄 알았어. 걔넨 학교 왜 다니니? 부모가 뭐 하는지 몰라. 부모가 똑바로 교육시키지 않으니까 애들이 저렇게 되잖아."

"그러게 말이에요. 요즘 애들 죄다 그러고 다닌다니까요."

이 대답의 배후엔 사실 많은 것들이 숨겨져 있다. 나는 어렸을 때부터 엄격한 교육 환경 속에서 자라나 부모님보다 먼저 수저를 든 적이 없었고, 어른이 계실 때는 무릎 꿇고 앉고, 조금만 옆으로 쳐다봐도 예의 없다고 크게 혼났다. 내가 아주 어릴 적 얘긴데, 부모님과 길을 가다 유치원 선생님이 지나갔는데 인사를 제대로 하지 않았다고 아빠께서 유치원까지 가서 인사를 하고 오라고 하셨을 정도다.

나는 누구보다 착하고 생각이 깊어 항상 옳은 길만 찾아가는 아이였다. 그러나 이게 지속된 것은 어디까지나 집에서뿐이었다. 밖에서는 자유분방한 생활을 즐겼다. 소위 말하는 '요즘 애들'과 다를 게 없었던 것이다.

몰래 화장도 하고, 나이에 맞지 않는 어른스러운 옷을 입고 친구들과 몰려다니기도 했다. 누가 봐도 좋지 않은 행동이란 것도 알고 죄책감도 느껴졌지만, 집에서의 평범하기 그지없는 내가 이렇게나 바뀔 수 있다는 것에 대한 만족감이 더 컸다. 물론, 내가 밖에서 이런다고 내면까지 물들어 버리는 것만은 절대 아니라는 확신이 있었기에, 가지고 있던 죄책감마저 점점 수그러들었다. 처음에는 몰래 산 화장품이나 옷을 걸리는 게 무서워 서랍 뒤쪽에 넣어두기도 하고 잘 쓰지 않는 장롱에 숨기기도 했다. 그러다 점점 긴장이 풀어져 그냥 옷장 안에 두는 일이 많아졌다. 어쩌다 몇 번은 들킨 적도 있는데, 적당히 친구 거라고 혹은 생일 선물이라고 둘러댔다. 이런 일을 한 지 벌써 몇 년째인데, 그런 분야에선 막힘없이 거짓말이 나왔다. 누굴 속이면서 사는 게 그리 행복하진 않았지만 말이다.

며칠 뒤, 나는 여느 때처럼 독서실에 간다고 하고 집을 나왔다. 사실 독서실에 간다고 한 것은 친구들과 놀기 위한 거짓말이었다. 적당히 놀다가 독서실에서 공부도 하다 집에 가기만 하면 되는 것이었다. 독서실 내부의 카운터에서 입실비를 내기 위해 지갑을 꺼냈다. 돈을 내기 전 직원에게 내민 학생증에는, 누가 봐도 머리를 단정히 묶은, 누가 봐도 학생다운 내가 보였다. 조금은 무거워진 마음을 뒤로하고 입실 전 화장실로 향했다. 내 가방엔 책만 든 게 아니다. 온갖 화장품과 옷도 들어 있다. 화장실 칸이 좁아 옷 갈아입기가 힘들긴 했지만, 몰래 놀러 가는 데 어느 정도의 수고는 감수하는 게 당연하다. 추리닝이나 입고 초췌한 모습으로 친구들을 만날 수는 없는 일이니까. 한창 옷 갈아입는 중에 전화가 왔다. 선화였다. 지금 당장 새로 생긴 노래방으로 오라고 한 것이다. 어딘지 모른다고 하자 시장 입구까지 데리러 온다고 했다. 치장을 마치고 거울을 보고 옷매무새를 다듬었다. 집에서 나올 때와는 달라진 모습에 만족하며 입실한다. 나는 필사적으로 책을 펴놓고 공부하다 나간 것처럼 자연스럽게 만들어놓았다. 그런데 또 진동이 울린다. 받으려고 얼른 밖에 나왔다. 그런데 화면에 뜬 건 다름 아닌 엄마였다. 떨리는 마음으로 전화를 받았다.

"여보세요?"

"엄마야. 지금 독서실 지나가는 길인데, 안에 있지?"

나는 화들짝 놀라 건물 안으로 들어왔다.

"아, 네. 당연하죠. 왜요?"

"잠깐 나와서 뭐라도 먹고 들어갈래? 쉬는 날이고 얼굴도 볼 겸."

그렇게 하고는 싶지만 이 모습으로 엄마를 마주친다면 난 끝장인 거다. 약속도 있고 빨리 가야 하는데…… 조마조마했다.

"오늘 할 일이 너무 많아요. 지금 어디 가세요?"

"그럼 있어. 장 보려고 시장 좀 다녀오게."

혹시나 들어오실까 겁났는데 아니네. 엄만 이제쯤 지나가셨겠지 싶어 밖으로 나섰다. 엄마는 다행히 지나가신 듯했다. 나는 시장 입구로 가는 지름길로 뛰어 내려갔다. 내가 시장 입구에 다다랐을 때, 멀리서 아이들이 나를 보고 있었다. 그리고 그 뒤엔 낯익은 아주머니, 그래 우리 엄마가 지나가고 계셨다. 나는 너무 놀라서 차 뒤로 숨었다. 그런데 내 친구들은 역시 눈치가 없었다.

"소정아! 야!"

"뭐야! 빨리 와!"

날 부르는 이름이 너무도 선명했다. 미칠 지경이었다. 내가 있는지도 모르셨을 엄만데, 아이들의 소리에 나를 보신 듯 멈춰 서 계셨다. 나는 무작정

뒤돌아 뛰어갔다. 내 머릿속은 하얗게 되고, 그때 눈치 없는 친구들이 내 이름을 크게 몇 번 더 외쳤던 것도 같다. 너무 놀랐을 때라 기억은 잘 나지 않지만, 엄마가 날 알아보신 것만은 확실하다. 마음속으로 나를 진정하려 애썼다. 멀리서 봤으니 화장한 건 모르실 테지만, 아까 할 일 많다고 안 간 거 때문에 잠시 쉬는 중이라고도 못 하고 옷 갈아입은 것 때문에 뭐 먹으러 나왔다고도 못 한다. 한마디로 진퇴양난이다. 머릿속이 갖가지 생각들로 복잡해졌다. 엄마는 날 집에 가서 혼내실 줄 알았다. 당장은 모른 체하실 줄 알았다. 핸드폰으로 걸려온 전화. 엄마였다. 일단은 받았다.

"어디야?"

"아…… 친구들 만나서…… 잠깐 밥 먹으려다…… 네 먹으려고요."

"…… 그래."

나는 친구들에게서 걸려오는 수십 통의 전화도 무시하고 독서실로 향했다. 독서실로 들어가 얼굴도 깨끗이 하고, 옷도 다시 추리닝으로 갈아입었다. 기분이 묘했다. 혼란스러운 생각을 제치고 그날따라 공부가 정말로 잘 됐다. 잘 안 풀리는 수학 문제도, 평소 같으면 내팽개쳤을 텐데 끝까지 풀었다. 그러면 안 될 것 같았기 때문이다. 그날 하루만큼은 정직하게 공부했다. 쉬지 않고 공부만 했다. 잠깐이라도 쉬면 내 머릿속 혼란을 다시 맞닥뜨려야만 했기 때문이다. 시계를 보니 저녁 8시가 넘었다. 의외로 침착했다. 집으로 돌아가긴 싫었지만, 늦게 들어가면 또 다른 오해를 살 것 같아 짐을 챙기고 독서실을 나섰다. 나는 달려갔다. 왜인지는 잘 모른다. 천천히 걸으면 그만큼 생각이 많아지는 게 무서웠던 것일까. 뛰어가다 보니 집 앞에 금방 도착했다. 그렇게 뛰어왔으면서 망설이는 건 또 뭘까. 내가 입었던 짧은 바지와 날 부르던 친구들 옷차림도 좋진 않았더란 것. 갑

김은형의 혁신수업

자기 많은 생각이 떠올랐다. 이런 일은 처음이었고, 엄마도 많이 속상해하실 것이다. 이대로 들어가지 말아버릴까. 가벼운 거짓말인데. 거짓말 쳐서 혼날 때처럼 혼나겠지. 점점 생각 주머니가 커져갔다. 고개를 세차게 저었다. 눈을 질끈 감고 현관문을 열었다.

"다녀왔습니다."

"……."

난 어릴 때부터 엄마가 눈을 감고 어떤 생각을 하시는 모습을 싫어했다. 나 때문에 힘들어하시는 것 같았기 때문이다. 엄마는 밥상 앞에서 딱 그러고 계셨다. 나보다 더 혼란스러워하실 엄마 표정을 보기가 싫어 얼른 내 방으로 들어가 문을 닫았다. 나도 엄마도 어떻게 할지 모르는 것 같았다. 곧이어 차갑게 내 방을 울리는 노크 소리가 났다. 대답할 시간도 없이 열리는 방문에, 내 심장은 뛰기 시작했다.

"너, 여기 앉아봐."

나는 말 없이 엄마 앞에 무릎을 꿇고 앉았다.

"가방에 있는 거 다 꺼내."

제발 그것만은 싫었다. 내 옷, 갖가지 화장품 다 들어 있는데……. 어차피 걸린 거 포기하고 그냥 드리려고 손을 뻗는 순간 엄만 가방을 낚아채셨다. 기분이 참 그랬다. 이게 아니지. 중요한 건 엄마 손에 들린 내 가방이었다. 가방의 모든 주머니를 열고 거꾸로 탈탈 터셨다. 책들과 옷가지, 화장품까지 모두 바닥으로 떨어졌다. 식은땀이 났다. 엄마는 내 짧은 반바지를 잠시 들어보고는 갑자기 방을 나가셨다. 부엌에서 서랍 여는 소리가 났다. 내 방으로 돌아오신 엄마의 손엔 가위가 들려 있었다. 바지를 자르는데, 바지가 아깝거나 하지는 않았다. 무척이나 살기가 느껴졌을 뿐이다. 찢은 옷과 화장품을 주섬주섬 비닐봉지에 담은 후 밖으로 나가셨고 그날 아무 말씀도 없으셨다. 엄마가 그렇게 차갑게 날 대하신 적은 없었다. 후로 며칠 동안 엄마랑은 거의 말도 안 하고 지냈다. 많은 생각을 하셨을 것이다. 사실, '다시는 그러지 않겠다'고 할 수도 있는 건데 그럴 자신은 없었다.

엄마는 얼마나 충격이셨을까. 하지만 이후로도 몇 번씩 내 일탈은 계속되었다. 다만 속이는 방법은 더욱 필사적이었다. 아이들과의 만남은 최대한 피했다. 사실 나는 불안했다. 누굴 속이면서 이중생활을 한다는 게 내 마음을 이리 불안케 할 줄은 몰랐다. 집에서의 내 모습, 밖에서의 내 모습 둘 다 만족하지만 어느 한쪽에서 거짓된 생활을 하는 것이 싫었다. 나에게 실생활에서 항상 느끼는 죄책감이란 그런 거였다. 특히 부모님을 능숙하게 속일 줄 아는 내가 미웠다. 한창 이런 마음을 갖고 반성의 시기를 보낼 때쯤, 나는 약속 때문에 어쩔 수 없이 나가게 되었다. 정말 안 될 짓이란 걸 알지만, 나가기 위한 유일한 거짓말은 독서실뿐이었다. 예쁜 옷과 화장품을 가방에 넣을 때의 내 마음은 천근만근이었다. 하지만 동네에서 노는 것도 아니고, 명동에 가자는데 예쁘게 하고 올 친구들에게 뒤처지고 싶지 않았다. 뼛속으로 파고드는 죄책감. 그러나 어느새 짧은 치마, 깊게 파인 옷을 입고, 그날따라 짙은 화장을 한 내가 거울 앞에 서 있었다. 정말 오늘만이야. 당분간은 밖에 안 나갈 거야. 독서실을 나서는 게 싫었다. 그러나 그것은 친구들과 신나게 놀면서부터 점점 잊혀갔다. 명동은 볼 것도 먹을 것도 많았다. 특히 밤에 더욱 그랬다. 그렇게 놀다 문득, 엄마 아빠께 전화가 오진 않았을까 걱정되어 핸드폰을 확인했다. 다행히 전화는 한 통도 없었다. 시간은 9시 반. 그래…… 9시 반. 9시 반? 시간이 이렇게 많이 흘렀다니. 엄마는 10시에 퇴근인데. 나는 친구들과 어영부영 인사를 하고 급한 마음에 택시를 잡았다.

"○○동이요."

내 마음은 점점 다급해졌다. 그렇게 몇 분 흘렀을까. 휴대폰 진동이 울렸다. 엄마였다. 전화는 아니고 '어디야?'라는 문자였다. 혹시 벌써 퇴근하셨나? 설마 집은 아니겠지? 아직 가려면 멀었는데…… 온갖 불길한 예감이 나를 덮쳤다. 그렇게 몇십 분이 걸려 독서실 근처에서 내릴 수 있었다. 아니나 다를까, 독서실 입구에는 엄마가 기다리고 계셨다. 핸드폰을 확인해보니, 부재중 전화가 4통이나 와 있었다. 이대로 들키지 않고 들어가려면 무조건 엄마를 지나쳐야 하는 상황이다. 얼굴을 가리고 재빠르게 뛰어갈 수도 있을 것 같았다. 그러나 내 발걸음은 이미 엄마가 계신 곳으로 향하고 있었다. 엄마는 나를 알고 등을 돌리셨다.

"엄마. 저 왔어요."

"……"

그날 집에서 엄마와 속 얘기를 했다. 이해할 수 없을 거란 건 알았다. 내가 무조건 잘못한 것이다. 엄마가 이해하지 못한다고 불평할 입장은 아니다. 그런 가치관을 갖고 있는 애도 아니었고, 그럴 수도 없다.

나는 무척 힘들었다. 더 이상 참을 수 없을 정도로. 하루하루 죄인 같은 삶이었다. 엄마가 내 방에 들어오시기만 해도 불안했다. 엄만 하루 종일 가족만을 위해 회사에서 일하셨고, 집에 와서 또 일하셨다. 난 공부도 썩 잘하지 못하면서 힘든 척 다 하고, 놀러 다닐 건 다 놀러 다니고. 애초부터 이런 자유를 원하지도 않았다. 그저 작은 일탈로 막을 내릴 줄 알았다. 내가 초등학교 시절 증오하던 모습이, 지금의 내 모습과 조금 비슷한 것 같았다. 누군가는 내 생각이 너무나 보수적이라 할 수도 있겠다. 하지만 어려서부터 철저하게 배워온 것도 있고, 무엇보다 외모를 치장하는 것이 내 생각에 항상 일부로 남아 있었고, 덕분에 공부에 완전히 집중하지 못하는 것이 사실인지라 부모님께 죄송스러운 건 어쩔 수가 없다. 그깟 게 다 뭐라고 날 거짓된 생활로 내몰아 버리는지.

며칠 뒤 엄마와 나는 다시 대면했다.

"생각 많이 했어요. 엄마, 저 다신 안 그럴게요. 저도 제 자신이 한심했어요. 한순간 혹해서 저도 엄마도 증오하던 부류가 될 뻔했어요. 사실 그날 친구가 그렇게 해준 거예요. 저는 그냥 어른이 된 것 같아서 신기했을 뿐이고요. 정말 죄송해요."

엄마가 무슨 생각을 하고 계신지는 모르겠지만, 내 말을 믿어주신 것 같았다. 엄마와 몇 시간 동안 대화를 나누고, 평소 좀처럼 울지 않던 너는 엄마의 말씀 한마디에도 펑펑 눈물을 흘렸다. 그렇게 대화는 행복하게 끝났다. 엄마는 나를 따뜻하게 안아주셨다. 아주 오랜만에 자기 전에 가끔 썼던 일기장을 열었다. 그리고 나의 다짐을 기록했다. 다시는 화장을 하지 않고, 나이에 맞지 않는 옷도 입지 않겠다. 그동안 엄마를 속이는 것이 힘들었다. 이제는 그렇게 살지 않겠다. 그렇게 눈물까지 글썽이며 장문의 일기장을 쓰고 나니 마음이 홀가분해졌다.

다음 날, 나는 허락을 받고 친구들을 만나러 가기로 했다. 그날도 내 가방은 무엇으로 가득 차 있었다. 어제 집에서 있었던 일들이 다 무엇이냐고? 그건 집에서의 나고, 지금은 어디까지나 밖이니까. 나는 마음속의 쾌재를 부르며 친구들에게로 달려간다.

(전유림, 고1)

김은형의 혁신수업

우리는 커서 어떤 꽃을 피울까

나는 지금 대학교 2학년 재학생이다. 한 달 후에 군대에 입대할 예정이다. 내가 군대에 가기 전 꼭 가봐야 할 곳이 있다. 내가 도착할 곳에는 내가 언제나 마음속으로 되새겼던 '멍청이들'이 있을 것이다. '멍청이들'과의 일을 잠시 떠올려 본다.

때는 2008년, 내가 고등학교 1학년 시절이었다. 당시 우리 아치고등학교는 학부모들에게 약간 인식이 좋지 않은, 소위 '3류 고등학교'였다. 나는 중학교 3년 동안 줄곧 전교 1등을 했다. 사실 내가 중학교 때까지만 해도 아치고등학교는 그리 평판이 나쁘지 않았고, 이 관내에서는 그나마 괜찮은 곳이라고 생각해서 지원을 하게 되었다.

하지만 입학하고 보니 웬걸, 당시에 중학교 때 주변 동네에서 내로라했던 불량학생들이 모두 와 있었다.

"씨발, 학교 시설 조오오~ㄴ나 꾸리네."

"강당이 중학교 반도 안 되냐!"

"붕신들아 그래도 니네 얼굴보다 났닼!"

"아놔, 걔~ 거울은 보고 사냐?"

입학식 때 내가 보고 들은 것은 단상에 있는 새로운 선생님들이나 교장 선생님의 훈화 말씀이 아니라 양아치들의 형형색색의 머리 모양, 비속어가 가득히 담겨 있는 욕설뿐이었다. 게다가 양아치들은 강당 의자에 마치 자기네 집 안방처럼 드러누워서 여학생들이 지나가도 전혀 상관 않고 음담패설을 늘어놓는 것이었다.

후회감이 급격하게 밀려왔다. 내가 대체 이런 고등학교에 왜 지원을 했을까. 그것도 제1지망으로! 입학식의 모습을 부모님께 낱낱이 알려드렸다. 그러나 아버지는 "그래도 어쩌겠냐? 이미 결정된 걸. 너는 그런 환경이라도 잘할 수 있을 거다."

어머니도 마치 아버지랑 얘기를 맞춘 듯 몇 마디 덧붙이신다.

"그래, 넌 언제 어디서나 혼자서 열심히 잘할 수 있잖아. 예전부터 그래왔고 말이야. 그리고 좋게 생각해 보렴. 그렇게 노는 애들이 많을수록 내신이 더 유리하지 않겠니? 잘하는 애들과 경쟁하면서 1등 다툼하는 것보다는 말이야."

어머니 아버지가 내 마음을 몰라주는 것 같아서 서운했다. 공부에서 제일 중요한 게 주변 환경인데, 참 답답한 생각이 들었다. 어찌 되었든 아버지 말씀대로 이미 지난 일을 탓해봤자 별 이득도 없으니 그냥 다니기로 하였다. 하지만 나는 분명 몇 개월 내에 학교에서 무슨 일이 일어날 것이라고 예상하고 있었다.

나의 예상은 적중했다. 4월 중순, 한 무리의 남학생들이 오토바이를 탈취하다가 걸려서 2주의 정학 조치를 받고 벌점 30점을 부과받은 것이다. 그 애들은 평소에도 학교 수업도 빠지고 담배도 자주 피워서 이미 벌점이 50점을 넘은 상태였다. 우리 학교에서는 벌점을 100점 맞으면 퇴학을 당한다. 고등학생이 된 지 두 달도 안 된 상황에서 벌점이 80점이라니, 정말 기가 찼다. 나는 그런 학생들을 볼 때마다 혼자 이런 생각을 한다.

'한심한 것들…… 그럴 거면 학교를 뭐 하러 다녀?'

그런데 한 가지 고마워할 점이 있다면 수업 시간에는 조용히 자고 쉬는 시간에 모여서 노는 것이다. 또 '빵셔틀' 같은 학교폭력이 없다는 것에 대해 그나마 다행이라고 생각했다. 물론 가끔 반에서 도난 사건이 일어나

김은형의 혁신수업

거나 생판 안면도 없는 학생의 책을 허락도 없이 막 가져가긴 하지만, 거기까지는 신경 쓰고 싶지 않았다. 아치고의 양아치들이 자퇴를 할 작정이 아니라면, 그냥 졸업할 때까지 다른 애들에게 피해나 안 줬으면 좋겠다고 생각했다.

"영탁아, 학교 끝나고 당구장 콜?"

"오~ 개꿀!"

1학년 대표 양아치 '도영탁'. 저 녀석은 노란색으로 염색을 하고 머리에 무스를 바르고 다닌다. 학교에서 복도 정수기 옆의 쓰레기통을 오늘따라 재수가 없다고 발로 차서 넘어뜨리고, 평소엔 말이 없지만 사소한 일에 화를 벌컥 내기도 하는 등 종잡을 수 없는 녀석이다. 바이크를 타고 배달 알바를 하고 있다.

그 녀석 옆에는 언제나 '김장함'이라는 덩치 큰 녀석이 붙어다닌다. 얼굴이나 신체 발육까지 꼭 또래의 두 배는 돼 보이는 애늙은이다. 하지만 내가 까칠하게 굴어도 자주 말을 걸어오기도 하고 큰 사고도 없어, 성격은 그렇게 나쁜 것 같지 않았다. 그래도 양아치는 양아치라서 결국엔 다 거기서 거기다.

난 그냥 우리 학교 양아치들을 통틀어서 '멍청이들'이라고 부르기 시작했다. 그냥 어디까지나 내 생각 속에서, 나 혼자. 1학기 중간고사에서 나는 당당히 전교 1등을 했다. 다른 친구들이 나의 성적표를 보면서 경탄을 연발 또 연발했다.

"와아, 진짜 쩐다. 네 점수 10프로만 나한테 떼어 주면 안 되냐?"

"아, 레알 부럽다 잉. 내가 기말에 더 열심히 해서 너 따라잡을 거다!"

"하하, 기대한다."

보통 이런 애들은 반에서 상위권으로 인정받는 애들이다. 양아치들은 아예 관심도 없다. 점수가 최하위 점수에서 미세하게 올랐다고 난리를 치는 게 정상이었다.

"야야야, 이거 봐라. 4번으로 몰아서 찍었는데 28점 나옴. 슈박, 크."

"헐 종나 잘 봤네. 나 수학 과목 코드 안 찍음. 아, 기분 째진닼."

"뷰웅신 새끼. 내 반만이라도 해봐라, 서울대를 가지."

"X까라!"

중학교 때부터 봐왔지만 녀석들은 한심의 도를 넘어선 것 같다.

'나중에 커서 뭐 먹고 살 거냐? 서울역에서 지낼 거면 내가 500원이라도 던져 줄게.'

나는 마음속으로 이런 말을 몇 번이나 되풀이하고 입 밖으로 꺼내지는 않는다. '결국 자기네들의 인생인데, 맘대로 하게 놔둬야지.'라고 생각할 뿐이다.

그렇게 얼마가 지나고 여름방학 한 달 정도 전, 기말고사가 얼마 남지 않았을 때 일이었다. 언제나처럼 수업 시간에 우리 반 양아치들이 자리를 멋대로 바꾸고 휴대폰으로 무언가를 보면서 낄낄대고 있었다. 선생님이 조용히 좀 하라고 아무리 윽박지르고 타이르고 해도 들은 척도 안 했다. 이런 일은 이전에도 흔한 일이었지만 왠지 모르게 이것들이 오늘따라 기운이 넘치는지 평소의 두 배 세 배는 목소리 볼륨을 높인다. 나는 그전까지는 그냥 조용히 넘어갔었지만 이번만큼은 그냥은 넘어갈 수가 없어 한마디 크게 소리 질렀다.

"야! 여기 너네만 있냐? 조용히 좀 해라!"

그것들은 나를 '저 새낀 또 뭐야?' 하는 표정으로 노려본다. '난 죽었다.

김은형의 혁신수업

이제 어떡하지?'라는 생각은 전혀 들지 않았다. 그냥 가슴이 탁 트이고 후련한 느낌이 들었다.

수업이 끝난 쉬는 시간, 모여서 떠들던 양아치 세 명이 내 책상 주위로 몰려든다.

"야."

도영탁이 이렇게 말하며 내 책상을 발로 툭 찬다. 나는 짧고 굵게 응했다. 그 녀석들이 살짝 당황해서 인상을 찌푸릴 정도로.

"뭐?"

도영탁 패거리 중 한 명인 양혁필이 앉아 있는 내 멱살을 움켜잡는다.

"이 새끼가! 뒤질래?"

나도 질세라 그 녀석의 손을 세게 움켜쥔다. 중학교 시절에 운동도 좀 해봤던 터라 팔 힘에는 자신이 있었다. 그 녀석이 살짝 아픈 내색을 하며 내 멱살을 놓는다.

"내가 뭐 잘못했나?"

나는 손으로 제스처까지 하며 당당하게 말했다. 그러고선 계속 말을 이어 갔다.

"수업 시간 핸드폰 사용 벌점 5점, 선생님 지시에 대한 불응 벌점 10점, 수업 시간 무단 자리 이탈 벌점 2점에서 5점, 합쳐서 최대 20점. 너희가 지금까지 오늘같이 행동했던 게 약 열 번 정도라고 치면 너희는 지금까지 두 번은 퇴학당하고도 남는 거다. 지금까지 너희가 담배 빨았던 횟수까지 빼고. 난 너희 같은 새끼들이 멀쩡히 학교를 다니고 있다는 것 자체가 더 잘못된 거 같은데?"

난 지금까지 내 마음속으로만 생각했던 말들을 모두 마치 에베레스트산 정상에서 소리 지르는 것처럼 시원하게 내뱉었다. 속이 후련해서 날아갈 것 같았다.

"헐, 나 지금 벌점 30점인데, 아싸!"김장함이 눈치 없이 말하다가 도영탁에게 종아리를 차이고 깽깽이걸음을 했다. 그러고선 나를 똑바로 쳐다보며 말했다.

"그냥 조용히 짜져 있었던 게 더 나을 거다."

이렇게 말하고 교실 문을 박차고 나간다. 김장함과 양혁필도 후다닥 따라간다.

사건의 시작은 그때부터였다. 내가 잠시 자리를 비우는 사이에 내 책상 위의 물통, 교과서, 공책 등의 물건들이 계속 사라지는 것이었다. 나는 범인을 잡기 위해 담임 선생님에게 알려서 반 애들을 방과후에 남겨서 양심고백을 유도하거나 사물함 속까지 소지품 검사를 실시하였시만 범인은 나오지 않았다. 나는 점점 답답하고 불안해졌다. 수행평가 내용을 적었던 공책까지 사라져버리니 마음도 급해지고 예민해졌다.

'제기랄…….'

나는 범인이 분명 우리 반의 양아치들 중 한 명이라고 생각하고 살짝 떠보았다.

"야아, 설마 그때 일로 그러는 것 같냐? 우리 그렇게 안 찌질해."

양혁필이 왠지 짜증나는 투로 대꾸했다. 분명 심증은 있지만 물증이 없으니 미칠 노릇이었다. 그래서 일단은 그냥 넘어가기로 했다. 그런데 며칠 후 체육 시간이 끝나고 돌아와서 보니 이제는 내 휴대폰이 사라지고 없어졌다. 나는 너무 화가 나서 나의 책상을 발로 차서 앞으로 무너뜨렸다.

"이런…… 개, 씨……."

나는 평소 안 쓰던 욕까지 하고 숨이 헐떡거릴 정도로 격앙되어 있었다.

나는 성큼성큼 도영탁 패거리 앞으로 걸어갔다.

"도영탁!"

나는 내가 의식하지 않았는데 왠지 모르게 제일 먼저 그 녀석의 이름을 불렀다.

"왜?"

"그냥 좋게 끝내자. 지금이라도 인정하면……."

"내가 안 했다고 개새끼야! 왜 자꾸 개지랄인데!"

녀석이 책상을 박차고 일어나며 소리를 질렀다. 나는 더욱 화가 나서 말을 했다.

"하, 그래? 너 같은 새끼들은 워낙 쓰레기라서 사람 말을 못 알아먹지? 아, 미안 미안, 쓰레기들 언어로 했어야 되는데 너무 어려운 말로 해버렸나?"

녀석이 부르르 떨리는 목소리로 말을 잊지 못했다.

"뭐?"

나는 그 녀석의 심기를 계속해서 건드렸다.

"평생 그 잘난 오토바이 타면서 니코틴이나 쪽쪽 빨다가 뒈져라, 쓰레기 새끼."

순간, 그 녀석이 나의 얼굴을 정확히 주먹으로 쳐서 안경이 저만치 날아가고, 나는 책상과 의자들과 함께 뒤로 넘어졌다. 그리고 내가 뭘 했는지 정확히 기억이 나지 않았다. 정신을 차려보니 나는 교실 바닥에 그 녀석과 함께 뻗어 있었고, 눈앞에 생활지도부장 선생님이 서 계셨다. 도영탁과 나는 보건실에 갔다 온 후 같이 생활지도부실로 끌려갔다.

"천재임, 왜 그랬어?"

"……."

"너는 지금까지 모범생인 줄 알았는데 이제 보니 싸움꾼이구나."

공부하는 틈틈이 운동으로 단련된 내 주먹에 도영탁은 코뼈가 부러졌다. 나는 몸 군데군데 멍이 들어서 간단한 치료를 받았는데 도영탁은 병원에서 일주일간 치료를 받고 얼굴에 붕대를 감고 나타났다. 다른 양아치들도 그 싸움 건 이후로는 내 눈치를 슬금슬금 보며 피했다. 맨날 뭐가 좋은지 싱글벙글하고 다니는 김장함이 내게 와서 말했다.

"사과가 웃으면 뭐게?"

속으로 뭐 이런 게 다 있나 하면서 대꾸도 안 하고 있으니까,

"풋사과! 으칼칼. 너 영탁이에게 사과해라. 니 물건 훔쳐 간 놈 내가 안다. 영탁이 그런 씨질한 짓은 안 해."

나는 속으로 뜨끔했다. 도영탁이 직접 하지는 않았어도 배후는 틀림없다고 믿었다. 김장함이는 도영탁한테 쪼르르 가더니 또 실없는 말을 하고 있다.

"피자가 웃으면 뭐어~게?"

도영탁은 눈만 부라리며 아무 말을 하지 않는다.

"피자헛헛헛. 으하하 아 웃겨. 천재임, 너한테 미안하단다."

도영탁은 아픈지 얼굴을 찡그린다. 아무튼 그 싸움 건으로 나와 도영탁과 내 물건을 훔쳐 간 범인으로 밝혀진 양혁필과 그 외 다른 반 양아치들 두 명이 선도위원회에 회부되었다. 나는 기말고사를 마치고 그동안 벌점이 많이 쌓이거나 처벌을 받은 1학년 학생들 30명 정도와 함께 몽땅 3박 4일간 농촌 봉사활동을 가게 되었다. 나는 그런 '멍청이들'과 함께 떠나

는 것이 정말 싫었지만 거부하면 생활기록부에 나의 싸움 건이 그대로 기록된다고 해서 어쩔 수 없이 가게 되었다. 도영탁과 나는 여전히 진정으로 사과도 하지 않고 서로 말도 안 하는 상태에서 출발하게 되었다.

드디어 생활지도부장 선생님을 비롯하여 우리 일행은 경기도의 어느 시골마을에 도착하였다. 마을 청소, 김매기, 감자 캐기, 옥수수 따기 등 여러 가지 농촌 체험을 하였다. 학생들은 그 와중에도 끊임없이 장난을 쳐서 그곳 어르신들이 "이런 거친 놈들은 생전 처음 봤다"며 머리를 흔들었다. 저녁에는 마을회관 마당에 모여서 우리가 캔 감자와 옥수수를 쪄 먹으면서 이장님이나 젊은 귀농자 이야기를 들었다. 농촌의 노동력 부족 문제와 농업정책의 불합리함에 대해서 말했다. 그리고 농산물 수입 개방으로 어려움이 더욱 심해졌지만 새로운 농업 방식으로 그 문제를 해결하려고 노력하고 있다는 이야기를 했다. 우리의 미래는 농업에 달려 있다고 이야기했다.

모임이 끝나고 다들 씻고 자러 들어가는 시간에 도영탁이 마을회관 한구석에 있는 정자에 웅크리고 앉아 있었다. '또 담배 피우고 있겠지.' 의심하며 보았는데 어깨가 들썩거려서 가까이 가보았는데, 울고 있었다. 찔러도 피 한 방울 안 나올 것 같던 그 녀석이 막 흐느끼고 있었다. 나는 순간 당황스러웠지만 말을 걸었다.

"얌마, 너 울고 있냐?"

"울긴 누가 울어."

"내가 사과하니까 마음 풀어라."

내가 영탁이 어깨를 두드리니까 도영탁은 눈물을 쓰윽 닦으며 말했다.

"너 때문 아니니까 관심 꺼라."

그러더니,

"나도 잘못했다. 사실 나도 알고는 있었는데 그냥 놔뒀어. 니가 너무 잘난 체하는 것 같아서."

"그래도 내가 네 코뼈 나가게 한 거 진짜 미안했다."

"됐다. 며칠 지나니까 나아졌어."

"솔직히 왜 울었어? 그냥 말해. 창피한 거 아니다."

그러자 평소에 말이 별로 없던 영탁이는 뜻밖에도 자신의 이야기를 들려주었다. 영탁이 아버지는 법과대학을 다녔는데, 농촌 봉사활동을 하러 왔다가 그 마을에 살고 있던 영탁이 엄마를 만나서 결혼하고 농촌으로 와서 정착해 살게 되었다고 한다. 새로운 농업 경영 방식으로 안정적으로 자리 잡아가던 차에 농산물 수입 개방 문제에 부딪히게 되었다. 그래서 농산물 수입 개방 반대운동 등 농촌의 여러 가지 문제를 해결하기 위해 바쁘게 활동하다가 과로로 쓰러져 젊은 나이에 돌아가셨다고 한다. 그에 몹시 절망한 엄마는 초등학교 3학년이던 영탁이를 데리고 서울로 와서 파출부 일이나 식당 일을 하며 지내게 되었다. 그리고 영탁이를 아버지가 '버린 꿈'인 법관을 만들어 억울한 일을 당하지 않고 살기를 바라셨다는 것이다. 그런데 영탁이는 늘 밤늦게 들어오는 엄마를 기다리면서 초등학교 때는 게임에 빠져 지내다가 중학교 때부터 양아치 행세를 하며 공부를 소홀히 하고 차츰 나쁜 친구들과 어울리게 되었다. 지금은 엄마의 건강도 나빠져서 일을 많이 못 하셔서 영탁이가 틈틈이 알바를 하며 생활비를 보태고 있다고 한다. 어린 시절에 살던 농촌에 다시 와보니까 어렸을 때 온 가족이 행복하게 지내던 생각도 나고 지금 엄마 속을 너무 썩여드리고 있는 자신이 미워서 눈물이 났다는 것이다.

영탁이 이야기를 듣다 보니까 나도 마음속으로 왈칵했다. 그날 저녁 우리는 많은 이야기를 나누고 진정으로 화해하고 친구가 되었다. 농촌 체험 마지막 날 영탁이는 뜻밖의 선언을 했다.

"저, 이제 학교 안 다닐래요. 자퇴하고 시골에서 살려고요."

선생님은 물론 우리 모두가 깜짝 놀랐다.

"너, 미쳤냐? 머리가 쳐 돈 거 아냐?"

하며 김장함은 영탁이 몸을 흔들어대더니 머리를 두들겨 보기까지 했다. 영탁이가 선생님께 말했다.

"지금 공부해도 대학 가기도 어려울 것 같고, 그리고 엄마도 저 때문에 고생 많이 하셨잖아요."

영탁이는 자신의 목표도 있었겠지만 서울에서 고생하는 엄마의 건강이 염려되어서 외가가 있는 농촌으로 다시 가기로 결심한 것이다.

나는 그 이후 진로를 바꾸었다. 의사의 꿈을 버리고 농과대학에 진학하기로. 하지만 예상대로 내가 의사가 되기를 평생소원으로 삼던 부모님께서는 머리를 싸매고 누우셨다.

"하이고…… 다른 것도 아니고, 웬 농부냐?"

그런 엄마에게 내 꿈을 설명했다.

"엄마, 저는 몇 사람의 생명을 살리는 의사보다는 수억을 먹여 살릴 수 있는 농업을 발전시킬 거예요. 그리고 노벨상도 탈 수 있잖아요? 제가 나중에 인류를 살리면 노벨평화상 같은 걸 받지 않을까요? 하하하."

터무니없는 말처럼 들으셨지만 결국 부모님도 허락하시고 나는 지금 ○○대 농업생명공학과에서 재학 중이다. 영탁이는 그때부터 지금까지 외가에서 어머니랑 살고 있다. 마을에 도착하니 영탁이 어머니가 반갑게 맞아

주신다. 많이 건강해지신 듯하다. 외할머니가 돌아가신 후 비어 있던 집을 수리하고 남겨주신 땅이 조금 있어서 정착하는 데는 큰 문제가 없었다고 한다. 농담처럼 그때 영탁이 코뼈를 안 부러뜨렸으면 애가 어찌 되었겠냐고 하면서 웃으신다. 영탁이는 벌써 5년째 농부의 길을 가고 있다. 힘든 일도 많지만 보람이 있다고 한다. 마을에 사는 친척과 어른들의 도움으로 특용작물을 재배하여 생활할 수 있는 소득이 충분하다고 했다. 앞으로 검정고시를 거쳐 농업 관련 전문학교에서 이론을 더 공부할 예정이라고 한다. 그냥 이론만 배우는 나보다 영탁이가 더 앞서가는 것 같아 왠지 모를 경쟁심이 생긴다.

장함이는 성적 때문에 대학은 가지 않았다. 현재는 근처 건설 현장에서 노동일을 하고 있다. 사실 아직 스물두 살밖에 안 됐는데 안전모를 쓰고 런닝셔츠만 입고 일하는 모습이 상상 속의 노동자들 모습이랑 일치해서 웃음이 터졌다. 하지만 이런 꼴찌도 자기 스스로의 인생을 개척하고 그에 대해 만족하면서 살고 있으니 이름처럼 장할 따름이다. 우리는 서로 다른 길을 가지만 한 가지 공통점이 있다. 우리는 지금 새싹에 물을 주고 양분을 공급해서 각자마다의 '꽃'을 피우고 있다는 것, 그리고 그 꽃은 결국에는 열매를 맺게 될 것이다.

(김건우, 고1)

〈이중생활〉과 〈우리는 커서 어떤 꽃을 피울까〉는 고등학생 창작소설이다. 〈이중생활〉은 부모의 눈을 피해 성인 사회를 엿보며 자유로운 생활을 하지만, 부모님에 대한 미안함을 가진 순수한 사춘기 소녀의 마음이 잘 드러나 있다. 〈우리는 커서 어떤 꽃을 피울까〉는 '모범생과 문제 학생'의 갈등이 우정으로 변화하는 과정을 아주 잘 표현한 성장소설이다. 농촌 봉사활동을 두 사람이 가까워지는 계기로 설정한 것도 그렇고, 귀농을 결심한 영탁이나 농업대학을 진학한 주인공의 선택은 아무나 쓸 수 없는 매우 성숙하고 의미심장한 선택이라고 할 수 있다. 초등학생 소설이나 중학생 소설에서 발견할 수 없는 진로의 문제와 가족에 대한 책임 등 훨씬 성숙한 모습을 확인할 수 있다.

08

영화 만들기 수업

1. 영상언어란 무엇인가?

사람과 사람 사이의 소통을 위한 언어는 어떻게 변화·발전해 왔을까? 수십만 년 동안 사람들은 오로지 음성언어로 소통했다. 음성언어는 직접적이고 쌍방향 소통이라는 점에서 가장 힘 있는 언어다. 언어만이 아니라 말투, 소리의 크기, 표정, 몸짓 등 비언어적 효과도 크다. 그러나 언어는 사용하자마자 허공에서 사라져버리며, 조금만 거리가 있어도 들리지 않는다. 시간적·공간적 제약이 크다는 단점이 있다. 인류는 사람들의 말을 더 멀리, 오래 전달할 수 있는 방법을 찾아 헤맸을 것이다. 바위와 굴에 그림을 새기다가 드디어 2천여 년 전부터 문자를 사용하기 시작했다. 문자언어는 인류의 삶을 혁명적으로 바꾸었다. 이제 시간과 공간을 뛰어넘는 제약 없는 소통이 가능해진 것이다. 오늘날의 문명이라고 부르는 모든 것은 바로 문자언어에 힘입은 것이다.

그런데 문자언어도 한계는 있었다. 소리나 표정, 색깔, 움직임 등을 담을 수 없다. 문자는 건조하며 딱딱하다. 그래서 인류는 가공할 만한 놀라운 힘을 가진 새로운 언어를 발명했다. 바로 영상언어다.

영상언어는 음성언어와 문자언어의 장점을 모두 포함할 뿐만 아니라 음악, 미술, 이미지, 움직임은 물론 비언어에 이르기까지 인간의 지적인 사고와 역동적인 움직임을 모두 담을 수 있다. 게다가 과학과 기술의 힘을 활용하여 순간에 전 세계로 확산시킬 수 있다.

영상언어는 기본적으로 청각과 시각을 중심으로 하는 감각적 언어다. 문자언어가 가졌던 기록성이나 대량 전달은 물론이고, 엄청난 분량의 정보를 놀라운 속도로 전달할 수 있다. 그래서 오늘날 개인이 세계적인

김은형의 혁신수업

영향을 끼칠 수 있는 시대가 가능해진 것이다.

영상언어를 담는 그릇이라고 할 각종 매체, 즉 텔레비전, 컴퓨터, 인터넷, 스마트폰 등은 도대체 어디까지 진화할 것인지 가늠할 수조차 없다. 텔레비전을 중심으로 한 초기 영상언어가 일방통행이었던 점에 비해, 수억 명이 동시에 소통할 수 있는 사회관계망서비스(SNS)의 발전은 얼마 전만 해도 누구도 상상하지 못했던 일이다.

영상언어는 음성언어와 문자언어에 이어 제3의 언어로서 문자언어보다 더 위력적이며 더 지배적인 힘을 갖고 있다. 그 영향력은 점점 더 상상을 초월하며, 파괴력 또한 엄청나다. 그렇다면 우리는 영상언어를 어떻게 바라보고 사용해야 하는 것일까? 문자언어가 발명되었을 때를 생각해 보면 확실히 알 수 있다. 문자를 사용할 수 있었던 초기 시대엔 소수의 귀족계급만이 문자를 사용할 수 있었다. 귀족들은 문자를 지배 수단으로 독점적 지배권을 누렸다. 특권층이 문자를 독점할 때 대다수의 백성들이 그들의 노예로 살았듯이, 영상언어도 자본과 권력이 독점하고 다수의 시민들은 조종당하는 삶을 살 가능성이 크다. 텔레비전 프로그램과 방송사 등 언론 장악, 돈을 벌기 위해 폭력적이고 성적인 것을 파는 상업 영상, 사회관계망서비스(SNS) 조작 등 헤아릴 수 없는 문제들이 이미 드러나 있다. 대중들의 눈과 귀를 가리는 영상언어들이 난무하고 있으며, 그 엄청난 영향력으로 진실을 왜곡하고 음모와 술수를 부리는 일은 점점 더 많아지고 있다.

그러면 과연 학교와 수업에서 이를 어떻게 얼마나 가르쳐야 할까? 미래 세대인 학생들이 영상언어를 정확히 이해하고 비판적으로 사용할 수 있도록 하는 일은 중요하다. 자본과 권력이 쏟아내는 영상의 단순 소비자가 아니라, 그 영상언어를 비판적으로 바라볼 수 있는 힘을 기르고, 자신의 생각과 견해를 영상언어로 표현할 수 있도록 가르쳐야 한다. 하지만 현재 영상언어 교육은 참으로 미흡한 수준이다. 학교 정보화 사업이니, 매체 활용 교육이니 하며 영상을 활용한 교육을 말하고 있지만, 현실 영상언어의 어마어마한 영향력에 비하면 정말 너무도 초보적인 수준이다. 최근 국어 교육과정은 말하기, 듣기, 읽기, 쓰기에 '매체' 영역을 하나 더 추가하고 인터넷, 핸드폰 문자 예절을 다루기도 한다. 그러나 그런 정도로는 이 엄청난 영상언어를 총체적으로 이해하고 판단하고 사용하기는 매우 어렵다.

2. 영상언어의 이해

영상언어는 영화를 통해 배우는 것이 좋다. 문자언어의 꽃이 문학이라면, 영상언어의 꽃은 영화이기 때문이다. 시 창작을 하면 시의 본질을 이해하게 되고, 소설 창작을 해보면 소설을 깊이 알 수 있는 것처럼, 영화를 만들어보면 영상언어가 무엇인지 분명히 이해하게 된다.

학생들은 어려서부터 대규모 상업자본이 투자해 만든 블록버스터 영화에 익숙해져 있다. 그리고 자신이 영상언어를 사용할 수 있는 힘이 있다는 것을 잘 알지 못한다. 시나 소설을 우리의 삶과 동떨어진 무엇으로 놓는 것과 같이, 영화 또한 전문가나 특별한 사람들의 영역이라고 생각하기 쉽다.

처음 영화 만드는 수업을 한다고 했을 때 한 학생은 어이없다는 표정으로 이렇게 말했다.

"우리가 어떻게 영화를 만들어요?"

이런 반응은 사실 시나 소설을 쓸 때도 비슷하니까 새로운 반응은 아니다. 하지만 막상 수업을 진행하면 학생들은 시나 소설 쓰기보다 영화 만들기 수업에 더 열렬하게 반응하고 참여한다.

원리는 시 수업이나 소설 수업과 같다. 먼저 새로운 관점을 길러줄 수 있는 아주 짤막한 단편영화를 여러 편 보며 영상언어를 분석한다. 시나 소설 수업에서도 감동적인 작품을 먼저 충분히 감상하는 것처럼, 영화도 영상언어 효과가 뛰어난 영상 텍스트를 여러 편 볼 필요가 있다.

수업에 적합한 영상 텍스트는 영화 문법이 잘 드러나고 영상미가 있고 주제가 분명한 영화로 정하는 것이 좋다. 다음 카페 '김은형의 국어 수업'에 들어가면 '학생 창작 영화방'이 있는데, 거기에 함께 보고 분석할 수 있는 초단편 영화를 여러 편 올려두었으니 참고하면 좋겠다. 또 요즘에는 인터넷이나 유튜브에 수업에 활용하기 좋은 단편 영상들이 아주 많다.

영화 수업에 들어갈 때 가장 먼저 소개하는 영화는 극영화 〈블랙홀〉이다. 겨우 3분 정도의 초단편 영화지만 영화로서 갖추어야 할 모든 요소를 다 갖추고 있다. 소설로 말하면 콩트와 같다. 아무리 짧아도 인물과 구성과 주제가 있으면 일단 영화로 성립한다. 이 영화를 보고 나서 학생들에게 주제가 무엇인지 물어보면, '욕심부리지 말자.'라는 주제도 쉽게 찾아낸다.

이 짧은 영화는 단순하면서도 주제가 명확하기 때문에 영상언어를 이해시키는 수업 자료로 적당한 것이다. 시, 소설, 연극, 영상 등 무엇이든 짧거나 길거나 간에 가장 중요한 것은 작품이 말하고자 하는 바가 무엇인가 하는 것인데, 그것이 작가가 작품을 만든 목적, 바로 주제다.

영화 〈블랙홀〉을 한 번 보고 내용을 파악한 후, 두 번째 볼 때는 사건의 전개(구성)를 나누어보게 했다. 각 단계는 20초에서 1분 정도에 불과하기 때문에 내용 파악이 아주 쉽다.

- 발단 – 새벽까지 일하는 지친 표정의 회사원인 남자는 복사기를 돌리다 커다란 검은 원이 찍힌 종이를 잘못 나온 것으로 보고 쓰레기통에 버린다.
- 전개 – 그러나 커피를 마시고 종이컵을 던지자 그 검은 원 속으로 종이컵이 사라지는 것을 보고 신기해 실험을 해본다.
- 위기 – 종이를 들고 그 검은 원에 손을 넣어보니 손이 쑥 들어가자 자동판매기에 붙이고 음료수를 꺼낸다.
- 절정 – 그는 도깨비방망이 같은 종이를 이용해 회사 금고에서 돈을 꺼낸다. 금고에 종이를 붙이고 마음껏 돈을 꺼내며 탐욕스럽게 변한다.
- 결말 – 더 깊이 손을 넣다가 그만 금고 속으로 빠지고, 종이는 떨어져 버린다.

짧지만 이야기의 구성 단계가 매우 분명하다. 영화가 짧기 때문에 분석할 요소를 정하고 그 부분을 집중적으로 보기 쉽다. 인물의 표정 연기를 중심으로 살펴보면, 사건이 전개되면서 주인공의 얼굴 표정이 달라진다. 처음에는 몹시 피곤함에 지친 얼굴이었다. 업무에 시달리는 회사원의 표정. 복사기가 제대로 작동하지 않자 짜증스러운 표정을 짓는다. 하지만 종이컵이 빠지는 종이의 투과력을 발견하고, 그것을 시험해 보며 호기심에 반짝이는 표정으로 바뀌었다가, 돈을 훔치며 표정이 기괴해진다. 탐욕에 사로잡힌 인간의 얼굴. 입술에 침이 잔뜩 묻어 있고 뭔가 억제할 수 없는 어두운 힘이 작동되는 표정이다. 이렇게 꼼꼼히 살펴보면서 연기란 무엇인가를 생각해 볼 수도 있다.

음악의 역할도 살펴볼 수 있다. 긴장감을 주는 음악, 금고 속으로 떨어지는 마지막 장면과 엔딩 음악 등은 이 영화를 더욱 극적으로 보이게 한다. 그 외에도 따져볼 것이 많다. 새벽이라는 시간적 공간을 알려주는 시계, 인물의 변화를 암시하는 자판기, 최후를 암시하는 금고 등 소품과 공간 설정 등 다양한 점을 따져볼 수 있다. 이 모든 것은 영상언어를 드러내는 데 중요한 요소이며, 동시에 영화를 만드는 데 들 예산과 관련이 있다.

애니메이션은 〈마우스랜드 이야기〉나 〈인간이 지구를 망친 3분〉을 보면 아주 좋다. 유튜브에서 볼 수 있으며, 둘 다 영화의 장르별 특징과 기법을 잘 사용한 영상이다. 길이도 6분, 3분 정도로 아주 짧다. 〈마우스랜드 이야기〉는 1940년에 캐나다의 토미 더글러스 의원이 했던 명연설을 애니메이션으로 만든 것인데, 오늘날에도 여전히 의미 있는 내용이다. 연설문의 내용은 다음과 같다.

이것은 '마우스랜드'라고 불리는 곳의 이야기입니다. 마우스랜드는 모든 생쥐들이 태어나서 살고 놀다가 죽는 곳입니다. 우리가 사는 것과 똑같은 모습으로 말입니다. 그들에게도 정부가 있었습니다. 그리고 4년마다 투표를 했지요. 투표소로 걸어가서 표를 투표함에 넣었습니다. 일부는 차를 타고 투표소로 갔습니다. 4년 뒤에도 또 차를 타고 투표소로 갔습니다. 우리와 똑같이 말이죠. 선거 때마다 모든 생쥐는 투표를 했으며 정부를 선출했습니다. 바로 거대하고 뚱뚱한 검은 고양이로 이루어진 정부지요. 생쥐들이 고양이를 지도자로 뽑는 것이 이상하다고 여겨진다면, 지난 90년 동안의 캐나다 역사를 돌아보십시오. 생쥐들이 우리보다 멍청하다는 생각은 들지 않을 것입니다. 저는 고양이들이 나쁘다고 이야기하지 않습니다. 그들은 좋은 친구들이었으며, 품위 있게 정부를 운영하면서 좋은 법을 통과시켰습니다. 물론 고양이에게 좋은 법이었지요. 하지만 고양이에게 좋은 법은 생쥐에게는 그다지 좋지 않았습니다. 법안 중 하나는, 쥐구멍이 고양이의 발이 들어갈 수 있도록 충분히 커야 한다는 것이었습니다. 또 다른 법안은, 생쥐가 일정한 속도로 달리도록 규정했습니다. 고양이가 큰 힘을 들이지 않고 아침밥을 얻을 수 있게 하기 위해서였죠. 이 모든 법은 좋은 법이었습니다. 고양이에게는요. 아, 그러나 생쥐들은 고통스러웠습니다. 삶은 갈수록 힘들어져 갔습니다. 마침내 생쥐들은 더 이상 참을 수 없다고 생각했습니다. 무언가 손을 써야 한다고 결심했죠. 그래서 생쥐들은 투표장으로 몰려가서 검은 고양이들을 퇴출시켰습니다. 그리고 흰 고양이를 선출했습니다. 당선된 흰 고양이는 새로운 조처를 취했습니다. 그들은 마우스랜드에 새로운 비전이 필요하다고 말했습니다.

그들은 마우스랜드의 문제는 둥근 모양의 쥐구멍이라고 주장했습니다. 둥근 모양의 쥐구멍 대신에 네모난 모양의 쥐구멍을 만들어주겠다고 했습니다. 그리고 이런 약속을 실천했습니다. 네모난 쥐구멍은 둥그런 쥐구멍보다 두 배로 커졌으며, 고양이는 두 발을 한꺼번에 쥐구멍에 쑤셔 넣을 수 있게 됐습니다. 생쥐들의 삶은 이전보다 더 어려워졌습니다. 생쥐들이 이러한 삶을 도저히 견디기 어렵게 되자, 흰 고양이를 퇴출시키고 다시 검은 고양이를 뽑았습니다. 그러다가 다시 흰 고양이를 뽑았습니다. 그러다 검은 고양이를 뽑았고, 심지어 반은 희고 반은 검은 고양이를 뽑기도 했습니다. 이런 걸 '연정'이라고 불렀습니다.

한번은 검은 점이 있는 점박이 고양이를 정부로 뽑기도 했습니다. 이 고양이들은 생쥐들의 목소리를 내는 척하면서 생쥐를 잡아먹는 고양이들이었습니다. 이제 여러분은 아실 것입니다. 고양이의 색깔 따위는 중요하지 않습니다. 문제는 그들이 모두 고양이라는 점입니다. 고양이 정부는 당연히 고양이만을 돌볼 뿐 생쥐는 안중에도 없습니다. 어느 날 한 마리의 생쥐가 나타났습니다. 이 친구가 무슨 생각을 하는지 주의해 보십시오. 생쥐는 다른 쥐에게 이렇게 말했습니다. "우리는 대체 왜 고양이를 정부로 뽑는 거지? 생쥐로 이루어진 정부를 왜 뽑지 않지?" 다른 생쥐들이 이야기했습니다. "오, 빨갱이가 나타났다. 잡아넣어라!" 그래서 생쥐들은 그를 감옥에 처넣었습니다. 그러나 여러분께 한 가지 사실을 상기해 드리고 싶습니다. 생쥐든 사람이든 감옥에 처넣을 수 있지만, 생각을 잡아넣을 수는 없다는 것입니다.

문자언어와 마찬가지로 모든 영상언어 역시 의미와 가치가 가장 중요하다. '언어는 가치중립적'이라는 기능주의적인 말은 오히려 특정 이해당사자들을 옹호하는 의견이라고 나는 생각한다. 영상언어가 교훈적이어야 한다는 얘기가 절대 아니다. 시나 소설의 문학언어가 강자들의 언어가 아니듯이, 영상언어 역시 강자를 대변하는 언어가 아니어야 한다는 뜻이다. 물론 모든 예술은 아름다움을 그리는 것이 가장 중요한 목표다. 그러나 시나 소설은 슬픔과 부조리, 갈등과 소외, 고통과 좌절을 겪는 인간과 사회의 모습을 보여준다. 그 이유는 바로 인간의 진실을 보여주고 성찰하기 위해서다. 마찬가지로 영상언어 역시 문학언어와 같은 목적과 내용적 기능을 갖고 있다. 물론 여기서는 판타지나 오락성이 강한 만화나 소설의 언어는 해당되지 않는다. 예술적·사회적 기능을 가진 영상언어를 말하는 것이다. 물론 상업영화 가운데 예술적·사회적 기능을 갖는 것도 많지만, 여기서는 제외한다. 상업영화가 워낙 주류를 이루다 보니 학생들이 영화라고 하면 무조건 상업영화를 떠올리는 것을 막기 위해서다.

스티브 커츠의 〈인간이 지구를 망친 3분〉은 제목 그대로 인간이 얼마나 잔인하고 오만하게 지구를 쓰레기 더미로 만들었는지를 보여주는 애니메이션이다. 오랜 세월 광활한 대자연에 의지해서 살아가던 사람들은 산업화를 거치면서 점점 생명을 자신의 욕망의 도구로만 인식한다. 뱀을 죽여 신발을 해 신고, 닭을 튀김으로 만들어 먹고, 양의 털을 깎고, 양고기로 배를 채우고, 갖가지 동물실험을 하며, 도시는 엄청난 빌딩과 자동차로 뒤덮였다. 결국 환경 파괴로 홀로 남은 최후의 인간은 쓰레기 더미 위의 왕좌에 앉는다. 그리고 알 수 없는 힘에 의해 짓밟혀 끝내 소멸한다.

산업화와 소비주의 현대 문화를 너무도 적확하게 표현한 놀라운 초단편 애니메이션이다. 이 영화는 영화 만들기 수업만이 아니라 환경 관련 수업이나 토론 수업의 재료로도 매우 좋다.

영상언어의 예술성을 가장 극대화하는 것을 '미장센'이라고 한다. 미장센은 영상미를 살리기 위한 미학적 연출 기술이다. 촬영할 때 프레임

내의 요소들을 얼마나 아름답고 적절하게 구성하는가로 그 예술성을 가늠하는 것이다. 화면 구성의 미학적 기술을 이해하기 위해서는 6분짜리 영화 〈Right Place〉를 감상하면 좋다. 무엇이든 반듯하게 놓지 않으면 직성이 풀리지 않는 결벽증을 가진 남자는 직장에서 환영받지 못하고 쫓겨난다. 그러나 어느 날 그는 뼈를 맞추는 일을 발견한다. 가장 정확하게 빈틈없이 다루어야 할 이 일에 그는 자신이 가장 적합한 사람임을 발견한다는 매우 상징적인 영화다. 화면의 완벽한 구성과 아름다움이 돋보인다.

사랑의 언어가 얼마나 놀라운 힘을 갖는지를 보여주는 흐뭇한 영화 〈Signs〉를 감상하는 것도 영화적 상상력을 높여줄 수 있다. 늘 외톨이였던 한 외로운 남자가 우연히 사무실의 유리창 너머 옆 빌딩 사무실의 여성과 대화를 나눈다. 소리는 전달될 수 없고, 종이에 쓴 간단한 단어로 마음을 주고받는다. 누군가와 사인을 주고받는다는 것만으로도 그의 삶은 생동감이 넘쳐난다. 그러나 그것도 잠시. 여성이 사무실을 옮긴 탓에 대화는 끊기고, 다시 외로움 속에 빠져든다. 어느 날 다시 그녀를 발견하고 두 사람은 건물을 뛰쳐나와 신호등을 건너 큰길 한가운데서 자신의 언어를 적은 종이를 들고 만난다.

사랑의 메시지를 전하는 〈Bottle〉 역시 아름답고 창의성이 돋보이는 영상언어를 자랑하는 초단편 영화다. 고등학생들이 자신들의 삶을 재치 있게 표현한 뮤직비디오 〈하이스쿨잼〉은 인터넷에서 폭발적인 반응을 얻었다. 텔레비전 예능 프로그램인 〈무한도전〉에도 등장했을 정도로 이 영상을 만든 이신혁과 김한결은 스타가 되었다. 이렇게 다양한 주제, 다양한 형식의 초단편 영화들을 감상하면서 영상언어에 대한 이해를 높이는 것이 중요하다.

영화의 특징을 쉽게 파악할 수 있는 영화 분석이 끝나면, 시 창작 수업
이나 소설 창작 수업과 마찬가지로 선배들이 만든 창작 영화를 감상한
다. 학생들이 만든 영화를 보면 자기도 영화를 만들고 싶다는 강렬한
욕구에 사로잡히게 된다.

내가 처음으로 영화 수업을 시도한 것은 2011년이다. 그전에는 연극
을 만드는 수업을 오래 했다. 사실 연극은 영화보다 시간과 노력이 더
많이 드는 작업이다. 관객들 앞에서 상연을 목적으로 연극 준비를 하려
면 상당 기간 방과후에 모두 남아서 연습을 해야 한다. 그런데 언젠가
부터 학생들이 학원에 묶이면서 별도의 시간을 내기가 점점 어려워졌
다. 그리고 학생들이 영화에 대한 친밀감이 높고 무엇보다 영상언어를
가르쳐야 할 필요를 느꼈다. 처음에는 연극의 일부로 영상을 결합하는
방식을 시도했다. 그러다 본격적인 영화 수업은 2011년 사당중학교에
있을 때 시작했다. 그해 나는 서울시교육청 문예체 지원사업에 공모하
여 영화 수업을 위해 1500만 원의 지원금을 받았다.

전문 강사 2명을 지원받았는데, 전문 영화 강사 한 분이 정규 국어 수
업 시간 8차시를 나와 함께 진행했다. 영화에 대한 이해와 시나리오 쓰기
부터 영화 제작 전반을 함께 진행했고, 또 한 분은 편집 담당 강사로 방
과후에 일주일간 팀별 편집자를 대상으로 영상 편집 기술 지도를 했다.

8학급 전체 수업에서 무려 30여 편이 넘는 초단편 영화를 만들었고, 연말에 '사당영화제'로 발전시켰다. 이 영화제는 대단한 열기 속에 진행되었는데, 영화제를 취재하여 교육청 회보에 신기도 했다. 영하 10도가 넘는 날씨에 강당 바닥에 앉아서 영화에 몰두하는 학생들의 모습은 정말 평생 잊을 수 없는 한 장면이었다. 그다음 해는 인헌고등학교로 전근을 와서 아예 창의체험 수업으로 도입하여 2학년 전체가 영화 수업을 하고, 만든 영화를 평가하여 12월 말에 '인헌영화제'를 열었다.

영화는 주제나 소재에 제한이 없다. 소설도 콩트(짧은 소설), 단편소설, 장편소설, 대하소설 등이 있듯이, 영화도 3분짜리에서부터 4시간에 이르기까지 그 길이나 폭이 매우 다양하다. 장르 역시 다양하다. 예컨대, '극영화, 다큐멘터리, 애니메이션, 뮤직비디오'는 그 영상언어의 특징이 다를 뿐만 아니라 특별한 영상언어의 장점들을 갖고 있다.

극영화는 서사 구조를 가진 드라마로 갈등을 중심으로 사건이 전개된다. 인물의 성격과 개성을 중심으로 극적 사건이 전개되고, 갈등이 최고조에 도달하며 반전 또는 파국을 맞이한다. 수만 년 동안 이어져 온 이야기 유전자가 그대로 살아 있는 정통 영화다. 문학의 본류가 소설이듯이 영상언어의 본류는 극영화다. 상업영화에서도 그 수가 가장 많고, 영화 만들기 수업에서도 학생들이 가장 많이 도전하는 장르지만, 가장 만들기 어려운 분야이기도 하다. 탄탄한 이야기 구조를 가진 시나리오가 필요하고, 감동이나 깨달음을 줄 수 있도록 표현해야 하고, 세련된 갈등 전개와 사실적인 연기력, 창의적이고 예술적인 화면 구성 등 어느 하나도 만만한 것이 없다.

다큐멘터리는 어떤 문제의 본질이나 진실을 밝히기 위해 사실과 근거를 가장 중요한 영상언어로 사용한다. 그래서 사회적으로 쟁점을 파헤치거나 고발하는 데 강력한 힘을 발휘한다. 극영화가 소설 장르와 사촌이라면 다큐멘터리는 역사와 가깝다. 다큐멘터리는 극영화와 함께 영상언어의 두 기둥이다. 학생들이 연습용으로 만들기에는 극영화보다 쉬울 수도 있다. 예컨대, '학교 환경 이대로 좋은가?'와 같은 주제로 교내 쓰레기 사진들을 모아 고발하는 다큐를 만들기도 하고, 직접 촬영하지 않고 독일 통일 관련 자료화면을 편집·구성하여 통일 다큐멘터리를 훌륭하게 만들기도 한다.

그림영화인 애니메이션은 그림을 사진으로 찍어 1초에 24프레임을 돌려 살아 있는 움직임으로 만든 영화다. 매우 어려워 보이지만, 사실 간단하게 만들 수 있다. 학생들이 만드는 애니메이션의 경우는 빨리 움직이지 않아도 된다. 3초에 한 장 정도만 움직여도 괜찮다. 내용에 따라서 장면 전환을 더 느리게 할 수도 있다. 그리고 모든 장면을 다 그릴 필요도 없다. 배경을 먼저 만들어놓고 그 위에서 인물만 움직이며 사진을 계속 찍어주면 의외로 재미있고 창의적인 작품이 나온다. 물론 주제나 스토리 구조가 필요하지만, 극영화나 다큐보다 더 학생들의 재치를 발휘할 수 있는 장르다. 요즘은 스마트폰이 누구나 있고 사진의 질도 뛰어난 시대라 애니메이션 만들기는 아주 쉽다.

학생들이 좋아하는 뮤직비디오는 음악이 영상언어의 핵심이다. 음악에 이미지를 입히는 건데, 이것 역시 학생들이 쉽게 할 수 있는 장르다. 인기 연예인들의 뮤직비디오를 워낙 많이 봐서 길게 설명하지 않아도 쉽게 이해한다. 자신이 좋아하는 음악에 이미지나 그림을 넣거나 직접 촬영해서 분위기를 만들어주면 끝이다.

영화 만들기는 연극 만들기와 같이 협동과 분업을 기본으로 공동체 성이 필요하다. 시나리오, 감독, 연출, 연기, 의상, 음악, 의상, 소품, 촬영, 편집 등 다양한 역할이 필요한데, 자신의 능력과 관심, 기술, 개성 등에 따라 분담하면서도 각 부분 담당자들의 협력과 소통이 절대로 필요하다. 영화는 연극에 필요한 모든 종합적 예술 능력에 카메라 기능, 컴퓨터 편집 프로그램을 이용한 편집 등 디지털 활용 능력이 더해진다. 그러므로 영화 수업은 협동을 통한 창조력을 키우는 효과뿐만 아니라 다양하고 융합적인 능력을 기르는 교육이라고 할 수 있다.

혹시 선생님들 중에서 자신이 없다고 말씀하실 분들이 계실 텐데, 사실은 나도 카메라 조작이나 영상 편집 프로그램을 다루는 능력은 전혀 없다. 그래서 처음에는 촬영이나 편집 전문가를 모셔 오기도 했는데, 의외로 잘하는 아이들이 꽤 많고, 쉬운 영상 편집 프로그램들이 많아 별 어려움이 없었다. 필요하다면 다른 교과와 융합 수업을 시도해 보는 것도 좋은 방법이다.

영화는 사실 모든 교과적 요소가 다 있어서 통합교과 수업으로 하는 것이 좋을 수 있다. 그러니까 사회나 역사, 과학, 음악이나 미술 등 어느 교과든 영화 만들기 수업이 가능하다. 역사 영화나 과학 영화, 음악 영화 등이 다 가능하니까. 물론 융합 수업으로 하면 더 좋다.

문제는 교사가 영화라는 매체에 얼마나 자신이 있는가 하는 것이다. 학생들은 무척이나 좋아하고 열정을 발휘하지만 사실 상당한 협동력과 창의력과 인내심을 요한다. 나도 처음에는 수업 실패가 걱정스럽기도 했다. 영화를 좋아하기는 하지만, 만들어본 일도 없고 카메라나 편집 프로그램을 다루는 것도 전혀 모르는데 과연 가능할까 하는 생각이 들었기 때문이다. 그래서 처음에는 전문 강사와 코티칭 수업을 시도한 것이다. 하지만 그 후에는 응용력이 생겨 한 시간 안에도 미니 영화제를 할 수 있을 정도였다. 아마도 한번 시도해 보면 생각보다 쉽고 재미있음을 알게 될 것이다. 영화 매체 수업은 교육적 가치는 물론 그 다양함이 무궁무진하다.

여기서는 강사와 함께한 코티칭 수업을 소개하겠다. 하지만 수업 설계는 전적으로 내가 했다.

단계	시간	내용	대상
1	정규 수업 시간 (4~8차시)	〈이론 수업〉 1. 영화란 무엇인가 2. 영화의 종류 3. 영화 제작 과정 4. 시나리오 5. 촬영 6. 연기 7. 연출 8. 콘티 짜기	학년 전체
2	방과후	〈두레 활동〉 시나리오 쓰기, 촬영, 연기	모둠별 활동
3	방과후	〈영상 편집 지도〉	편집 담당자
4	정규 수업 시간 (2~4차시)	〈시사회, 평가, 토론〉 학급별 상영, 평가, 수정	모둠별 발표
5	3시간	〈행사 활동〉 영화제	전교생 (강당)

❶ 이론 수업

영화 이론 수업은 시간 여유가 있으면 8차시로 하고, 진도 등 일정이 빠듯한 경우는 축소해서 4차시로 할 수도 있다. 그러나 어려운 이론 수업을 하는 것은 아니다. 매 차시 아주 짧은 영화를 감상·분석하며 이론을

김은형의 혁신수업

익히는 것이다. 그리고 실제 필요한 기술이나 기능을 익히는 훈련으로
진행했다.

① 단편영화(10분 내외) 감상
② 영화 분석을 통한 이론 학습 (프레젠테이션 포함)
③ 영화를 만드는 데 필요한 실제 기능 익히기

시나 소설 창작 수업과 마찬가지로 영화 수업에서도 학생들은 선배
들이 만든 단편영화를 먼저 보여주는 것이 효과적이다. 모든 영화 자료
나 이론 자료들은 다음 카페 '김은형의 국어수업'에 올려놓고 학생들이
집에 가서도 충분히 다시 볼 수 있게 했다. 이렇게 하면 학습 성취도를
높이는 데 상당히 도움이 된다. 또 수업을 진행하면서 다른 팀이나 다
른 학급 학생들의 활동도 실시간으로 볼 수 있어서 수업 의욕이 높아진
다. 예컨대, 다른 친구들의 영화 계획서와 시나리오를 카페에서 공유하
면 시범 효과도 있지만, 주제나 내용의 중복을 피하고 더 새로운 내용
을 찾을 수 있는 계기가 된다.

❷ 영화 제작 계획서

영화 만들기를 재미있게 진행하기 위해 학생들은 먼저 모둠별로 '영화
회사'를 설립하게 했다. 5~6명씩 모둠을 짜서 학급별로 4~5개의 영화사
를 차리는 방법이 있고, 두 개의 영화 팀으로 나누는 방법도 있다. 학급
인원이 적으면 하나의 영화를 만들어도 된다. 그러나 나는 조금 인원이
적더라도 여러 팀이 경쟁적으로 영화를 만들도록 했다. 한 사람이 여러

역할을 맡는 부담이 있을 수 있지만, 책임 있게 역할을 수행할 수 있기 때문이다. 만약 인원이 부족하면 다른 팀원들과 품앗이를 할 수도 있고, 일회적인 출연이나 학급 전체의 도움이 필요하면 카메오 출연을 하도록 했다.

역할 분담은 감독, 시나리오, 촬영, 편집, 음악, 미술, 연기 등인데, 감독은 영화를 이끌어가는 가장 주된 역할을 해야 하므로 인내심과 통솔력이 있는 학생이 맡아야 한다.[1] 여기서 약간의 팁이 있다면, 감독이 시나리오를 겸하는 것도 하나의 방법이다. 감독이 연출을 하다 보면 시나리오대로 구현하지 않고 새로운 내용으로 변화시키는 즉흥성이 발휘되곤 한다. 그래서 감독이 시나리오 작가를 겸하는 것이 좋다.

영화사 이름은 기존의 영화사들을 벤치마킹할 수도 있다. CGV, 메가박스, 백두대간은 우리나라 영화 투자회사 이름이고, 파라마운트 픽쳐스, 20세기 폭스사, 유니버설 등은 미국의 영화사 이름이다. 가장 좋은 것은 자기들만의 창의적인 이름을 지어보게 하는 것이다.

그다음에는 어떤 영화를 만들지 결정한다. '극영화, 다큐, 애니메이션, 뮤직비디오' 중 하나를 선택하고 시나리오를 만든다. 시나리오는 토론하며 함께 만드는 것을 원칙으로 하되, 시나리오 담당자나 감독이 내용을 정리하여 몇 번의 토론을 거쳐 결정한다. 영화는 상황과 조건에 따라 많은 부분 계속 바뀔 수 있으므로 그런 점을 미리 염두에 둘 필요가 있

---

1 실제 수업에서 감독이 시나리오를 담당하는 것이 영화 실패를 막는 팁. 일반 상업영화를 제작할 때는 완성된 시나리오가 있어도 여러 사람이 여러 차례 손을 보며 수정하는데, 수업에서는 그것이 쉽지 않다. 한 편의 영화를 만드는 일은 매우 어려운 일이므로 실패 가능성도 크다. 수업 외에 활동하는 시간이 많은데 약속을 정하고 실행에 옮기는 것이 가장 어렵다. 게다가 녹음 장비도 열악한 데다 연기력이 부족하거나 연기자들의 발음이 부정확하여 영화를 실패하는 경우가 많다.

다. 우리나라 감독 중에서는 고정된 시나리오 없이 아예 즉흥적으로 영화를 찍으며 내용을 바꿔가는 사람도 있다. 상업영화의 경우는 처음 시나리오나 계획했던 것이 투자자나 대중의 반응에 따라 완전히 정반대로 달라지기도 한다.

영화 창작 계획은 영화라는 건축물의 설계도다. 그러므로 계획서를 꼼꼼하게 쓰는 것이 중요하다. 충분히 토론할 시간을 수업 중에 주는 것이 좋다. 영화를 만들기 전에 영화 창작 계획서 발표회를 먼저 한다. 일반 영화도 먼저 제작 발표회를 갖고 투자자를 모집하기도 한다. 그래야 다른 영화사와 내용이 중첩되는 것도 막고, 내용을 선점할 수도 있다. 그리고 영화 계획서가 너무 비현실적으로 짜였는지 질의응답을 통해 걸러낼 수 있다. 인물 섭외가 어렵다든가, 의상과 분장을 구하기 어렵다든가, 기차역이나 바다처럼 어려운 배경이 등장하는 경우 등 예측하지 못한 상황이 많으므로 계획서 발표 후 다양한 의견을 청취하고 계획을 조정하도록 할 필요가 있다.

다음은 학생들이 만든 영화 계획서 양식이다.

(빠빠라기) 영화사
영화 제작 계획서 (2학년 6반)

1. 종류: 극영화
2. 줄거리: 도영이는 지우를 짝사랑하고 있다. 마음만 태우는 도영이를 골려주려고 친구들은 지우가 보낸 것처럼 만나자는 쪽지를 써서 사물함에 넣어둔다. 쪽지를 발견한 도영은 무척 기뻐한다. 도영은 설레는 마

음으로 약속 장소에 가서 하염없이 기다린다. 걱정이 된 친구들이 장난이었음을 알려주려고 달려가는데, 도영이는 우연히 지나가던 지우를 만나 꽃을 주며 사랑을 고백한다.

3. 역할 분담

역할	이름
감독(시나리오)	이현수
촬영	김동준
편집(음악, 효과 음향)	최호근
영화미술 (소품, 세트, 홍보 포스터 제작 등)	강호동
연기	김도영, 최호근, 강호동, 성지우 외 학급 친구들(우정 출연)

4. 일정

　시나리오: 10월 20일

　촬영: 10월 20일 ~ 11월 15일

　편집: 11월 28일

　시사회: 11월 30일

❸ **촬영, 편집**

촬영은 수업 중에 하는 데 어려움이 있을 수 있다. 시나리오에 따라 다르고 시간대도 다르기 때문에 촬영은 방과후나 주말을 이용하도록 했다. 다만 장소 섭외의 어려움이 있을 수 있기 때문에 학교에서도 찍을 수 있도록 국어 교과실을 영화 세트장으로 꾸몄다. 한쪽은 커튼을 치고 소파와 탁자를 배치하고 액자로 장식한 뒤, 옷걸이와 화장대를 놓아 집 안 분위기를 낼 수 있도록 했다. 학생들이 실내 장면을 찍을 때 세트를 변형할 수 있도록 했다.

처음 사당중학교에서 영화를 찍던 해에는 무려 230여 명의 학생이 동시에 영화를 찍었기 때문에 학교는 밤늦게까지 불야성을 이루었고, 동네는 물론 많은 집들이 영화 세트장으로 변했다. 밤마다 어디든 영화를 찍는 즐거움에 들뜬 아이들의 웃음소리와 고함소리가 하늘을 찔렀다. 여러 학생들이 학원에 늦거나 가지 않아 문제가 되기도 했다. 간혹 학부모의 조심스러운 문의도 있었다.

카메라 앞에 서는 것을 좋아하는 적극적이고 활동적인 꾸러기들일수록 영화 찍기에 열성적이다. 마치 할리우드 스타라도 된 것처럼. 복도와 교실마다 붙여둔 영화제 포스터를 통해 자신들이 출연한 영화가 전교생 앞에서 상영된다든지, 우수한 작품에는 푸짐한 상이 나올 것이라는 기대도 영화 만들기 수업에 한몫했음은 물론이다.

비록 10분 이내의 짧은 영화를 만드는 것이지만 이 과정은 매우 지난하다. 촬영을 위해 시간을 정해 만나는 것부터 난관이다. 약속을 하고도 늦거나 빠지는 학생들이 있어 계획이 수포로 돌아가기도 한다. 또 의견이 달라서 계속 우왕좌왕할 수도 있다. 카메라와 삼각대, 슬레이트는 물론이고 영화 대본, 스토리보드, 소품이나 의상 등 영화의 내용상 반드시 준비해야 할 것들도 많다. 단 한 사람만 약속을 지키지 않아도 촬영이 어려울 수 있는 것이다. 촬영 장소를 미리 정해두어야 하고, 연기자들은 충분히 연기 연습을 해두어야 하며, 소품과 의상 등도 완벽하게 준비가 되어야 한다. 준비가 충분하지 않으면 계속 촬영에 실패한다. 이 과정에서 학생들은 서로 싸우기도 하고 좌절을 맛보기도 한다. 나는 이 과정을 잘 알기 때문에 영화를 찍기 전에 일어날 문제들을 충분히 예상하게 한 후 지켜야 할 원칙을 제시했다.

- 감독의 지휘권을 인정하기
- 약속 시간을 반드시 지키기
- 충분히 연습한 후(소품, 의상 등이 충분히 준비된 후) 촬영하기
- 의견이 다를 때는 충분히 토론하여 다수결로 정하기

예전에는 전문가용 캠코더가 있어야 영상을 찍었지만, 지금은 동영상을 찍을 수 있는 도구가 아주 많다. 특히 스마트폰의 화질이 좋고 편집 프로그램도 많아 영화 만들기는 이제 일상적으로 할 수 있다.

촬영을 할 때 계속 찍기가 어렵고 여러 번 다시 찍기 때문에 편집자를 위해 슬레이트를 사용하면 좋다. 시나리오상의 상면번호, 길이, 날짜 등을 적은 것을 먼저 찍은 후 촬영을 하면 편집할 때 영상을 찾기가 수월하다.[2]

영화는 사실 영상 편집 기술이 많은 부분을 차지한다. 길게 찍기나 카메라 돌리기 등은 물론이고, 주제를 표현하거나 장면을 강조할 때, 시간의 경과를 보여줄 때 사용하는 몽타주 기법 등을 활용하면 매우 입체적인 영상을 만들 수 있다. 다음 카페 '김은형의 국어수업'에서 '학생 창작 영화방'에 올려놓은 뮤직비디오 〈Michel Gondry〉를 보면 깜짝 놀랄 만큼 역동적인 장면들을 볼 수 있다. 그런데 이 영상은 수백, 수천 개의 장

2 영화를 촬영할 때는 편집하는 사람을 위해 반드시 장면번호와 같은, 장면을 반복해서 찍었을 때 표시하는 테이크 수를 적어 미리 앞에 찍어두어야 하고, 감독의 촬영 지시나 컷 지시가 있은 후 2초 정도 여유를 두고 시작하거나 끝내는 기술을 알려주는 것이 좋다.

면을 잘라 붙임으로써 리드미컬한 뮤직비디오가 만들어진 것이다.

편집은 포털사이트인 다음이나 네이버 등에서 쉽게 동영상 편집 프로그램을 사용할 수 있어서 문제가 되지는 않았다. 고급 프로그램을 필요로 하는 경우는 학교에서 구입하여 컴퓨터실에 깔아놓고 쓰도록 하면 된다. 영화 팀을 짤 때 편집을 할 줄 아는 학생이 있는지를 미리 파악해 보면 더 좋을 것이다.

나는 처음에는 영상 편집 전문가를 모셔다가 방과후 몇 시간 동안 개별 지도도 해주었다. 놀랍게도 밤늦게까지 편집을 배우려는 학생들로 꽉꽉 찼다. 첫 1주일은 컴퓨터실에 저장된 프리미어 프로그램을 활용한 동영상 편집 기술을 익혔고, 둘째 주는 자신의 모둠에서 찍은 영상을 편집한 것을 보고 조언을 듣게 했다. 자신이 편집한 영상에 대해 몇 마디의 조언을 듣기 위해 몇 시간이고 기다리는 학생들도 있었다. 그러나 최근에는 그런 과정이 없어도 학생들 중에는 영상 편집에 능통한 학생들이 많다.

❹ 시사회와 평가

2~3주 정도 촬영과 편집 기간을 거치면 1차 시사회를 할 수 있다. 먼저 감독, 촬영, 편집, 연기자 등 영화 모둠 전체가 함께 나와서 소개를 한다. 영화사 이름, 역할 분담, 영화 장르, 영화의 주제, 제작 과정 등을 소개하는 것이다. 그런 다음 영화를 상영한다.

처음 공개하는 영화는 아직 미흡하다. 어떤 영화는 전혀 이해하기 어렵거나 주제가 무엇인지 모호하기도 하고, 어떤 영화는 녹음이 약해 목소리가 잘 들리지 않는 경우도 있다. 물론 어떤 영화는 감동을 주기도 한다. 영화를 보고 나서 질의응답 시간을 갖는다.

영화의 문제점을 지적하면 처음에는 변명을 하기도 한다. 영화를 만드는 과정에서 부딪혔던 문제들이 쏟아져 나온다. 다섯 번이나 시나리오를 바꾸느라 시간을 다 써버려 정작 촬영이나 편집할 시간이 없었다거나, 중요한 배역을 맡은 친구가 약속을 지키지 않아 배역을 중간에 바꿨다거나, 의견이 맞지 않아 다퉜던 일, 만날 수 있는 시간의 부족으로 겪은 어려움, 부모님께 받은 꾸지람 등 다양한 이야기를 쏟아낸다.

하지만 이 시사회는 자신들의 영상언어가 제대로 전달되고 있는지, 부족한 점이 무엇인지 지적을 받고, 어떤 점을 수정해야 좋은 영화가 될 수 있는지 토론하기 위한 자리다. 녹음이 약해 대사 전달이 어려우니 자막을 넣어달라든지, 제목을 바꾸라든지, 영화의 마지막 장면을 조금 더 보완해야 한다든지, 배경음악을 분위기에 맞게 선택하라든지 하는 다양한 의견이 쏟아져 나온다. 학생들은 진지하게 토론을 한다. 가끔은 작품에 대한 평가나 수정 제안에 제작진이나 배우, 촬영자나 편집자가 마음의 상처를 받기도 한다. 하지만 질의응답이나 문제 제기는 더 좋은 영화를 만들기 위한 시간이다. 서로를 배려하되 수정이 필요한 부분을 지적하는 것은 큰 도움이 된다.

1차 시사회 후 재촬영하거나 편집을 수정·보완하여 다음 시간에 2차 상영회를 갖는다. 다시 수정 토론 후 업그레이드한 영화를 상영하는 날, 수행평가를 했다. 어떤 영화는 다섯 번 이상 수정하고 재상영하기도 했는데, 완성도가 떨어지는 작품은 계속 수정할 시간을 주면서 평가했다. 영화를 만드는 것이 목적이지 평가를 위한 것은 아니니까. 그래서 가끔 누군가가 외치기도 한다.

"나 이제 저 영화 다 외워버렸어."

시나 소설 쓰기와 마찬가지로 영상 창작도 다듬고 또 다듬어야 한다. 고치고 다듬는 과정을 통해 영상언어의 특징과 성격을 명확하게 알게 되고, 더 잘 사용할 수 있기 때문이다. 제목을 바꾸고, 자막을 넣고, 불필요한 장면을 잘라내거나 부족한 장면을 더 넣고, 음악을 바꾸고, 마지막 장면을 바꾸고……. 한 가지씩 고치고 바꿀 때마다 영화는 조금씩 달라진다. 처음에는 자신들이 말하고자 한 내용을 제대로 표현하지 못한 영화들도, 평가하고 토론하며 고치는 과정에서 놀라운 변신을 거듭하며 완성도가 높은 영화로 발전해 가는 것이다.

준휘네가 만든 뮤직비디오의 제목이 '댄싱 오브 더 킹'에서 '춤의 왕', '춤신(神)'으로 바뀌는 동안 편집을 맡은 명후는 열 번도 넘게 편집을 고쳤다. 장면을 바꾸고, 장면 전환의 속도를 높이고, 새로운 이미지를 찾아 추가하면서 완성도가 높아져 결국 최우수 편집상을 받았다. 용준이네는 학교 폭력에 힘겨워하다 자살하는 아이의 아픔을 그렸는데, 처음에는 너무 평범했다. 평가와 토론을 거치면서 어떻게 하면 왕따를 당하는 아이의 내면의 괴로움을 잘 드러낼 수 있을까를 고심한 끝에 만화를 잘 그리는 친구의 도움으로 심리 묘사가 탁월한 영화를 만드는 데 성공했다. 그래서 영화제에서 최우수 작품상을 받았다.

영화의 상영과 토론, 평가는 자신들이 만든 영화를 객관적으로 바라볼 수 있게 해주고, 다른 학생들의 영화를 비평할 수 있는 안목을 길러주었다.[3] 영화 상영과 평가가 모두 끝나고 전체 영화 수업에 대해 쓴 소

---

3 수행평가는 지필평가와 동일하게 50점이고, 영화는 그중 20점으로 배정했다. 기말고사에서 지필고사 배점이 25점인데 영화가 20점이므로 꽤 높은 배점이다.

감문에서 대부분의 학생들은 자신들의 영화가 상영될 때의 긴장과 설렘, 기쁨과 안타까움, 보람과 자부심 등을 표현했다.

영화 찍기…… 처음에는 그저 쉬울 것만 같았다. 만만해 보였다. 호동이, 호근이, 도영이, 동준이, 나. 호흡 부분에서는 잘 맞을 것 같은 멤버들이다. 하지만 그렇지 않았다. 시나리오 부분에서 호근이랑 대립하고, 촬영을 할 때는 팀 전체와 대립했지만, 그중에서도 우정 출연을 해준 여배우 지우와의 대립은 힘들었다. 또 편집을 할 때는 동준이와 강하게 대립해야 했다. 시나리오 설정만 5~7일 소요했다. 시나리오는 감독을 맡은 내가 거의 혼자 완성했지만, 선생님께서 도움을 주셔서 시나리오를 탄탄하게 완성할 수 있었다.

첫 촬영을 한 10월 20일부터 마지막 촬영을 한 11월 23일까지 거의 한 달이 넘는 시간이 걸렸다. 한 달 동안 촬영을 하다 보니 처음 촬영한 화면과 마지막 촬영분에서 많은 차이가 났다. 찍을 때마다 새로운 시나리오가 생겼는데, 가장 인상 깊었던 기억은 여배우를 데리고 오려고 도영이와 동준이랑 집으로 쳐들어간 일이었다. 거의 억지로 성지우를 끌고 나와 촬영을 했다. 많은 고생을 했지만 좋은 작품을 만들었다는 평가를 받으니 보람이 있고 기쁘다. 지나간 일들은 영원히 잊을 수 없는 추억이 될 것 같다.

(이현수)

그러나 모든 학생이 만족한 것은 아니다. 유일하게 작품을 완성하지 못한 두레의 감독인 성철이는 교탁에서 자신이 쓴 마무리 수업 평가서를 읽다가 고개를 들지 못하고 눈물을 글썽였다.

김은형의 혁신수업

영화 이론 수업은 정말 좋았다. 새로운 것들을 알 수 있었고 영화를 찍고 싶게 자극을 주었다. 우리 두레는 영화를 찍기 위해 몇 번 만났다. 안 되는 시간을 겨우겨우 짜 맞춰서 영화를 찍었다. 하지만 그것만으로는 매우 매우 부족했다. 몇 번 만에 나는 다시 영화를 찍고 싶은 마음이 들지 않았고, 그냥 포기해 버렸다. 우리는 실패한 것이다. 내가 생각하기에 첫 번째 잘못은 팀이 잘못 짜였다는 점이다. 물론 우리에게 잘못이 없었던 것은 아니지만 팀을 짤 때는 우수, 중간, 하위 아이들이 고루고루 배치되어야 한다. 나도 같이 찍고 싶었던 애들이 있었다. 하지만 나도 모르는 사이에 팀이 짜졌다. 잘못된 것이다. 하지만 감독은 나다. 나는 당연히 아이들을 잘 달래서 영화를 찍었어야 했다. 하지만 나는 그것을 못 했다. 이게 가장 큰 나의 잘못이다. 영화는 망했고, 나는 부끄럽고 한스럽다.

성실한 모범생인 성철이가 자신이 쓴 글을 읽다 말고 북받쳐 오르는 감정을 주체하지 못한 채 울음을 삼키는 모습을 보자 분위기가 숙연해졌고, 나도 눈물이 핑 돌았다. 나는 성철이에게 말했다.

"비록 성철이가 영화 만들기에 실패했지만, 나는 '아름다운 실패'라고 생각해. 실패를 통해 깊이 깨달은 것이 있다면 그것은 어떤 영화를 만드는 것보다 더 값진 배움이 될 거야. 만약 다시 이런 기회가 온다면 성철이는 분명 똑같은 후회를 다시 하지 않을 것이 분명하니까. 진짜 배움이란 눈에 보이는 결과가 아니라 과정을 통해 얻은 깨달음이어야 하는 거지. 배움에는 '아름다운 실패'도 있고 '의미 없는 성공'도 있을 수 있다고 생각해. 실패할 기회를 가졌다는 것은 좋은 배움인 거야."

영상언어는 말과 글보다 확실히 위력이 있는 언어다. 말과 글이 갖는 표현력을 수백 배, 수천 배 증폭시키는 감각적 언어이기 때문이다. 학생들의 영화 중 가장 감동적인 작품은, 자신들의 내면을 짓누르는 억압과 고통을 표현하는 영화들이었다. 확실히 학생들은 영상언어가 자신들에게 얼마나 적절한 도구인지 확실하게 증명해 보였다. 민경이네 두레가 만든 〈무항체〉는 미장센이 돋보여 영화미술상을 받았다. 겨우 2분 42초짜리 초단편 영화였지만, 참으로 아름답고도 처절했다. 영화 속 교실은 입시 전쟁터다. 교실이라는 감옥에 갇힌 아이들은 미친 듯이 공부한다. 그때 누군가가 기침을 한다. 약을 먹는다. 그러나 항체를 갖지 못한 아이들 모두에게 전염되고, 곧 교실은 기침 바다가 된다. 그리고 하나둘씩 피를 토하고 양동이에는 피 묻은 마스크가 쌓여간다. 마지막 장면의 자막은 절규하듯 질문을 던진다. '엄마! 우린 왜 피를 토하죠?' 그리고 역시 자막으로 답이 올라온다. '그긴 엄마가 널 너무 사랑해서야.'

숨 막히는 자신의 현실을 이보다 더 분명하게 말한 영화를 나는 본 일이 없다.

혜은이네는 4분 50초짜리 〈몽유병〉을 만들었다. 주인공은 '몽유병'을 앓고 있는 소녀. 외롭고 우울하고 살아갈 이유를 느끼지 못한 채 하루하루를 보내고 있다. 엄마의 끝없는 잔소리를 들으며 자신을 쥐어뜯던 주인공은 밤 12시가 되면 맨발에 잠옷 바람으로 동네를 돌아다닌다. 친구들 사이에 유령 소문이 떠돌고 피로에 지쳐 교실에서 자다가 학교에 갇힌 주인공은 절규한다.

"자유가 없다는 것이 얼마나 큰 고통인지 아세요? 당신이 원하는 게 바로 이런 거냐구요!"

용준이네가 만든 〈아마 당신도 그랬을 것입니다〉는 학교 폭력의 문제를 고발하는 영화였다. 학급의 일진 아이들에게 끝없이 괴롭힘을 당하는 규혁. 만화를 끄적이며 어떻게든 견디려고 애쓰지만 수모는 계속되고, 아무도 도와주지 않는 외로운 현실을 견디지 못하고 결국 아파트 옥상에서 몸을 던진다. 왕따를 당하며 폭력에 노출된 소년의 심리를 만화로 표현한 점이 매우 참신했다. 영화의 마지막 장면은 다음과 같은 자막이 올라간다.

OECD 국가 중 자살률 1위 국가, 한국. 전국에 있는 초·중등학교 수는 1만 1천여 개. 그중 상담 교사가 있는 학교는 5%밖에 되지 않는 575곳. 미국과 일본, 뉴질랜드에서는 상담 교사를 두는 것이 법으로 정해져 있다. 최근 5년간 자살한 청소년은 700여 명. 사흘에 한 명꼴로 자살한 것이다. 선생님과 아이들의 작은 관심만 있다면 한국의 청소년 자살률은 많이 줄일 수 있다고 한다.

최우수 작품상을 받은 〈첫사랑〉은 한 평범한 중학생이 첫사랑을 느끼고 행동하는 심리적인 묘사가 뛰어난 영화다. 감독을 맡았던 현수는 영화에 깊고 특별한 관심을 갖게 되었고, 영화감독이 되는 꿈을 안고 영화제를 이끌었으며, 그다음 해에는 더 적극적으로 영화제 전반을 진행하는 지도력을 발휘했다.

어쨌든 놀라운 것은, 수업으로 진행하고 영화제로 마무리한 많은 영화들이 모두 자신들이 처한 현실을 담았다는 것이다. 첫사랑이나 학교폭력 등에 대한 내용도 있었지만, 입시 제도 하에서 자신이 받는 억압과 고통을 호소하는 내용이 많았다. 이는 영상언어야말로 삶의 현실과 문제를 표현하는 가장 효과적인 언어임을 입증하는 것이다.

영화 수업의 가장 큰 성과는 텔레비전이나 극장에서 보던 상업영화가 영화의 전부가 아니며, 올바른 영상언어도 아니었음을 분명하게 알게 되었다는 점이다. 영상언어에 대한 올바른 이해다. 그리고 자신들이 표현하고 싶은 내용을 스스로 창조할 수 있다는 자신감을 갖게 되었다. 영상언어의 소비자가 아니라 생산자로서 말이다.

4. 우리들의 영화제

❶ 애니메이션 작은 영화제

영화 만들기는 꼭 교과 시간에만 할 필요는 없다. 겨울방학 학급 겨울여행 중 작은 영화제를 가졌다.[4] 저녁을 해 먹고 게임과 단결 놀이를 한 뒤 마지막으로 애니메이션 영화 만들기를 시작했는데, 영화 제작 시간은 겨우 한 시간으로 초미니 영화 만들기였다.

4~5명씩 두레별로 주제를 정해 짧은 스토리를 만들고, 색연필과 사인펜, 색종이와 찰흙 등을 이용하여 자신들이 만들고 싶은 장면을 만든 후 촬영했다.[5] 놀랍게도 학생들은 순식간에 함축적인 짧은 영상들을 만들어냈다. 두어 달 동안 힘들게 영화 수업을 하면서 영화를 만든 경험이

---

4 저녁 '단결 프로그램' 시간에 '작은 영화제'를 열었다. 영화 수업에서 애니메이션 분야가 많지 않았기 때문에 초보 수준이지만 '애니메이션 영화제'로 분야를 한정했다.

5 이 프로그램을 위해서는 종이 찰흙이나 그림 도구, 카메라와 노트북, 빔프로젝트가 필요했다. 양평의 휴양림에 빔이 없어 학교에 있는 이동용 빔프로젝트를 빌려서 갔다.

김은형의 혁신수업

창의력과 상상력을 키워준 듯했다.

스토리에 따라 배경을 만들고 배경 위에 인물을 이동하며 사진을 찍고 그 사진들을 연속으로 이어 영화를 만들었다. 영화 길이는 1분도 채 되지 않았지만, 영화 속에 사람의 일생을 압축해서 넣기도 하고, 2분도 채 되지 않는 영화 속에 우리 사회의 폭력성을 고발하기도 했다.

이야기를 창조하고 손작업으로 조형을 만들고 카메라로 찍어 영상 편집을 하는 데 겨우 한 시간 남짓밖에 걸리지 않았다. 작은 영화제를 끝내고 가장 뛰어난 영상언어를 구현한 팀에게 시상을 했다. 상상력을 발휘하고 이야기를 엮어 자신들의 내면을 영화로 만드는 것이 가능할 것인가에 대한 실험이었는데, 상상이 눈앞에서 이루어졌던 것이다. 너무도 흥미롭고 새로운 경험이었다.

찬영이네 두레는 자칭 게임광들이 모였는데, 공작 찰흙으로 〈미스터리 살인극〉이라는 1분 17초짜리 애니메이션을 만들었다. 어쩌면 이 애니메이션은 아이들이 흔히 접하는 폭력적인 상업영화의 영향일 수도 있는데, 황폐해진 우리 현대인의 내면세계를 섬뜩하게 엿볼 수 있는 영화였다. 서로를 의심하여 차례로 죽이는 모습은 무한경쟁에 내몰린 사람들의 비인간적인 모습일 수도 있겠다. 혹은 폭력적인 게임 세계에 아이들의 상상력이 장악당한 것일 수도 있다. 혹은 억압적인 현실에 대한 자기방어일 수도…….

현빈이네는 〈뫼비우스의 띠〉라는 애니메이션을 만들었다. 안과 밖이 구별되지 않는 뫼비우스의 띠는 자신들의 감옥 같은 현실을 의미한다고 했다. 대화를 이어주는 말풍선들은 마치 이상의 〈오감도〉에 나오는 시어들처럼 순서가 없고, 의미는 상징적이었다.

"여기가 어디지?"

"여기는 반복되는 일상에 지쳐 죽은 영혼들이 사는 곳이오."

"헉헉"

"아아, 어떻게 나가지?"

"여기 갇힌 지 30년인데 곧 나갈 것이오."

"그래, 이거야."

"당신은 대체 뉘시오?"

"다시 살 수 있소?"

"아아, 물론이오. 단, 이 반복니즘의 띠에서 벗어나려면 새로운 생각이 필요하오."

답답하고 절박한 자신들의 내면을 시적인 영상으로 표현해 낸 것일까? 아니면 끝없는 고뇌에 갇힌 인생의 어두운 철학을 담은 것일까?

최우수 작품상을 받은 혜민이네는 색종이로 애니메이션을 만들었다. 제목은 〈봄 여름 가을 겨울〉이다. 53초짜리 영화지만, 37컷으로 스톱모션 정도의 움직임을 만들어냈다. 한 사람의 일생을 계절의 변화로 나타냈는데 아이디어가 참신하고 주제도 좋았다. 벤치와 나무줄기만 고정하고, 나뭇잎과 사람 등은 시간의 흐름에 따라 바꿔가면서 사진을 찍었다.

봄, 한 쌍의 연인이 사랑을 합니다.

나무가 무성해지며 사랑의 결실인 아기가 태어나 자랍니다.

가을이 오면서 나이를 먹고, 가족은 점점 흩어집니다.

그리고 겨울, 이제 늙어 자연으로 돌아갑니다.

❷ 사당중학교 단편영화제

영화 만들기 수업을 총화하는 '제1회 학생창작 단편영화제'를 열었다.
기획단 학생들이 영화제를 기획하고 홍보 영상(트레일러)도 만들었다.
영화제 공모 포스터는 이미 영화 수업에 들어가기 전부터 교실과 교내
곳곳에 붙여두었기 때문에 수업을 이끌어준 힘이 되기도 했다.

지원받은 예산으로 상품권도 푸짐하게 걸었고, 수상 대상도 많았다. 종합 부분 최우수 작품상과 우수 작품상이 있고, 분야별 감독상, 편집상, 연기상, 영화음악상 등 다양한 상을 주었다. 상을 받은 학생 수가 무려 170여 명에 달했으니, 참여한 사람의 3분의 2가 상을 받은 셈이다.

영화제는 전교생이 참여했고, 방학 전날 진행했다. 영하 11도나 되는 추위 속에서 700여 명이나 되는 학생이 모여 과연 제대로 될까 걱정도 컸다. 졸업식 행사 5분도 집중하지 못하는데, 과연 때려 부수는 액션영화도 아닌 미숙한 학생 영화를 조용히 관람할 수 있을까 모두들 걱정했다. 하지만 학생들은 나의 걱정을 한 방에 날려버렸다. 영화제가 시작되자마자 학생들은 박수와 함성과 진지함으로 영화제를 이끌어주었다.

총 45편의 출품, 26편의 본선 진출. 각 부문 최우수상과 우수상을 발표하고 최우수 수상작을 중심으로 총 16편을 상영했다. 맨 마지막에 최우수 연기상과 최우수 작품상을 발표하면서 영화제는 절정에 이르렀다. 2교시에서 4교시까지 쉬는 시간 없이 두 시간이 넘는 동안 학생들은 한 번도 흐트러지지 않았고, 숨소리조차 나지 않는 진지하고 뜨거운 분위기로 영화에 흠뻑 빠져들었다. 영화제는 대성공이었다.

영화제를 위해 현수와 명후는 여러 날 밤을 세웠다. 홍보 영상(트레일러)을 만드는 일부터 수상 후보작들의 소개 영상까지⋯⋯ 뜨거운 열정을 발휘했다. 두 사람은 영화를 만들며 게임광에서 벗어나 진로를 영화 쪽으로 바꾸었다. 현수와 명후만이 아니다. 예상하지 못했던 인물들이 영화제의 주역으로 대거 등장했는데, 최우수 연기상을 받은 민혁이, 최우수 작품에서 주연을 맡은 현승이는 물론이고, 각 부문별 최우수 작품상을 받은 영화의 연기자들, 수빈이, 호동이, 도영이, 지우, 은진이⋯⋯

모두 평소에 전혀 특별히 두각을 나타내지 않던 인물들이었다.

소문을 듣고 온 교육청 취재기자는 아이들과 인터뷰를 하고 나서 매우 놀라워했다. 영화의 수준은 물론 진행도 훌륭했고, 무엇보다 인터뷰할 때 아이들의 적극적인 태도가 남달랐다고 했다. 다른 학교 인터뷰 갔을 때는 대답도 잘 하지 않고 의욕 없이 피하는 아이들이 많았는데, 영화에 대해 인터뷰를 하고 싶어 하는 학생들이 너무 많아 감당할 수 없을 정도였다는 것이다. 하고 싶은 말이 많아진 아이들. 자신들이 영화를 만들며 겪었던 경험담을 하나라도 더 들려주고 싶어 했던 것이다. 영화를 만들며 자신들이 어떻게 성장했는지 밝고 자신 있게 말하는 아이들. 그렇다. 정말 살아 있는 수업이라면 변화와 성장은 당연한 일이 아닐까? 수업을 하기 전과 하고 난 후가 다른 건 마땅한 일이다. 깨달음과 성장으로 벅찬 기쁨이 있는 수업, 영화 만들기 수업으로서 의미를 갖는 순간이었다. 영화제를 관람한 다른 선생님들도 좋은 평가들을 해주었다.

"1학년 작품은 없었지만 영화제를 보고 1학년들의 눈이 크게 열린 것 같습니다."

"정말 멋진 경험이었어요. 내년이 기대됩니다."

원어민 교사 휴터도 손가락으로 으뜸 표시를 해 보이며 큰 소리로 외쳤다.

"굿!"

학생들이 만든 영화의 대부분은 대사가 없어도 누구나 소통할 수 있는 영상언어를 구사했기 때문에 우리말을 모르는 원어민 영어 선생님도 쉽게 이해한 것이다. 다음은 서울시교육청 회보에 실린 당시 영화제에 대한 기사다.

교육소식 - '중딩'의 생각과 감성을 영화에 담다

불 꺼진 학교 강당. 마룻바닥에 빽빽하게 줄지어 앉은 아이들이 무대 위 스크린을 바라보고 있다. 낭만적인 배경음악이 흘러나오고 화면 속에는 낯익은 친구가 등장한다. 같은 반 친구들의 반가운 환호성도 잠시, 아이들은 곧장 영화가 안내하는 이야기 속으로 흠뻑 빠져들기 시작한다.

"주인공 김도영은 같은 학교 여학생 지우를 짝사랑한다. 친구들은 도영이를 골려주려고 지우가 쓴 것처럼 몰래 사물함에 '만나자'는 쪽지를 넣어둔다. 친구들의 장난인지 모르는 도영이는 쪽지를 발견하고 설레는 마음으로 약속 장소로 나간다. 아무리 기다려도 지우는 오지 않고 점점 지쳐가는 도영이. 친구들은 장난이 심했다고 자책하고 사실을 실토하려 전화를 걸지만 도영이는 전화를 받지 않는다. 우연히 이 사실을 엿듣게 된 여학생이 지우를 만나 도영이가 공원에서 기다리고 있다고 알려준다. 헐레벌떡 공원으로 뛰어간 친구들. 그때, 도영이는 지우와 만나 준비해 둔 장미꽃을 건넨다."

주인공 도영이가 지우와 극적으로 만나는 순간, 관객들의 탄성이 터져 나

김은형의 혁신수업

온다. 가방에서 장미꽃을 꺼내 주는 장면에서는 박수까지 절로 쏟아진다. 영화의 제목은 '첫사랑'. 서울사당중학교 2학년 6반 현수네 모둠이 만든 작품이다. 이 영화는 2011년 12월 26일 사당중학교 서달관에서 열린 '제 1회 사당중학교 학생창작 단편영화제'에서 최우수 감독상을 거머쥐었다. 청소년들의 풋풋한 첫사랑의 감정을 탄탄한 구성과 세밀한 묘사로 완성 도 있게 표현한 작품으로 평가받았다. 특히 주인공 남학생이 짝사랑하는 여학생을 만나러 가는 동안의 설레는 마음을 사실적이고 섬세하게 그려 내 제작을 지도한 영화 전문가들조차 감탄하게 만들었다.

교과 수업을 할 때와는 전혀 딴판으로 영화 모둠이 꾸려지자 현수는 영 화 제작에 누구보다 열성적이었다.

스스로 감독 역할을 자처했고 시나리오 구상에서부터 최종 편집을 마무 리하는 두 달이 넘는 기간 동안 모든 작업을 주도적으로 이끌었다.

무엇이 아이들을 달라지게 했을까

이 영화에서 감독과 편집을 맡은 현수는 1학년 내내 해도 학교생활이 순 탄하지 않았다. 틀에 박힌 생활과 공부만 강조하는 상황에 저항적이었다. 그런 현수가 영화를 만드는 동안 180도 달라졌다.

국어 담당인 김은형 선생님이 지난해 10월 초부터 11월 말까지 2학년 7 개 반 전체 학생들을 상대로 영화를 연계한 국어 수업을 진행했는데, 그 수업이 계기가 됐다. 교과 수업을 할 때와는 전혀 딴판으로 영화 모둠이 꾸려지자 현수는 영화 제작에 누구보다 열성적이었다. 스스로 감독 역할 을 자처했고 시나리오 구상에서부터 최종 편집을 마무리하는 두 달이 넘 는 기간 동안 모든 작업을 주도적으로 이끌었다. 마음에 드는 시나리오가 나올 때까지 친구들을 독려하는가 하면 의견이 다를 때는 상대가 수용할 때까지 집요하게 설득했다. 각 단계마다 완성도를 높이기 위해 선생님이 수정 제안을 하면 한 번도 마다하는 법이 없었다.

"현수가 이렇게 열성적이고 창의적인 아이인 줄 몰랐습니다. 동료들과 갈등하고 설득하며 영화를 찍는 과정에서 보여준 현수의 적극성과 능동성은 놀라울 정도였습니다. 영화를 찍는 동안 매일 열정에 들뜬 눈빛, 설레며 등교하는 눈빛은 잊을 수가 없어요."

김 선생님의 말이다. 편집 과정에서는 무려 11번이나 수정을 할 만큼 의지를 불태워 선생님조차 혀를 내둘렀다. 단 두 달여 만에 현수는 자신의 진로를 영화감독으로 바꾸겠다고 결심했다. 선생님들은 물론 부모님마저 놀라지 않을 수 없었다. 현수는 마지막 영화 상영을 마친 뒤 평가회에서 다음과 같이 발표를 했다.

"영화 찍기, 처음에는 그저 쉬울 것만 같았다. 만만해 보였다. 호흡 부분에서는 잘 맞을 것 같은 멤버들이 모였다. 하지만 그렇지 않았다. 시나리오 부분에서 호근이와 대립하고 촬영을 할 때는 팀 전체와 대립했다. 편집을 할 때는 동준이와 강하게 대립해야 했다. (중략) 많은 고생을 했지만, 좋은 작품을 만들었다는 평가를 받으니 보람이 있고 기쁘다. 지나간 일들은 영원히 잊을 수 없는 추억이 될 것 같다."

달라진 건 현수만이 아니다. '인생은 계속된다'라는 제목으로 청소년들이 일상 속에서 겪는 상처와 자살 충동을 관조적으로 연출해 최우수 작품상을 탄 윤철이는 수학 과목 이외에는 수업에 의욕을 보이지 않던 아이였다. 수업 시간에 주로 엎드려 자거나 게임을 했던 윤철이가 카리스마와 리더십을 발휘해 친구들을 이끌고 영화를 만들어내리라고는 누구도 예상하지 못했다.

'춤신'이라는 제목으로 한 편의 멋진 뮤직드라마를 만들어내 최우수 편집 상을 받은 명후 역시 영화 제작 수업을 받기 전만 해도 수업에는 관심이 없고 별로 주목받지 못했던 학생이었다. 그런데 영화 편집을 맡으면서부터 눈에 띄게 활발해지더니 영화제 준비와 상영을 책임지게 되자 며칠간의 밤샘 작업도 기꺼이 감당하면서 마무리까지 성공적으로 해냈다.

국어 수업 대신 영화를 찍는다고?

아이들이 변화한 데는 김 선생님의 영화를 연계한 국어 수업이 주효한 역할을 했다. 김 선생님은 평소 수업 시간에 매체언어를 가르치면서 학생들에게 좀 더 구체적이고 실질적인 지식을 제공하는 방법을 고민했다. 그러다가 2011년 서울시교육청으로부터 전문 강사를 지원받아 영화 연계 수업을 기획했다. 사당중학교는 한 학년에 7개 반이 있는데, 국어과의 경우 이론국어와 생활국어 두 개 분야로 나눠 각각 선생님이 따로 수업을 진행하고 있다. 생활국어를 맡은 김 선생님은 2학년 전체를 영화 연계 수업에 참여시켰다.

김 선생님은 매체언어의 꽃이 영상언어이며, 그중에서도 영화가 통합교과 수업에 가장 적당하다고 보았다. 한 편의 영화를 만드는 과정에는 작품 구상, 시나리오 쓰기, 연기 등을 통해 말하기, 듣기, 쓰기 등 다양한 언어능력이 필요하다. 또 화면 구성, 소품과 의상, 배경, 음악 등 미술과 음악을 다루는 감각을 훈련할 수 있다. 아울러 촬영과 편집 과정에서는 기자재를 다루는 기술적 능력도 요구된다. 영화는 예술과 과학을 아우르는 통합적 성격을 갖고 있어 교육적으로 활용하기 좋은 매체다.

반대… 반대…

그러나 주위 선생님들은 김 선생님의 이런 시도에 별 의미를 두지 않았다. 통제도 안 되는 말썽꾸러기 아이들을 데리고 영화를 가르쳐봐야 이해나 시킬 수 있을지, 과연 수업은 제대로 진행이 될지 반신반의했다. 전문 강사가 온다고 해도 결국은 담당 교사가 모두 책임져야 한다. 계획에서 실행, 평가, 그리고 그 과정에서 발생하는 모든 행정업무를 담당 교사 혼자 감당해야 한다는 현실이 선생님들을 더욱 회의적으로 만들었다. 학부모들 역시 우려의 목소리가 높았다. "영화를 만드느라고 공부할 시간도 없고 학원도 빠진다."라는 항의가 잇따랐다. 김 선생님은 때로는 설득을 거듭하고 때로는 밀어붙이면서 영화 수업을 진행했다.

"영화는 모두가 힘을 합쳐야 완성할 수 있는 공동 작업입니다. 시험공부한다고, 학원 가야 한다고, 숙제해야 한다고 하나둘씩 빠지기 시작하면 완성하기 어려운 과제입니다. 그렇기에 서로가 결정한 약속은 반드시 지키고 끝까지 팀워크가 흐트러지지 않게 이끌어가야 합니다. 그런 협업을 통해 학생들은 창의력과 협동심, 문제 해결 능력을 키울 수 있습니다."

성적 경쟁에만 몰두해 점점 개별화·고립화되어 가는 아이들에게 상상력과 열정을 불러일으키며 노력과 협동을 가르치는 종합적인 인성 교육. 그것이 바로 이번 프로젝트의 진정한 효과가 될 것이라고 믿었다. 설득과 함께 영화 제작 활동을 수행평가에 넣어 중요한 비중을 차지하도록 하는 정책적 방법도 동시에 썼다.

영화 제작 전 과정을 아이들 손으로

영화 제작 프로젝트 수업은 먼저 8차례에 걸친 이론 수업으로 진행했다.

김은형의 혁신수업

처음 몇 주간은 학생들에게 영화에 대한 기본적인 설명에서부터 시나리오 구상과 촬영, 연기, 연출, 대본 짜기에 이르기까지 영화 제작의 전반적인 과정을 이해시키는 데에 주력했다. 서울시교육청과 협력 관계를 맺은 '행복학교 문화예술교육사업단'의 전문 강사가 각 반을 돌며 강의를 진행했다.

그다음 단계로는 각 반마다 5~6명씩 두레(모임)를 만들어 영화사를 차리게 했다. 각 두레마다 토론을 통해 영화 창작 계획서를 작성하도록 했다. 창작 계획서에는 앞으로 만들게 될 영화의 종류와 주제, 시놉시스, 역할 분담, 제작 일정 등 모든 과정이 총망라됐다. 7개 반에 총 42개의 계획서가 나왔다.

시나리오 쓰기는 어른들도 쉽지 않은 작업이다. 그러나 사당중학교 아이들은 비교적 수월하게 해냈다. 1학년 때부터 영상시, 영상소설, 자서전 쓰기, 창의적인 공책 쓰기 등을 꾸준히 연습해 온 덕이다. 영상시나 영상소설 수업에서 1분짜리 CF 제작을 해봤던 경험도 영화 제작에 큰 도움이 됐다.

영화 찍는 아이들로 동네가 북적북적

본격적인 촬영에 들어가면서 아이들의 하교 시간은 점점 늦어졌다. 2학년 전체 230명의 아이들이 동시에 영화를 찍는 바람에 거의 한 달 동안 학교는 밤늦게까지 불야성을 이루었다. 두레별로 작성한 시나리오에 따라 장소를 물색하느라 아이들은 학교 인근 거리를 헤매고 다녔다.

친구 집을 빌리기도 하고 때로는 부모님 직장까지 찾아가서 공간을 내달라고 떼를 쓰기도 했다. 촬영 기간 동안은 학교와 집은 물론 온 동네가 영화 찍는 아이들로 북적거렸다. 영화를 편집할 때는 전문 강사가 지도를 맡았다. 수업이 모두 끝나는 오후 3시부터 학교 컴퓨터실에서 편집 수업을 진행했다. 촬영한 영상을 가지고 직접 편집을 하느라 저녁 8시를 넘겨서야 수업을 마치는 게 다반사였다.

2주간 편집 과정을 마친 후 아이들은 각자 만든 영화를 제출했다. 반마다 제출된 영화를 가지고 사전 시사회를 열었다. 1차 시사회를 마친 작품들은 새로 촬영과 편집을 보완해 재시사를 했고, 이런 과정을 2주간 계속했다. 수정 작업은 힘겨웠다.

아이들은 "이제 영화를 다 외워버렸다"고 토로할 정도였다. 제목을 바꾸고 화면을 잘라내고 음악을 바꾸고 자막을 새로 넣고……. 시사회를 여러 차례 거쳐도 매번 새로운 문제점이 발견되어 또다시 고쳐야 했다. 끝이 보이지 않는 지루한 작업이었다. 아이들은 탄식이 절로 났다. 시도 때도 없이 문제를 일으키던 사고뭉치 아이들은 그해 가을 "영화 찍느라 바빠서 딴생각을 못 했다"고 말했다.

아카데미보다 재미있는 '우리들의 영화제'

12월 26일.

출품작 가운데 우수 작품을 상영하는 '제1회 사당중학교 학생창작 단편영화제'가 열렸다. 2학년 전체 두레에서 만든 작품과 3학년 중에서 자발적으로 참여한 작품을 합쳐 모두 45개 작품이 출품됐다. 이 가운데 14개 작품이 우수 작품으로 선정됐다.

강당에 모인 아이들은 영화가 스크린에서 상영되는 동안 어느 누구도 떠들지 않았다. 자신과 친구들이 주인공이 되어 만든 작품을 숨죽여 지켜보았다. 남의 이야기가 아니라 바로 자신들의 이야기였기 때문이다. 영화제가 끝나고 동료 선생님들은 진심 어린 칭찬을 아끼지 않았다. 다른 선생님들은 학생들의 작품을 처음 보는 것이었다. 영화 속 아이들은 평소에 말 안 듣고 속 썩이던 그 아이들이 아니었다. 어엿한 감독이고 시나리오 작가이고 편집기사이고 배우였다.

"우리 사당중학교 영화제가 1회로 끝날 수는 없죠. 내년에도 계속해야 하지 않겠습니까? 저도 돕겠습니다."

처음 영화제를 시작할 때만 하더라도 '과연 될까?' 하고 의구심을 내비쳤던 선생님들이 먼저 나서서 2회, 3회로 계속 이어가야 한다고 입을 모았다. 영화 제작 프로젝트는 아이들뿐만 아니라 선생님들까지 적극적인 태도 변화를 이끌어냈다. 하지만 무엇보다 큰 성과는 바로 아이들 마음속에 싹튼 자부심이다. 무엇이건 끝까지 완성해 본다는 것, 혼자가 아니라 모두 함께 힘을 모아 이룬다는 것, 스스로의 생각과 느낌을 표현한다는 것. 그것은 영화 제작 수업 프로젝트가 일군 변화였다.

❸ '인헌영화제'와 '꿈만세 영화제'

사당중학교에서 시작한 영화 수업과 영화제는 고등학교로 옮겨와서도 계속되었다. 달라진 점이 있다면, 혼자 하던 국어 수업에서 창의체험 시간에 2학년 전체가 하게 된 점이다. 1학기에는 매주 2시간씩 정규 동아리 활동을 하고 8월 말에 축제와 함께 동아리를 끝낸다. 그리고 2학기에는 주 2시간씩 1학년은 뮤지컬 수업, 2학년은 영화 수업을 진행하는 것이다.

12월 말, 겨울방학을 앞두고 '뮤지컬대회'와 '영화제'를 각각 이틀에 걸쳐 진행했다. 뮤지컬대회와 영화제는 모든 학생, 모든 교사의 화려한 마무리 축제가 되었다. 전문 강사를 초빙하여 수준을 높였고, 12월 기말 고사가 끝나면 발표 준비에 학교가 온통 흥분의 도가니가 되었다.

2015년 '제1회 인헌영화제'를 시작으로 계속해서 이어오고 있다. 이제는 학교의 특징이자 전통으로 자리 잡았다. 더 많은 학교에서 더 많은 학생들이 영상언어를 비판적으로 이해하고 영상언어로 자신을 표현할 수 있다면 얼마나 좋을까?

영화 수업에 대한 강연을 몇 차례 했는데, 한번은 횡성에서 선생님들이 학교로 찾아오셨다. 내 수업을 참관하고 직접 횡성에 와서 강연을 해 달라는 요청을 하셨다. 그래서 횡성에 다녀왔는데, 그 강연을 들은 후 선생님들께서 힘을 모아 횡성중학교의 '꿈만세 영화제'를 성황리에 마쳤다는 소식을 보내왔다.

김은형 선생님의 열정 어린 강의에 감동받고 '꿈만세 영화제'를 성공적으로 치렀답니다.

안녕하세요? 횡성중학교 부상익입니다. 2014학년도 2학년 1학기 자유학기제 시범학교로서 학생 활동 중심의 수업 개선과 더불어 다양한 교육 활동을 실시해야 하는 상황에서 참교육 원격교육연수원의 '협력과 배움을 실천하는 수업혁신(중등)' 연수 프로그램 중 선생님의 '영상언어의 활용! 영화 만들기' 연수를 받으신 본교 선생님께서 적극 추천을 하시어 김은형 선생님을 강사로 모시고 본교 전 교직원 연수를 실시하게 되었습니다. 연수 실시 전 선생님의 수업 모습을 직접 보고 싶어 서울인헌고등학교를 찾아 선생님의 평소 수업하시는 모습을 보게 되었는데 예상대로 학생들과 자연스럽고 다양한 형태의 소통을 통한 발표와 토론 중심의 수업을 이끌

김은형의 혁신수업

어나가시는 모습에 깊은 감명을 받았습니다.

그 후 본교 교직원을 대상으로 '국어시간에 영화 만들기'란 주제로 연수를 실시하였는데, 연수를 받는 중에도 강의 내용은 물론 김은형 선생님의 내면에서 우러나오는 열의와 진정성이 묻어나는 모습에 모든 선생님들이 깊은 감명을 받았고, 특히 열정적인 강의를 마치고 선생님께서 조용하게 "사실 서울에서 횡성으로 오는 도중 큰 교통사고를 당해 연수에 조금 늦었습니다. 너무 걱정 마세요. 저는 괜찮습니다."라는 말씀에 모두 할 말을 잊은 채 한동안 멍한 상태로 선생님을 바라볼 수밖에 없었습니다. 덕분에 본교는 영화 만들기 프로젝트 융합수업과 '제1회 꿈만세 영화제'를 성황리에 개최하여 학생들의 꿈과 끼를 발산하는 좋은 기회가 되었으며, 선생님의 열정적인 강의와 더불어 소탈하지만 진정성이 묻어나는 당당한 모습은 오랫동안 기억에 남아 있을 겁니다. 고맙습니다!

김은형의 혁신수업

1판 1쇄발행일 2020년 8월 3일

지은이 김은형

발행인 김학원
발행처 (주)휴머니스트 출판그룹
출판등록 제313-2007-000007호(2007년 1월 5일)
주소 (03991) 서울시 마포구 동교로23길 76(연남동)
전화 02-335-4422 **팩스** 02-334-3427
저자·독자 서비스 humanist@humanistbooks.com
홈페이지 www.humanistbooks.com
유튜브 youtube.com/user/humanistma **포스트** post.naver.com/hmcv
페이스북 facebook.com/hmcv2001 **인스타그램** @humanist_insta
편집주간 황서현 **편집** 문성환 **디자인** 한예슬
용지 화인페이퍼 **인쇄** 삼조인쇄 **제본** 정민문화사

ⓒ 김은형, 2020

ISBN 979-11-6080-465-2 03370

이 도서의 국립중앙도서관 출판예정도서목록(CIP)은 서지정보유통지원시스템 홈페이지(http://seoji.go.kr)와
국가자료공동목록시스템(http://www.nl.go.kr/kolisnet)에서 이용하실 수 있습니다.(CIP제어번호: CIP2020029413)